名著精選

心の謎から心の科学へ

感情

名著精選　心の謎から心の科学へ

感　情

ジェームズ／キャノン／ダマシオ

監修：梅田 聡　小嶋祥三

EMOTION

岩波書店

"The Emotions"
in *The Principles of Psychology*
by William James
1890

Excerpts from
Bodily Changes in Pain, Hunger, Fear and Rage:
An Account of Recent Researches into the Function of Emotional Excitement
Second Edition
by Walter B. Cannon
1929

"Somatic Markers and the Guidance of Behavior:
Theory and Preliminary Testing"
by Antonio R. Damasio, Daniel Tranel, and Hanna C. Damasio
in *Frontal Lobe Function and Dysfunction*

目次

凡例

・文献参照は（Turing 1937）（美濃 2008）のように著者姓と出版年で示し、文献書誌は巻末にまとめた。
・原注は各著作の末尾に置いた。
・原文の斜体、隔字体などによる強調は、原則として傍点や太字体とした。
・訳者による短い補足は本文中〔　〕に入れて記し、長めの訳注は各著作の末尾に置いた。
・各翻訳に関する書誌事項などの詳細は、冒頭に付した導入に記している。

イントロダクション

梅田　聡

梅田　聡

1　ジェームズの時代までの感情研究

本書のテーマである「感情」は、我々人間にとって、個人の生存レベルにおいても、他者とのコミュニケーションを要する社会生活においても、極めて重要な役割をもつ心の側面である。その重要性は人間にとどまらず、多くの動物にとっても同様である。これまでに行われた感情に関する研究を振り返って、まず気づくことは、非常に幅広い学問分野で取り上げられているという事実である。

その幅広い分野のなかから、本書では原著として、哲学者・心理学者のウィリアム・ジェームズ、生理学者のウォルター・キャノン、神経学者・神経科学者のアントニオ・ダマシオの三者による感情に関する論考を取り上げる。なぜこの三者による論考を取り上げたかについて、感情研究の歴史的変遷を振り返りながら説明したい。

感情研究のメインストリームという意味で、まず取り上げなければならない分野は、哲学および心理学である。歴史的にみても、心の哲学に関する主要な論考では、古くから感情の問題が正面から取り上げられている。というよりも、むしろ、避けて通れないといった方が妥当かもしれない。本書では、サブテーマとして「感情における身体の問題」に焦点を当てるが、プラトンやアリストテレスなどの古代ギリシャ哲学における感情論に始まり、デカルトによる「心身二元論」、スピノザによる

「エチカ」、アダム・スミスによる「道徳感情論」、そして本書で取り上げる、ジェームズの「情動の末梢起源説」に至るまで、いずれの時代においても、感情の問題の背景として、身体の扱い方の問題が多角的に議論されてきた。

心理学研究の歴史を繙くと、やはり多くの研究者が感情を「心」の重要な一側面として取り上げてきたことがわかる。どこをルーツと考えるかについては、いくつかの考え方があるが、本書で取り上げるジェームズは、その筆頭格であることに疑いの余地はないだろう。ジェームズ以前には、「自然淘汰説（自然選択説）」で知られる進化生物学者のダーウィンが、『人および動物の表情について』というタイトルの書物を一八七二年に出版しており、ジェームズがこの名著に感化されたことは、本書に収録した論考を読めば明らかである。心理学的なアプローチによる感情の研究が、当初から生物学や進化学の影響を強く受けていたのは間違いない。今となっては、これは当然のスタンスであり、研究対象として「感情」を取り上げる際に、「進化」という視点は欠かせない。他の心の側面と比べても、感情は進化の影響が特に強い側面であることは確かであり、感情の研究には、他とは異なるアプローチが必要であるという認識は広くもたれていた。

本書に抜粋を収録した、ジェームズによる『心理学原理（The Principles of Psychology）』は、一八九〇年に出版された、全二八章に及ぶ大著であり、心のさまざまな側面に関して、網羅的かつ独創的なスコープを示した点が特徴である。まさに、その後の心理学の発展における礎になった著作であるといえる。この著作の後半部分で「感情」がひとつの章として取り上げられており、ダーウィンを始めとするそれ以前の研究をもとにしつつ、独自な切り口による感情理論を構築している。ジェームズは、感情を取り上げる際、行動として表出される反応に加え、感情の主観的な側面の解釈にも重点を置いていた。そして「感情を感じる」ということについて、さまざまな事例をもとに思索を展開した点が大きな特徴といえる。この著作の出版後、学習、注意、思考、記憶、知覚、時間など、心理学におけるさまざまなテーマについて、ジェームズの理論からヒントを得た実験が数多く行われるようになった。二〇世紀半ばになると、その科学的データの蓄積は相当量になっていた。しかしながら、本書で取り上げる「感情」については、そうではなかった。

2　心理学における感情研究の暗黒時代

心理学の歴史における大きなパラダイムシフトは、行動主義の台頭である。行動主義は、一九一三年にワトソンによって提唱された考え方であり、それまでの心理学のように「内観に基づく意識」を対象とするのではなく、「観察可能な行動」のみを対象とすべきであるという主張に基づいている。すなわち、外部から提示される刺激(stimulus, S)に対して、どのような反応(response, R)が観察されるかに焦点を当てる、いわば「S－R連合」の視点で行動を観察する重要性を説いたのである。この方法論は、その後、科学的なデータの蓄積という意味で、実験科学としての心理学の発展に大きく貢献することとなる。この行動主義が提唱される背景には、「古典的条件づけ」という分析手法を見出した、ロシアのパヴロフに対する肯定的な姿勢に加え、当時、ヨーロッパにおいてひとつの潮流をなしていたフロイトの精神分析学に対する、否定的な姿勢が関与していた。

ワトソンの打ち立てた行動主義という心の捉え方は、瞬く間に普及し、心の状態を科学的に把握するための方法論的な枠組みとして広く認識されるようになった。このことにより、学習を中心として、心のメカニズムに関する理解が急速に進んだのは確かである。しかしながら、観察可能である行動のみを対象とするという方法論的な制約から、感情に焦点を当てた研究が、かなり限定的にしか行われなくなった。この時期に行われた感情に関する心理学の研究を振り返ると、動物にも見られるような恐怖による逃避行動、恐怖の条件づけ、他の個体に対する攻撃行動など、まさに「目に見える情動反応」のみが研究対象とされていたことがわかる。逆の言い方をすれば、「目には見えない主観的な感情」は、研究の対象から除外されたのである。こうした時代が長く続き、心理学における感情研究は、主観的な側面を研究対象から除外しなかった別の学問領域に大きな遅れを取ることになる。

「目に見える情動反応」だけを心理学の対象とするのでは、なぜいけないのか。動物の場合には、大きな問題にならないかもしれないが、ヒトの場合、たとえば、驚いてもいないのに、驚いた振りをすることができる。何の敵意ももっていないのに、怒った表情を浮かべることもできる。つまり、表出された行動だけを観察しても、心の中の感情状態は正確には見えてこない。そして徐々に、ヒトの感情的な側面の研究には、こうした情動的な行動だけでなく、心の内側を科学的に調べる方法が必要だという見方が燻り始めたのである。これが、その後に大きく普及することになる、情報処理的観点を重視する認知主義の台頭に火をつけるきっかけの一つにもなった。

一九六〇年代に入ると、シャクターとシンガーによる「感情の二要因説」、すなわち、感情の生起には、生体における変化の認識と、それに対する解釈となる認知という二つの要因が関与するという説が提案された(Schacter and Singer 1962)。同時期にアーノルド(Arnold 1960)やラザルス(Lazarus 1966)によっても、感情に関連の深い「認知的評価理論」と呼ばれる理論、すなわち、刺激の関係性および有益性(有害性)の認識(一次的評価)と、対処可能性の認識(二次的評価)という二段階の評価が感情には含まれるという理論が提唱された。これらの感情理論は、生理学的実験のデータを用いる方法論を積極的に採用しており、「生理心理学的アプローチ」と位置づけられた。このアプローチは、一九七〇年代初頭からの急速な認知主義の発展にも大きな影響を及ぼすこととなった。

一九七〇年代以降の感情研究は、認知主義的アプローチによる研究が中心となり、ヒトを対象とした研究も急激に増えた。そして、感情のさまざまな側面に迫る研究が次々と発表されるようになり、その中には「目には見えない主観的な感情」も含まれるようになったのである。現代における感情の研究は、後述する生理学的アプローチや神経科学的アプローチが積極的に取り入れられ、複合的なアプローチによる感情研究が中心的である。

3　情動と気分

ここで、本書で使用する用語について触れておきたい。感情に関連する用語については、専門領域でも議論があり、英語表現との対応も一貫していないのが現状である。そもそも、英語による文献のなかでも一貫していない場合もある上に、用語の意味するところが分野によって異なっている部分もある。英語、日本語の対応まで含めると、用語ひとつとっても、事は非常に複雑である。

感情を意味する英語表現として最も頻繁に用いられるのは、emotionである。この語源は、外への(e-)動き(motion)を生じさせるという意味にある。本書では、この動きや行動という要素を重視し、emotionを原則的には「情動」と訳す。情動とは、一般に、生体が外部から刺激を受け取り(例：ヘビを見る)、身体の内部に何らかの変化が生じ(例：どきどきする)、それが原因で生体に行動を起こさせる(例：逃げる)ような心的状態をいう。生体に行動を生じさせる刺激が消失すると、それに伴う心的状態は徐々に弱まり、やがて消失する。そういう意味で、情動は一過性の心的状態で、何らかの行動を誘発するものと定義できる。

情動と関連の深い概念として、moodとfeelingが挙げられる。このmoodは、一般には「気分」と訳され、本書でもその訳を当てた。気分は、情動のような一過性の心的状態ではなく、持続性のある心的状態を意味する。気分は、外的な刺激の有無によって左右されない点も、情動との違いである。

情動と気分の違いは、障害の側面から考えるとわかりやすい。「情動障害(emotional disorder)」とは、一過性の心的状態の障害であるため、たとえば、恐怖対象であるヘビなどが現れたときに、「過剰な」逃避行動を示したり、他者から叱責されたときに、「猛烈な」攻撃行動を示したりする症状をもつ障害である。行動の強さだけではなく、対象となる刺激がなくなっているにもかかわらず、いつまでも行動が持続してしまう場合には、異常な「持続性」または「固執性」と捉えることができる。また、他者に少しだけいやなことを言われるような状況、すなわち、弱い刺激に対して、すぐに怒り出してしまう「易怒性」や、よく考えずに即座に行動を起こしてしまう「衝動性」なども、広い意味では情動障害と位置づけることができる。これに対し、「気分障害(mood disorder)」とは、代表的には、うつ病や双極性障害などの障害を指す。すなわち、外部には、何ら気分状態を悪化させるような強い刺激があるわけではないのに、抑うつ状態が持続したり、逆に気分状態を高揚させるような強い刺激がないにもかかわらず、躁状態が持続したりする場合が気分障害に当たる。気分障害は、以前は「情緒障害」と訳されていた。

　このことからもうかがえるように、情動と気分という用語で表現される心の状態は、ほぼ完全に区別されている。精神医学の文献では、むしろ気分に関する記述の方が圧倒的に多い上、情動障害の意味に対しては affective disorder という用語が使われる場合もある。しかし、気分障害である mood disorder を以前、affective disorder と呼んでいたという歴史的経緯もあり、整理が困難であるのが現状である。ここで使われている英語の affect あるいは affection も、やはり「情動」あるいは「感情」と訳され、デカルトの時代から感情を表す用語として頻繁に使われてきた用語である。デカルトの文献では passion という用語も使われており、「情念」という訳語が当てられている。emotion よりも広い意味で、持続的な意味合いをもっていたようであるが、その意味は時代や言語によっても異なり、日常的には「情熱」という意味で使われる傾向が強いため、簡単に整理することは困難である。本書では passion は限定的にしか使われていないため、ここでの議論は避けておく。

　affect に戻ると、これは、現代でも感情研究の分野では、頻繁に使われる用語である。一般には「感情」と訳されることが多く、本書でも、特別な意味で用いられている場合を除き、「感情」と訳した。affect は、何かに作用する、働きかけるという意味のラテン語の単語からきており、「欲望」と訳される場合もある。近年のこの用語の使われ方を見ると、快－不快、ポジティブ（肯定）－ネガティブ(否定)などの対立的な感情の状態を表現する場合に使われる傾向が比較的強く、そういう意味では、ヒトに限らず、動物にも適用できるような、より身体の状態に依存する、広い意味での感情状態として用いられるケースが多い。また、後述するように、ダマシオは、より詳細にこの語を定義しており、日本語の翻訳本でも他の用語と区別するために「アフェクト」と訳されている。

本書で取り上げたジェームズの原著をみると、emotion, affection, passion が頻繁に使われているが、厳密な定義をした上で使っているわけではなく、それぞれの区別も比較的曖昧なように思われる。そこで本書では、これらの用語に対して、基本的には「情動」という訳語を当てた。

4　主観的感情と感覚

感情の文脈における feeling という用語は、「主観的に感情を感じる」ことを意味する。本書では、feeling に対しては、「感情」という訳語を当てた。主観的感情とは、対象となる人が主観的に感情を「感じている」心的状態を意味する。先に例を挙げたとおり、ある人が「勢いよく逃げる」という、感情的に見える行動を示したからといって、その人が本当に主観的に「怖い」という感情を感じているとは限らない。主観的感情とは、あくまでも、対象となる人が経験として感情を感じている状態、ないしは内容を意味する。つまり、情動的感情(emotional feeling)という用語も、意味的には問題のない使い方であり、実際、英語の文献でもしばしば用いられる。ただし、日本語では用法を理解していないと、同語反復的だと感じられるかもしれない。

梅田　聡

主観的感情という心の側面は、ワトソンが行動主義において「観察不可能な対象」として排除したものである。ワトソン以前に「内観」、すなわち外部から直接観察できない内省的な意識体験を、心理学の研究対象とすべきであると訴えたのは、ドイツの心理学者・哲学者であるヴントであった。当時、ライプツィヒ大学の教授を務めていたヴントは、一八七九年、世界で初めての心理学実験室を設立し、心を実験的に測定するという方法論を構築し、「実験心理学」という分野の確立に貢献した。ヴントは、感情について、当初はジェームズの影響を受け、身体的要素の重要性を訴えていたが、後に精神的な要素の重要性を主張し、感情を五感に次ぐ第六感と捉えるようになる。そして、感情の主観的な側面を表す用語として Affekt(ドイツ語。英語の affect にあたる)を用い、感覚として感情を重要視するようになった。そして、感情を(1)快・不快、(2)覚醒・抑制、(3)緊張・緩和と三つの次元で捉える「感情の三次元説」を提唱した。しかしながら、その後、(1)の次元については支持されたものの、(2)および(3)については感情の成分として扱うことに異論も呈され、ヴント自身の論調も(1)のみを強調する「一次元説」へと変わっていった。

現代の感情に関する心理学的理論のひとつに、ラッセルとバレットによって提案されたコア・アフェクト理論(core affect theory)がある(Russell and Barret 1999)。この理論では、快・不快の次元を「感情価(valence)」、緊張・緩和の次元を「覚醒度(arousal)」として二次元で定義できる心の状態を「コア・アフェクト」と呼んでいる。コア・アフェクトは、必ずしも意識的である必要はなく、無意識的にも生じる心の状態、あるいは感情の感覚であり、これが知覚や意思決定など、さまざまな心の側面に影響を与えるという理論である。コア・アフェクト理論で重要視されている感情価と覚醒度という次元の切り取り方は、ヴントの感情理論の再構成であると捉えることもでき、そのように受け止めれば、主観的感情の重要性は、行動主義全盛の時代を隔てて、再認識されたと考えるべきかもしれない。

本書でも取り上げるダマシオは、主観的感情について、脳と身体の相互作用に着目し、次のように解釈した(Damasio 1994)。すなわち、生体が情動を誘発する刺激を受け取ると、それが処理され、身体反応が生じる。身体に反応が起こると、それが脳に伝達され、身体の変化が連続的にモニター(監視)されるようになる。外界で生じている状況の認識と、そのときに生じている身体の変化の認識を同時に経験することが、主観的感情体験であると考えた。これは、主観的感情とそれを生じさせる外部状況という複数の構成要素による「体験」として、主観的感情を記述することを提唱した理論であり、「主観性」に関する深い考察に基づいている。この理論に至った経緯などについては、本書のダマシオの論考を参照されたい。

また、sensation という用語も注意を要する。これは一般には「感覚」と訳すのが適切であり、本書でも原則的にはそのように訳している。感覚というと、一般には、視覚や聴覚などの五感と理解されがちであるが、定義上はこれに加え、運動感覚、平衡感覚、内臓感覚なども含まれる。神経細胞の「シナプス」の命名で知られ、ノーベル生理学・医学賞の受賞者でもあるイギリスの生理学者、シェリントンは、一九〇六年の論文のなかで、こうした数多くの感覚を、外受容感覚(exteroception)、内受容感覚(interoception)、自己受容感覚(固有感覚、proprioception)の三つに機能的に分類した(Sherrington 1906)。外受容感覚とは、まさに五感を指し、目・耳・鼻・口などの特殊な受容器を介して入力される感覚であり、「体の外側で起きていることを認識するための感覚」である。一方、内受容感覚とは、心臓のどきどき、呼吸の荒さ、胃腸の痛み、空腹感や満腹感、目眩の感覚、体温の感覚、乗り物酔いの感覚などとして表現されるような、内臓、ホルモンなどの内分泌、免疫などの状態に関係する感覚である。ここで重要なのは、内受容感覚は、外受容感覚とは異なり、「身体の状態が通常とは異なるときに生じる感覚」であるという点である。シェリントンは、「自律神経」という用語を初めて提唱したことで知られる、イギリスの生理学者として名高いラングリーの指導を受けており、自律神経系を介した内臓の変化に関する感覚を細かく分析する姿勢を重視しつつ、数多くの実験をラングリーとともに実施していた。このことは、シェリントンの弟子で、やはりノーベル生理学・医学賞の受賞者であるエックルスの著作『シェリントンの生涯と思想』の中にも詳細に記されている（Eccles and Gibson 1979）。そのような姿勢が、内受容感覚という概念の提案に結びついたものと推察される。

後述するように、シェリントンの分類は、感情研究の文脈では、極めて重要な意味をもつ。本書で取り上げるキャノンの論考のなかで、シェリントンの研究自体は参照されているが、「内受容感覚」という用語は引用されていない。本書でも、本来であれば、sensation の訳語として「感覚」ではなく、「内受容感覚」という用語を当てはめたい部分は多く見受けられた。しかし、原著の意味合いを優先し、「感覚」と訳している。ただし、悩ましい点は、sensation という用語が使われていても、内容的には、主観的感情という意味で用いられているケースもあるということだ。本書では、この点については柔軟に対応し、意味を優先させるため、sensation を「感情」と訳した箇所もある。

このように、感情をめぐる用語は、特に日本語では混乱の極みである。本書の三者の翻訳では、上述の原則を重視した。なお、このイントロダクションでは、内容的に「情動」とも「感情」とも取れる場合、「感情」と表現していることを付け加えておきたい。

5　生理学的アプローチによる感情研究のはじまり

ジェームズによる『心理学原理』の出版から二五年が経過した一九一五年に、生理学者であるキャノンは、本書で取り上げる『痛み、空腹、恐れ、怒りに伴う身体変化——情動の興奮の機能をめぐる最近の研究報告』という書物を刊行した。この出版以前にも、生理学的な手法による情動に関する研究が発表されてはいたものの、ここまで体系立ててまとめた研究は少なかった。キャノンのこの書物は、それまでの生理学的研究の成果、および自らの実験結果を、情動に関連するトピックとしてひとつの書物にまとめたものと位置づけられる。

一九〇一年にノーベル生理学・医学賞が創設されていることからもわかるように、一九世紀末から生理学や解剖学の研究が急速に発展した。それに伴い、生物学や進化学をベースにした、より詳細な生理メカニズムの解明が進むことになる。情動に関してもその流れの影響を受け、その生理メカニズムの解明を目指した研究の発表が相次いだ。本書で取り上げるキャノンや、感情の「キャノン゠バード説」の名で知られ、キャノンの弟子でもあるフィリップ・バードは、その代表的な人物である(Bard 1928)。

情動の生起をめぐる学問的な論争は、哲学、心理学、神経学、精神医学などの領域をまたぎ、これまで長きにわたり、多くの理論ないし仮説が提案されてきた。キャノンは、情動とは本来、生体が生き延びるために、敵と闘ったり、敵から逃げたりすることによって危険を回避する上で生じる精神機能であると主張した。そして、このような状況での生理的な反応、すなわち情動反応を「闘争・逃走反応(fight-or-flight response)」と名づけ、身体における自律神経の交感神経活動と深い関連があることを指摘した。「闘争・逃走反応」については、まさに本著作においてその詳細が解説されている。本著作の初版が発行された一九一五年以降も、生理学的な研究の発展は続き、新しい成果も数多く発表された。そこで、キャノンは初版の発行から一四年経った一九二九年に、大幅に内容を増やした第二版を発行した。本書に部分的に収録したのは、この第二版である。

キャノンは、生体の恒常性維持の機構の重要性を訴えたことで知られる。体内状態の制御を行う「自律神経系」やホルモン分泌を担う「内分泌系」などを介して、生体内部の平衡状態を維持する機構を「ホメオスタシス」と名づけたのが、キャノンである。ホメオスタシス概念の提案は、一九三二年に初版が刊行された『からだの知恵』というタイトルの書物で体系的に行っている(Cannon 1932)。『痛み、空腹、恐れ、怒りに伴う身体変化』第二版の出版は、その三年前であり、ホメオスタシスという概念に結びつく基となった生理学的エビデンスと、そこから考えられる理論的展開が整理されている。キャノンは、『痛み、空腹、恐れ、怒りに伴う身体変化』第二版の出版後、「自律神経系と生体調整機能にさらに興味が湧いた」と記しており、同書における理論的展開が、ホメオスタシス概念の本格的な構築の火付け役になったと思われる。ホメオスタシスは、情動を考える上でも、感情を考える上でも、非常に重要なキーワードである。特に、情動や感情がなぜ生起するのかを考え、感情と身体の関係を議論する際に、避けて通れない概念である。

6　ジェームズとキャノンの論争

本書でジェームズとキャノンを取り上げた理由は、感情における二つの古典的理論、「ジェームズ＝ランゲ説」と「キャノン＝バード説」について、あらためて原著から繙くことにある。

ジェームズ＝ランゲ説とは、「身体の末梢的変化が感情を喚起する」という理論であり、当時の常識的な見解を根底から覆す感情理論であったため、注目された。一般的には、まず外的な刺激となる事柄や状況を知覚することによって感情が喚起され、それに続いて身体運動反応が現れると考えるであろう。しかし、ジェームズ＝ランゲ説では、その逆順を提唱したのである。つまり、ジェームズの例を借りれば、「クマに出くわし、怖くなったから震える」というのは順序が逆であり、「クマに出くわすことで身体が震え、それによって怖くなる」という順序が正しいと主張する。この説が「ジェームズ＝ランゲ説」と呼ばれる理由は、デンマークの生理学者であるカール・ランゲが、ジェームズと類似した理論を主張していたことにある(Lange 1887)。ジェームズとランゲの考え方の違いは、感情の源について、ジェームズは「身体運動反応」と言及していたのに対し、ランゲは、より細かく「血管活動」という生理機能にまで言及していた点にある。ジェームズ＝ランゲ説は、身体の末梢での変化が感情体験に先行すると仮定したことから、「情動の末梢起源説」と呼ばれる。ジェームズのこの考え方は、本書で取り上げる『心理学原理』が刊行される六年前に出版された、「情動とは何か」というタイトルの論文において初めて明確に示されたものであった(James 1884)。

梅田　聡

近年の心理学では、細分化が進んでおり、知覚、学習、記憶、言語、感情、意思決定、運動など、あるまとまった領域、もしくは知的機能を徹底的に分析する研究者がほとんどである。このすべての領域の専門家というのは存在しない。しかしながら、科学としての心理学が発展する以前には、ジェームズのように、すべての領域を網羅する碩学も少なくはなかった。このことこそが、哲学者でもあったジェームズの偉大さと見ることもできるだろう。本書の論考を読み通してみても、感情におけるものの見方が、非常に俯瞰的であり、かつ微細であるという点が特徴的である。そのことは、文章中に見られる、日常的な事例の取り上げ方の巧みさ、読者が読んで感じると思われるであろう疑問をあらかじめ提示し、それに回答するという説得的なスタイル、ダーウィン、ランゲ、スペンサー、ヴントなどによる感情に関連する論文の徹底した渉猟に基づく論理性などに、如実に表れ出ている。さらに、ジェームズは長い期間をハーバード大学の教授として過ごしたが、若い時期には、生理学や解剖学の講師を務めており、かなり専門的な知識を有していたようである。幅広い専門的知識をベースにした多角的な視点から論述が展開されているのは、そのためであろう。

このようなジェームズの感情論に対して、同じハーバード大学で、医学部に所属していたキャノンは、生理学者の立場から、さまざまな実験結果をもって反論した。すなわち、情動の起源を末梢である内臓の変化にあると考える根拠は乏しいとし、情動の中枢は脳内活動にあるとする「情動の中枢起源説」の立場を取った。これが「キャノン゠バード説」である。キャノンとバードの見解の違いは、情動に関連する脳内の部位に関する齟齬にあるが、これは根本的な違いと見做すべきものではなく、対ジェームズという意味では類似した立場であるとされ、現在では「キャノン゠バード説」と呼ばれている。本書で取り上げたキャノンの論考は、先に述べたとおり、初版の発行から一四年が経過した後に出版された第二版からの抜粋である。キャノンの論考の導入文において詳述するが、この第二版の最大の特徴は、第18章「情動に関するジェームズ゠ランゲ説の論評」およびそれに次ぐ第19章にある。反論のポイントは主に五点あり、それらを生理学的証拠を提示しながら主張するという展開になっている。

キャノンの文章は、生理学という学問の性質上、内容的に専門家以外には難解な部分が多いことは否めない。しかしながら、日常的な例を巧みに使っており、ある種の説得力がある。たとえば、「ピアノでいえば、交感部はソフトペダルやダンパーペダルのようなもので、すべての音階をまとめて調整する役割を果たす。脳部と仙骨部の自律神経は個々の鍵盤のようなものだ」というような例示が、随所で見受けられる。それらの例が適切であるか否かについては、さまざまな意見もあるだろうが、情熱的な温度感が感じられる文章であることは確かだ。ただし、生理学的実験ということもあり、ネコやイヌなどを対象とした生々しい実験の記述が多く、現代における動物愛護の観点からすると、違和感をもたざるを得ない部分があることも事実であろう。

キャノンは、自らの説にかなり自信をもっていた様子であり、強い論調で批判を繰り広げる点も特徴的である。キャノンはハーバード大学の学部生のときに、ジェームズの講義を受け、その新鮮さと意外さに大きな魅力を感じたと述べている。そして、ジェームズに「哲学を学びたい」と申し出たところ、「やめた方がよい。ひもじい思いをすることになる」と言われ、医学部に入ることを決意したようだ。研究のきっかけを与えてもらったジェームズという師の理論を、後年、徹底的に批判することになるという流れは、歴史的には興味深い事実である。

7　キャノンの理論の弱点

キャノンの主張した内容については、複数の観点から疑問も呈されている。キャノンの理論は、脳における視床の機能に着目しており、「感情の視床理論」と呼ばれることもある。この視床とともに、大脳皮質の制御機能にも焦点を当て、感情の制御という視点から両者の機能的関連性についても述べている。しかしながら、この点について、当時得られている解剖学的な証拠が乏しいにもかかわらず、強い主張がなされていると批判があった。その中で、最も根本的な批判は以下のようなものである。キャノンの主張の根拠になっている事実の一つは、「ネコの自律神経をすべて切除しても、吠えるイヌに対する威嚇行動は消失しない」というものであった。これを根拠に、身体の反応が感情を引き起こすということはありえないと反論したのである。しかしながら、実験で示したのはネコに「怒らせる」ことのみであり、他の感情については詳しく調べていない。感情の多様性を考慮すると、この事実から「感情全体」についての論を展開するのは、明らかに過度な一般化である(Dror 2014)。

さらに根本的な問題は、この主張が依拠する生理学的事実の正当性である。キャノンが神経の切除を行ったのは、ネコの首よりも下に位置する自律神経系の末梢部分、しかも交感神経部のみであった。実際、感情を生み出す脳部位への神経入力は複数の系統があり、自律神経の交感神経系による入力を破壊したからといって、脳への信号伝達経路(専門的には「求心系経路」と呼ぶ)がすべて遮断されたわけではなく、体性感覚系や内臓感覚系などによる脳への神経入力は維持されていたと考えられる。その残存していた神経入力経路によって、ネコの威嚇行動が生じた可能性は十分に考えられる。このことは、ダマシオも指摘している。ダマシオはさらに、首よりも上の部分、たとえば顔面部も「身体」であり、首から下の遮断は、身体から脳への入力全体を遮断することにはならないと述べている。このことに、同様の実験としてイヌの迷走神経と脊髄の切断を行ったシェリントンは、実は気づいていたようである。それが理由で、ジェームズ＝ランゲ説を否定しない慎重な態度を取っている。この事実は、ヴィゴツキーの情動に関する詳細にわたる手稿においても指摘されている（ヴィゴツキー2006）。

キャノンが、身体からの入力の遮断を行うためには末梢の自律神経系を遮断すればよいと考えたのは、ラングリーの提唱した「自律神経」の概念がベースになっていた可能性がある（Langley 1898）。その後の神経学の発展により、現在の自律神経系の概念では、脳を含む中枢神経系と身体の末梢神経系は切り離して考えるべきではなく、「中枢自律神経ネットワーク（central autonomic network，ＣＡＮ）」として包括的に捉えるべきだとされている（Benarroch 1993）。この中枢自律神経ネットワークに含まれる脳部位には、キャノンが主要部位として記述した視床下部や脳幹部のみならず、近年の研究で機能が明らかにされつつある扁桃体や島皮質なども含まれている。脳と身体の相互作用を前提としたシステムとして「自律神経系」を捉えているのである。田村・光藤（2018）も述べているように、運動神経系や感覚神経系について、現在では、上位ニューロンと下位ニューロンを統合して捉えているにもかかわらず、ラングリーが自律神経系を下位ニューロンの末梢神経系のみと定義し、中枢神経系から切り離して捉えたのは、現時点から振り返るといささか不適切であったといわざるを得ない。

そもそも、情動反応に自律神経系がどう関わるかを理解しようする際には、アクセル役の交感神経系と、ブレーキ役の副交感神経系のバランスと相互作用に着目する必要がある。しかしながら、キャノン自身も述べているように、彼の興味はほとんど交感神経系のみにあったようであり、副交感神経系の役割や交感神経系との相互作用に関する記述は極めて限定的である。感情のなかには「嫌悪」のように副交感神経系が優位な感情もあるため、交感神経系のみから「感情全体」について議論するのは、明らかに問題があったといえる(Dror 2014)。

ジェームズとキャノンの論争について、もう一点、指摘すべき重要なことは、両者が焦点を当てていた感情の側面が同じではないということだ。ジェームズの論考では、用語を十分に使い分けていない部分があることは否めないにしても、脳と身体の相互作用を想定し、感情の行動的側面である「情動」に加え、主観的側面である「感情」をも対象に加えて、理論構築を企てている。一方、キャノンは、動物実験の結果を主な根拠としていたことからもわかるように、焦点を当てているのは主に「情動」である。ジェームズの感情に関する論説に対しても、生理学的な根拠が示されていない点を批判するばかりで、ジェームズが強調していた「行動」と「主観的感覚」の区別が全体に曖昧である。そういう意味では、両者の論争は、論点の中心がずれているという見方が妥当であるように思われる。

8　神経科学の発展とソマティック・マーカー仮説

ここまで見てきたように、二〇世紀初頭は心理学や生理学の研究が盛んに行われたのだが、その後の時代は戦争の影響が大きく、二〇世紀半ばまでの研究の進歩は限定的である。そればかりでなく、ドイツ語圏の研究と英語圏の研究の分離が起き、さらにドイツ語圏の研究の一部がナチズムに関与していたため、倫理的な観点から抹消されるという事態まで起きていたようだ(田村ほか 2007)。

二〇世紀後半になると、神経科学が著しい発展を遂げた。脳内の神経機構が次々と詳細に明らかにされるようになり、感情の研究もその流れの影響を受けることとなった。初期の神経科学研究は、主にげっ歯類や哺乳類を対象とした生理学的アプローチの色合いの強いものが大半であったが、ヒトの脳内メカニズムの解明に関する研究発表も増えてきた。ここでもやはり時代背景の影響は色濃く、戦争により銃弾で脳の局所部位にダメージを受けたことによって、特定の認知障害を呈する患者が増えた。その症状を詳細に調べることにより、脳機能の理解が進歩したという部分は否めない。

学問領域として、こうした分野を専門的に扱っていたのは「神経学(neurology)」である。現在の医学研究領域における「神経内科学・脳神経内科学」に相当する。ヒトの脳内メカニズムの理解が進むにつれて見えてきたのは、言語、運動、視覚、記憶、注意などの機能のみに障害を呈する、いわゆる「認知の選択的障害」の患者を扱う上で、心理学的な概念が必要であるということだった。その流れを受け、行動主義者ワトソンの弟子であり、動物における神経と行動の関係性に着目していた心理学者であるラシュレーは、「神経心理学(neuropsychology)」という学問領域を構築するに至った。この潮流は、神経学にも強い影響を与え、「行動学的神経学(behavioral neurology)」という下位分野が立ち上がるなどの流れが起きた。当該関連領域において、この時期から加速的に、ヒトの「こころ」

梅田　聡

の神経メカニズムの解明が進むこととなったのである。しかしながら、この新しい学問領域において感情が扱われるようになるのは、かなり時間が経った後であった。その理由としては、感情を記述する概念的枠組みが心理学や精神医学の考えに基づくものであったため、それらとの棲み分けが重視されたことが挙げられる。さらに、前述のとおり、心理学領域では行動主義隆盛の時代であったという背景も関与している。

神経心理学の感情研究に大きな波を起こしたのが、本書で取り上げる神経学者、アントニオ・ダマシオである。ダマシオは、神経心理学の礎を築いたノーマン・ゲシュヴィントの指導を受け、現代の神経科学に大きな影響を与える数々の重要な業績を残している人物である。ダマシオは、言語や記憶など、感情以外の心理的側面に関する研究も手がけていたが、本書で取り上げる、一九九一年の論文を出版した頃から、感情に関連する研究に本格的に着手している。ダマシオの論文の導入文でも詳しく述べるが、この流れのきっかけになっているのは、前頭葉の底面に位置する眼窩部と呼ばれる部分の機能に関する研究である。この部位が担う機能に関する研究は、一八四八年のフィニアス・ゲージという症例に関する論文に端を発している(Harlow 1848)。ゲージは、鉄道に関する仕事に就いており、作業中のミスで、充塡した鉄の棒が彼の脳を貫通する事故に遭った。この事故によって損傷を受けた脳の部位は、主に前頭葉眼窩部であり、損傷後、言語、運動、記憶などに目立った障害がなかったにもかかわらず、感情障害を伴った人格障害を呈するようになってしまった。当時は、現在のような高次認知機能を調べる検査は不十分であり、ゲージの感情障害や人格障害がどのような理由で起きたのか、詳細を調べる術はなかった。ゲージの頭蓋骨は保存されていたため、その後の詳細な分析により、ゲージの損傷部位の中心が前頭葉眼窩部であったことは明らかにされている(Damasio et al. 1994)。

こうしてそれまで謎に包まれていた前頭葉眼窩部の姿が徐々に明らかにされ始め、感情の神経基盤に関する理解も深められた。本書で取り上げる論文は、その火付け役となった原著と位置づけられる。ゲージに代表される眼窩部に損傷をもつ症例には、日常場面において対人的なトラブルや、金銭面のトラブルが少なくない。その背景には、感情面の問題が含まれており、衝動的な行動をとりやすかったり、リスクの高い意思決定を行う頻度が高かったりすることが知られている。しかし、そのような行動を実験場面で再現することは非常に難しいと考えられていた。ダマシオらは、アイオワ・ギャンブリング課題と呼ばれる検査で、実験的に類似した状況を再現させ、問題となる行動の要素を取り出すことに成功したのである。

この研究がさらに優れていた点は、課題遂行中の自律神経活動の変化を調べるために、精神性発汗(いわゆる、冷や汗)の程度を測定した点にある。通常、ヒトは何らかのリスクを感じるときには、精神性発汗が見られる。これは、自律神経の交感神経の活動が活発になっているためである。ダマシオらの一連の研究の結果、前頭葉眼窩部に損傷があると、高いリスクがある状況下でも、精神性発汗がほとんど見られないことが明らかになったのである。これらの結果から、ダマシオは「ソマティック・マーカー仮説」を提唱した。すなわち、我々が意思決定をしたり、あることを想像したりする際には、それに伴って、末梢の自律神経活動に変化が起こり、その身体からの信号(ソマティック・シグナル)が脳に送られる。その信号を脳が受け取ると、必ずしも我々の意識に変化は起こらないが、意思決定には活かされる、という仮説である。本書で取り上げる論文は、「ソマティック・マーカー

梅田　聡

仮説」が提唱される以前に、前頭葉眼窩部がそういった潜在的、無意識的な身体反応に深く関与することを示したダマシオの初期の論文である。

本論文の出版の三年後、ダマシオは『デカルトの誤り』というタイトルのベストセラーとなる書物を刊行した。そこでソマティック・マーカー仮説を提示しつつ、脳と身体を分離せずに捉えることで、感情を中心とする認知機能のメカニズムがみえてくることを力説した。そして、主観的感情の体験について、次のように述べている。すなわち、生体がどのように変化しているか(たとえば、心臓がいつもよりもどきどきしている)を連続的に監視し、それと同時に、特定の内容(たとえば、次がいよいよ自分の出番である)について思考している際に、主観的感情体験が生まれる。

本書で取り上げたのは、脳損傷の患者を対象とした神経心理学のアプローチによる研究であるが、ちょうどこの時期に、各国でファンクショナルＭＲＩやＰＥＴ(ポジトロン断層撮像法)などの脳機能画像技術を用いた研究が盛んに行われるようになっていた。これらの手法の導入により、脳が「どのように動いているか」を可視化できるようになったのである。それまでのＭＲＩは、もっぱら「構造」を可視化する目的で使われており、脳内で萎縮、あるいは梗塞や出血が起こっている箇所を検出するために用いられていた。一方、ファンクショナル(機能的)ＭＲＩは、脳の「働き」を可視化するために用いられる。人がしゃべっているとき、他者がしゃべっていることを理解するとき、覚えようと努力しているとき、目や耳から情報が入力され、それを処理しているときなど、さまざまな場面で脳のどこがどのように働いているかを見ることができるのである。感情研究にもこの手法が使われるようになり、まずは「情動」のメカニズムが少しずつ明らかになってきた。そして、ついに「感情」

の研究にも応用され、ヒトが主観的に感情を感じているときの脳内メカニズムが明らかになってきたのである。ワトソンが「観察不可能な対象」として科学的に排除してきた「主観的感情」は、脳機能をみる装置と、自律神経活動を捉える装置という二つの道具を用いることで、科学的に扱うことが可能になってきたのである。

ダマシオは『デカルトの誤り』以降、二〇一八年の『進化の意外な順序』に至るまで、主要な著書を四冊出版している(Damasio 1999, 2003, 2010, 2018)。『デカルトの誤り』の次に出版された書物は、日本語訳では『無意識の脳 自己意識の脳』や『意識と自己』というタイトルが付けられている(Damasio 1999)。原タイトルは、The Feeling of What Happens : Body and Emotion in the Making of Consciousness である。このタイトルを直訳すると、『何が起こっているのかという感覚——意識の形成過程における身体と感情』というような訳になるだろう。このタイトルに、多くのメッセージが込められているように感じられる。ジェームズやキャノンから始まる感情理論には、超えられない壁があった。それは主観的感情を科学的に取り出すことであった。二一世紀に入るタイミングで、ついにそれが可能になったのである。ダマシオの仕事は、感情研究の歴史の中に位置づけたときに大きな意義をもつものと評価できるだろう。

9　ダマシオ仮説の背後にある概念

では、脳機能画像技術を用いた研究によって、主観的感情に関する何が見えてきたのか。ダマシオは、初期の研究では、主観的感情に関連する脳内部位を複数挙げており、なかでも前頭葉眼窩部の機能に着目していた。しかしながら、脳画像技術を用いた研究により、感情を感じているときの脳を調べてみた結果、むしろ前頭葉眼窩部ではない部分の方が重要であることが明らかになった(Damasio et al. 2000)。主観的感情に深く関連していた部位は、島皮質、第二次体性感覚野、帯状皮質、脳幹被蓋核、視床下部などであり、これらはいずれも、身体の内的状態の表現や調整に関与する脳部位であった。

先に述べたとおり、心臓、呼吸、胃腸などの内臓状態の変化の感覚は、シェリントンが「内受容感覚」と定義していたものと一致する。近年の数多くの研究から、内受容感覚に関連のある部位が、まさに島皮質や帯状皮質を含んでいることが明らかにされている(Critchley et al. 2004; Terasawa et al. 2013)。そして、この内受容感覚の異常が、不安障害、うつ病、解離性障害、心身症などをはじめとする、実にさまざまな精神疾患や神経疾患と関わりが深いことがわかってきた。内受容感覚とは、内臓や体液の状態、筋肉の状態、体内温度の状態などが、安静時と異なるときに強く生じる感覚である。キャノンの言葉を借りれば、「ホメオスタシスからの逸脱の感覚」であり、生物がこの感覚をもつ目的は、ホメオスタシスへの回帰を促すことにあると考えられている。その意味で、キャノンの提唱した概念に基づく解釈が妥当であるといえる。

ダマシオは、ソマティック・マーカー仮説に関連して、「あたかも身体ループ("as-if" body loop)」という概念を提唱している。感情の基盤を構成する神経パターンには、「身体状態と関係する変化」と「認知状態と関係する変化」があり、前者はさらに「身体ループ」と「あたかも身体ループ」に分けられるとしている(Damasio 1999)。「身体ループ」とは、血液を介して伝達される体液性信号と、神経を介して伝達される神経信号の双方を用いて、身体の状態が脳に表現される神経回路である。一方、「あたかも身体ループ」は、身体の変化の状態が「内的シミュレーション」として脳内に表現される。すなわち、身体状態に実際の変化がなくても、たとえば、あるリスク事態をイメージすることによって、あたかも身体に変化が生じたかのような脳の動きを再現するシステムである。そして、その情報が他の脳部位に伝達され、特定の行動を引き起こす「認知状態と関係する変化」を生み出している。

この「あたかも身体ループ」の発想は、内的シミュレーションによる情報処理の効率化を実現するシステムであり、さまざまな場面における「予測的な活動」と関連する。こうした予測的な活動については、よく読むとキャノンも触れている。本書で取り上げるキャノンの論考のなかでは、「痛みや情動の興奮に伴って起きるあらゆる身体変化は、その後に自然に起きる本能的行動を見越したものである……そうした反応は生物に要求される激しい活動への準備であると解釈するのが妥当であろう」という解釈である。近年は、内受容感覚の予測機構に関するモデルが提案されており、迅速な処理を実現するために、内受容感覚の内部モデルを予測的に作っておき、まずはそれに基づいて現実に対処し、そこで生じたギャップを学習していくことで、モデルの妥当性を高めていくという考え方が提案されている(Seth et al. 2012)。キャノンの論説では具体的な言及はないものの、背後にある発想はこうした考え方と類似している。

ダマシオは『何が起こっているのかという感覚』のなかで、イギリスの神経学者、ジョン・ヒューリングス・ジャクソン(1835–1911)について触れている。ダーウィンやジェームズとほぼ同時期に活躍したジャクソンは、てんかんを中心とするさまざまな神経疾患症状の分析を行い、数々の業績を残したことで広く知られている。そして、進化論的な視点から、「疾患による機能の解体は、進化の逆順を辿る」という、いわゆる「ジャクソンの法則」を定式化した。ジャクソンは、情動に関しても重要な視点を提供しており、そのひとつが「情動の右半球仮説」の示唆である(Jackson 1931；山鳥 2014)。言語機能に関しても、感情言語は保持される一方、知的言語は障害されるような機能解離を示すケースの報告をしており、その後の研究に影響を与えている。

ジャクソンは、意識論のなかでも情動について示唆に富んだ議論を展開している。彼は、意識を主体意識と客体意識に分けた。主体意識とは、環境が生体に影響を及ぼすときに生じる意識であり、経験を通した感覚機能の表象に基づく意識である。一方、客体意識とは、逆に、生体が環境に働きかけるときに生じる意識であり、主体意識に注意を向ける運動機能の表象である。主体意識は、通常「意識」と呼ばれるものではなく、「下意識」であり、通常「意識」と呼ばれるものを客体意識と位置づけ、それは主体意識から生じるものであるとし、意識とは、主体意識と客体意識が絶えず交代し続けるダイナミックな過程であり、二つの意識活動が一つのリズムを形成していると解釈している(Jackson 1931；山鳥 2014)。最も低次な主体意識は、「感覚(sensibility)」がベースとなっている。情動(affect)は客体意識であり、内臓を含む体全体の広範囲な運動が高次な脳神経活動に表現される時に、それと共存して出現するものであると位置づけている。この概念は、「主観的感情」の「主観」の部分を深く考察する上で重要な示唆を与えており、近年に至るダマシオの理論構築にも、ジャクソニズムの考えが根底で影響を与えているように見受けられる。

以上で見てきたように、ダマシオの感情理論は、根本的な枠組みは、ジェームズに依拠するところが大きい一方で、キャノンの提示した概念をも包含して、より包括的な理論を構築しようと試みている。多くの書物では、ダマシオの理論はジェームズ寄りであるとの見方を示しており、それは一面の事実である。しかしながら、ダマシオ自身も述べているように、ソマティック・マーカー仮説は、キャノンによるホメオスタシスの概念に基づいており、彼の書物の中では、ジェームズに対して批判的な論調も散見される。上述の「あたかも身体ループ」の発想は、キャノンの概念の範囲に含まれると見ることもできる。ダマシオは、二〇一八年に出版された『進化の意外な順序』のなかで、主観的感情とは何かという問題に取り組んでいるが、その内容はかつてのものから少し変化している部分がある。同書では、主観的な感情体験を「価値づけられた心的な経験」と考え、感情とその状況を包含する「アフェクト」という概念で捉えている(Damasio 2018)。ソマティック・マーカー仮説の提案当時は、神経科学のエビデンスに基づいて理論構築がなされていたが、近年の論述の展開は必ずしもそうではなく、少し色合いが変化している印象も否めない。

10　今後の感情研究はどこに向かうのか

本書で取り上げた三名の「巨人」ともいえる研究者に共通している点は、「情動あるいは感情のみを研究対象としていたのではない」という点である。本書はテーマが「感情」であったため、彼らの感情研究だけを抜粋したのだが、その前後には、感情を取り巻く他の心理的・生理的・神経科学的側面が存在する。特に心理学的な観点でいうならば、感情の問題を議論する上で、本来、言語、運動、記憶などの問題を避けて議論すべきではないはずである。紙数とテーマの都合上、今回は感情に絞った議論の紹介に留めざるを得なかったが、この巨人たちは、決してそれにのみ焦点を当てて研究をしていたわけではない。特に、本書で紙数を割いて議論される「主観的感情」は、過去の経験に基づく部分が多く、エピソード記憶や意味記憶の影響を排除することは困難である。また、ヒトの場合、その主観が言語で表現される制約を考えれば、言語体系やボキャブラリー、さらに韻律情報などの影響を受けることは言うまでもない。むしろ、著者たちは心のあらゆる側面を見る目で感情を見ていたというべきであろう。科学が進歩すると、それぞれの分野で細分化が進み、それをフォローするだけで大変な仕事になる。しかしながら、より大局的な視点から、俯瞰的に物事を捉える姿勢は、あらためて現代の研究者が見習うべき部分であるように思われる。

一方、研究領域の細分化と発展は、それまではなかった領域間の統合的理解の可能性を広げるチャンスでもある。感情に関わる視点でいえば、「心身医学」という学問がその例として挙げられる。心身医学は、その名のとおり、心と身体という二つの視点から病態を見る内科系学問であり、病院やクリニックでは、「心療内科」が専門的に担当している場合が多い。心身医学は、心理的ストレスなどが原因となって、内臓、内分泌、自律神経系などに乱れが生じ、過敏性腸症候群、喘息、痛み、睡眠障害、摂食障害など、実にさまざまな形で現れる疾患を扱う。これだけ多様な形でストレスが「表現」されているのだが、その背後にある脳内メカニズムを調べてみると、共通する特徴をもっていることが、近年の研究から明らかになっている(Umeda et al. 2015)。表現された症状からみると、それを扱う診療科はそれぞれ異なり、これまでは研究の領域でも独立して扱われてきたが、それらを横断的に見通すことで、統合的理解が実現することは十分にありうる。たとえば、内受容感覚などの概念は、これらを実際に結びつける鍵となりうる。さらに、この横断的な視点が、「感情とは何か」という根本的な問いに新しい解答を与える可能性もある。

ＡＩ技術が席巻する近年、ロボットをはじめとする人工物が感情をもったという記事を多く見かけるようになった。ここでいう「感情」は、現時点では「情動」に近いものである。しかしながら、最近は「人工生命」などのコンセプトの登場により、ロボットの意識論が取り沙汰されるようになった。そうなると、次に議論になるのは、feeling としての「感情」の問題になるだろう。ロボットの意識や感情の実現の可能性を議論する以前の問題として、ヒトの感情に関しても、未解明な部分が多い。新たな科学的証拠が提示されたり、新たな人工物が登場したりすると、そこで新たな視点でのコンセプトの整理や、研究のリフレーミングが必要になってくる。その際、一度、議論の原点に戻ってみることも重要な意味をもつだろう。本書がそうした際の一助となることを願う。

最後になったが、本書の完成に当たり、本シリーズを企画していただいた岩波書店の濱門麻美子氏、および、時間をかけてわかりやすい翻訳をしてくださった南條郁子、藤原多伽夫、北川玲の三氏に感謝の意を表したい。

情動

ウィリアム・ジェームズ

南條郁子［訳］

一八九〇年に出版された、哲学者・心理学者として高名なウィリアム・ジェームズの代表的著作である『心理学原理(The Principles of Psychology)』の第25章「情動(The Emotions)」の全訳である。『心理学原理』は全二八章、総計約一四〇〇ページにわたる記念碑的大著であり、現代の心理学の礎となるスコープを体系的に示した書物として広く知られている。内容的には、脳の機能論から始まり、習慣、思考の流れ、自己意識、注意、連合、時間知覚、記憶、感覚、空間知覚、推論、本能、感情、意思などのトピックについて、緻密な観察、鋭敏な洞察、ときに生理学的データを用いた解釈に基づき、多角的な視点からの理論構築を実現している。出版当時から、哲学や心理学のみならず、幅広い分野に非常に大きな影響を与えた名著である。

「情動」の章は、心理学における感情の理論として極めて有名な「ジェームズ=ランゲ説」の詳細な解説といえる内容である。この説は「情動の末梢起源説」とも呼ばれ、喚起された感情が身体の変化を生じさせるのではなく、身体の変化が感情を引き起こすというものであり、素朴な認識とは相反する仮説である。

「情動」は、『心理学原理』においては、第24章「本能(Instinct)」に続く章として位置づけられている。そのため、本能的反応と情動的反応の関係性、および両者の共通点と相違点についての議論から始まる。これに続き、顔の表情など情動の表出に関する詳細な分析が繰り広げられる。ここでは、随意運動、自律神経活動など、さまざまな情動表現に伴う生理学的な反応についての記述が多いことが印象的であり、そのほとんどがカール・ランゲの論文からの引用である。ジェームズの情動に関する考え方が「ジェームズ＝ランゲ説」と呼ばれる所以は、ほぼ同時期に、デンマークで生理学者として活躍したカール・ランゲの情動に関する理論と、根本的な主張が類似していることにある。ジェームズ自身は、哲学者・心理学者であり、本人が生理学的実験を実施していたわけではないが、かなり詳細な生理学的根拠に基づく分析が展開されている点は、特筆すべきであるといえる。

ジェームズの情動に関する理論が、最初に包括的な形で発表されたのは、『心理学原理』の出版の六年前、一八八四年の論文においてであり、「情動とは何か（What is an emotion?）」というタイトルが付けられている。一方、ランゲが自らの情動理論についての体系的な書物を出版したのは、その三年後の一八八七年であり、「情動について（Ueber Gemütsbewegungen）」というタイトルであった。『心理学原理』が一八九〇年の出版であることからわかるように、ジェームズはランゲの主張を認識した上で本著作の議論を展開していた。事実、本著作にも一八八七年出版のランゲの著書が引用されている。興味深い点は、ランゲの生理学的データに基づく解釈に対して、「不十分である」「単純化しすぎている」などのジェームズの指摘が散見されることである。両者の主張は、大筋で類似していたものの、完全に一致していたわけではないことがわかる。

ランゲだけではなく、チャールズ・ダーウィンの情動に関する考え方にも言及がある。ダーウィンの理論は、驚くほど詳細な観察に基づいており、その分析の緻密さは、瞠目すべき水準の高さである。ただし、その内容について、現代の科学的根拠に基づいて考えると、分析の忠実さが欠けていたり、不正確な部分があることは否めない。ダーウィンの議論は、基本的には、怒り、驚き、恐れ、喜び、嫌悪といった情動のタイプとその表情の分析がベースとなっているが、この点についてジェームズは否定的な見解を述べている。つまり、このような分析だけでは、情動反応を単に記述したに過ぎず、心理学としてはつまらなく、退屈である。重要なことは、各表情をそれぞれまったく別個のものと捉えるのではなく、もっと一般的な原因から生じた産物として見ることであると力説している。そして、「個々の情動を生み出す一般的な原因は、疑いなく生理学的なものである」というグランドセオリーを提唱した上で、その詳細を解説するという構成で論述を展開している。

骨子としては、まず情動を「より粗野な情動(the coarse emotions)」と「より繊細な情動(the subtler emotions)」に分ける。前者については、「興奮させる事実の知覚から直接、身体的変化が起こり、それらが起こるのに伴う変化の感覚こそが情動である」と明言しており、考えられる複数の反論に対して、明快な回答を用意している。注意すべき重要な点は、「いかなる身体的変化も、起こったその瞬間に、程度の差はあれ、実際に感じられる」点であると指摘する。そして、「何か強い情動を想像し、その意識から身体的徴候の感覚をすべて取り除いてみると、あとには何も残らないことがわかる」と述べ、「もし恐怖の情動から、動悸が速くなった感覚も、呼吸が浅くなった感覚もなくなり、唇の震えや手足の脱力の感覚も、鳥肌や臓器の異変の感覚もなくなったら、いったいどういう恐怖の情動があとに残るのか、わたしにはとても想像できない」と例を挙げている。これらの考察を経て、「身体を完全に離れた人間の情動というものは存在しない」という結論を導き出している。さらに、後者の「より繊細な情動」については、知的、道徳的、審美的な感情であると定義した上で、これらが「より粗野な情動」とは成り立ちが異なると考えられがちだが、これらの情動も、同様に身体の反応に依拠するものであると解釈している。

この理論の根幹に関する説明に続いて、情動の反応は一義的でなく、個人差があることに言及している。ここでも、重要なことは情動の分類ではなく、因果関係を突き止めることであると再度指摘し、そのことを論理的に証明するために、どのような行動的、生理学的証拠が見つかる必要があるのかについて論じている。この議論についても、想定できる複数の反論を取り上げ、それらに回答しつつ、この理論の正当性を主張している。これは、後に発展する神経心理学研究における症例研究とその方法論的意義にも深く通じており、非常に重要な議論であるといえる。

これに続く、情動の神経基盤に関する論考では、生理学的プロセスの研究が、感覚や運動に関するものが圧倒的に多く、情動に関する研究が後回しにされていることを指摘した上で、情動の神経基盤としては、(1)情動だけのための神経中枢が発見されるか、(2)情動の神経中枢はすでに明らかにされている運動と感覚の中枢によって説明できるか、の二択であると述べている。そして、自らの情動の理論の正当性を主張する上では、(2)が望ましいとしている。

最後に、情動反応の起源について、情動の記憶と順応的側面から論じている。情動的な感覚は、他の感覚と比べて、繰り返しによって急速に弱まる点が特徴であると指摘しつつ、一方で、我々の生活においては、過去の出来事を鮮明に思い出す能力が必要であることを、複数の例を挙げながら説明する。そして、それらの論考をまとめる形で、表情の動きとは、「情動の対象に激しく対処するのに役立った反応が、弱まった形で再生」したものであるという「再生の原理」と、「似たよう

——な感情を刺激する対象には似通った反応をする」という「類似反応の原理」を導き出している。

［梅田　聡］

〔前章で〕本能について話しているとき、本能をそれに伴う情動的興奮から切り離しておくことは不可能だった。憤怒、愛、恐怖といったものの対象は、人を外的行動に駆り立てるだけでなく、その人の態度や顔つきに特徴的な変化を引き起こし、特有の仕方で呼吸や血液循環などの生体機能に影響を及ぼす。外的行動が抑制されたときでも、そのような情動表出は残留し、手は出さずとも顔には怒りが読み取れるし、他のしるしをすべて抑えたとしても、恐怖はおのずと声や顔色に現れる。つまり、**本能的反応と情動表出はいつの間にか互いに混じり合っている**のだ。**本能を掻き立てる対象はすべて情動も掻き立てる**。けれども情動は次に述べる意味で本能におよばない。つまり、情動的反応は通常、主体の身体内で完結する。これに対して本能的反応はさらに先へ行き、それを掻き立てる対象との実際的関係に入っていきやすい。

情動的反応は、しばしば、わたしたちが実際的なかかわりを持たない対象によって掻き立てられる。たとえば、滑稽な対象や美しい対象は、必ずしもわたしたちが何かを**する**相手ではない。わたしたちはただ場合に応じて、笑ったり、感嘆して立ちつくしたりするだけである。したがって、衝動、とふつう呼ばれるもののうち、情動的なもののほうが本能的なものよりやや範囲が広いことになる。前者のほうが刺激の数が多く、表出は内的かつデリケートで、しばしば実際性に乏しい。しかし、これら二種類の衝動の生理学的な構図と本質は同一のものである。

本能について言えることは、情動についても言え、単に対象を思い出したり想像したりするだけで興奮は放たれうる。侮辱されたその瞬間よりも、あとで思い返したときのほうが強い怒りを感じることがある。また、亡き母を思うときのほうが、生前に母のことを思っていたときより優しい気持ちになるものだ。以後、本章で情動の**対象**という言葉を使うときは、それが物理的に現存しているものを意味しているか、それとも単に考えられただけのものを意味しているかは区別しないことにする。

さまざまな情動を特徴づける反応の完全なリストを調べ上げるのは、退屈でつまらないことだろう。そのためには専門的な論文をいくつも参照しなければならない。しかしそうしたさまざまな情動のいくつかは、ここで取り上げるにふさわしいはずだ。まずは《悲嘆》の発現をデンマークの生理学者、C・ランゲの記述に従って見てみよう(Lange 1887)。

悲嘆の外観の一番の特徴はおそらく、随意運動が麻痺していることだろう。といっても、激しい恐怖が引き起こすような極端な麻痺であることは滅多になく、たいていの場合は、いつもなら簡単にできてしまうことをするのに努力がいる、といった程度のものである。言い換えれば、極度の疲労感であり、(そういうときの常で)動作が緩慢で、重く、力がない。気だるそうに、やっとのことで、最小限の動きをする。こうして、悲嘆に暮れている人は次のような外的特徴を呈する。すなわち、手をだらりと下げて足をひきずり、のろのろと、よろめきながら歩く。声は、呼気筋と喉頭の動きが悪いため、弱々しく、くぐもっている。動き回るよりも、じっと座ったまま黙って物思いにふけるほうを好む。筋緊張、すなわち筋肉の「潜在的神経支配」も著しく減退する。このため、首が曲がり、頭が垂れ(悲しみに「うなだれ」)、頬と顎の筋肉が緩《ゆる》んで顔が細長く見える。顎が垂れ下がって口が開いていることさえある。目は、**眼輪筋**が麻痺しているケースの常で大きく見えるが、**眼瞼挙筋**の動きが弱いので、上瞼が半分垂れ下がっていることが多いだろう。体全体の随意神経・筋肉器官に見られるこうした衰弱には、先に述べたように、この種の運動衰弱状態に陥ったときの常で、主観的な倦怠感や重苦しさ、何かが重くのしかかっているような感じが伴っている。気が「沈み」、「抑えつけられ」、「押し潰されそう」に感じ、「悲しみの重荷」を口にする。その下で何とか「持ちこたえ」なければならず、怒りを「鎮め」なければならない。中には悲しみに「打ちのめされ」たあまり、文字通りまっすぐに立っていることができず、壁にもたれかかったり椅子に倒れ込んだり、がっくり膝をついたり、あるいは修道院の独房にいたときのロミオのように、絶望のあまり床に身を投げたりする。

しかしこのような随意運動器官(いわば「動物的な」器官)全体に見られる衰弱は、あくまでも悲嘆の生理学の片面でしかない。これに劣らず重要、いやその結果においてむしろより重要だと思われるもう片方の面は、運動器官のもうひとつの下位区分、すなわち、不随意筋とか「生体」筋肉とか呼ばれるもの、特に、血管の壁にあって、収縮することにより血管の内径を縮めるために使われる筋肉で起こる現象だ。これらの筋肉は神経とともに「血管運動器官」を形成し、悲嘆においては随意運動器官に逆らうように作用する。つまり、血管筋は随意運動器官のように麻痺するのではなく、逆にふだんより強く収縮して、身体の組織や器官を貧血状態にするのである。このことの直接的な結果は、顔が青ざめ、かつ萎縮することだ。この顔色の悪さと生気の消失が、顔面筋肉の弛緩とあいまって、悲嘆に打ちのめされた人に特徴的な顔つきを作り出し、本当の栄養障害や、身体の回復が追いつかない消耗の場合にはありえない速さで、急激にやつれたという印象をあたえることも多い。皮膚に血液が欠乏していることからよく起こるもうひとつの結果は、冷感と、身体の震えである。悲嘆において常に現れる徴候のひとつは、冷たさを感じやすく、温かさを保ちにくいことだ。悲嘆に暮れている人の内的器官は、間違いなく皮膚と同様に貧血状態にある。もちろんこのことは目に明らかなわけではないが、多くの現象によって証明されている。少なくとも観察が可能な現象としては、さまざまな分泌の減少が挙げられる。口が渇き、舌が粘つき、苦味を感じる。苦味を感じるのは単に舌が乾いた結果にすぎないようだ。［「苦い悲しみ」という表現はここから来ているのかもしれない。］授乳婦なら乳の出が悪くなるか、まったく出なくなる。最もよく見られる悲嘆の発現の中には、以上のような生理学的現象とは明らかに矛盾するものもある。それは涕泣《ていきゅう》で、これは、涙の過剰な分泌、赤く腫れた顔、充血した目、鼻の粘膜から出てくる鼻水の増加を伴っている。

ランゲは続けて、これ〔涕泣〕はその前に収縮した血管の運動状態への反動だろうと示唆している。しかしこの説明には無理があるようだ。ありていに言えば、悲嘆の表現は一定していないのである。涕泣は起こりがちではあるが直ちに起こるとは限らない。特に、女性や子どもにおいてはそうである。

男性の中には、決して涕泣できない人もいる。涕泣できる人の場合は必ず、涙があふれる時期と乾く時期が交代し、慟哭《どうこく》のあとは静かな時期が訪れる。それに、ランゲが実にうまく記述している萎縮や、冷えや、顔色の悪さ、これらは鋭い心痛よりむしろ定着した深刻な悲しみの特徴である。正確に言えば、ここには二つの異なる情動があるのだ。どちらも同じ対象によって引き起こされるのではあるが、それぞれが別々の人に起こるか、あるいは同じ人でも別々の時に起こる。そして、これらが起こっているときの**感情**はかなり異なっており、意識すれば誰でも確かめることができる。泣きじゃくっている間は興奮があり、ある種の烈しい独特の悦びが伴わなくもない。しかし、乾いて萎縮した悲しみの感情の中にそれを補償するものを少しでも見つけるには、幸福を感知する非凡な才能に恵まれていることが必要だろう。——ランゲの続きを読もう。

肺の小血管が収縮して肺が貧血状態になると、(そういうときの常として)息切れ感や、胸の圧迫感を覚える。これによって苦しみが増大するため、悲しむ人はそこから解放されようとして、原因が何であれ息切れしたときに誰もがするように、本能的に長いため息をつく。(1)

悲嘆における脳の貧血状態は、知的無気力、鈍重さ、心的疲労感、何をするにも努力がいる感じ、やる気のなさ、そしてしばしば不眠によって示される。実際、脳の運動中枢の貧血状態こそが、最初に述べた随意運動能力のすべての減退のもとになっている。

わたしの印象では、ランゲ博士はこの記述の中で、悲嘆に伴う現象をいささか単純化・普遍化すぎているようである。特に、何もかも貧血で説明してしまうのはどう見てもやりすぎだ。しかしそれはそれとして、彼の説明は、情動を起源とするこの手の記述的な仕事の中では、好ましい見本になっているといえるだろう。

では、今度は別の情動、《恐怖》を取り上げ、ダーウィン氏がその効果について何と言っているか読んでみよう。

恐怖はしばしば驚愕《きょうがく》に続いて起こり、次の点で驚愕とよく似ている。つまり、どちらも瞬時に視覚と聴覚が刺激されるのだ。目と口が大きく開かれ、眉が釣り上がる。強い恐怖にとらわれた人はまず立ちすくみ、じっとして息を殺すか、本能的に視線を逃れるようにしゃがみ込む。心臓が速く激しく打ち、ドキドキしたり肋骨に当たったりする。しかしそうすることでふだんより効率的に働き、体全体により多くの血液を送り込んでいるのかというと、それはきわめて疑わしい。なぜなら失神初期のように、皮膚からたちまち血の気が失せるからだ。もっとも体の表面がそのように蒼白になるのは、恐怖の影響で血管運動中枢が皮膚の小動脈を収縮させることが主な原因か、あるいはもっぱらそのことだけによるだろう。大きな恐怖感のもとで皮膚が著しい影響を被ることは、そこから直ちに汗が滲《にじ》み出てくるという驚くべき現象からわかる。この汗の滲出《しんしゅつ》は、そのとき皮膚が冷たいだけになおさら注目に値する(冷汗という言葉はここから来ている)。というのは、本来、汗腺が興奮して活動を始めるのは皮膚が熱くなったときなのだ。そのほかにも、恐怖にとらわれると、体毛が皮膚の上に直立し、表面筋肉が震える。また、拍動の乱れに伴って呼吸が速くなる。唾液腺の働きが悪くなるので、口が渇き、しばしば開閉する。わたしの気づいたところでは、軽い恐怖のもとではあくびをする傾向が強い。最も際立った徴候のひとつは、体中の筋肉が震えることだ。これはまず唇に見られることが多い。これと、口の渇きのため、声がかすれたり枯れたりし、時にはまったく出なくなる。「忽《たちま》ちぞっと髪は立ち、声はのどに引っかかる」〔ウェルギリウス／泉井久之助訳『アエネーイス』岩波文庫より〕……恐れが昂じて、苛まれるような恐怖になると、すべての強烈な情動に見舞われたときと同様に、多様な結果が生じる。心臓がバクバクするか、動きが止まって失神する。死人のように青ざめる。呼吸が苦しくなる。鼻翼が大きく広がる。唇が喘ぐように痙攣し、頬の凹みが小刻みに震え、ゴクリと唾を飲んで喉を押さえる。目は飛び出して大きく見開かれ、恐怖の対象に釘付けになる。あるいは逆にキョロキョロ動くこともあるだろう。「そしてまなこをあちこちに動かし……」〔同上、泉井訳を一部改変〕。瞳孔は大きく広がると言われている。体中の筋肉が硬くなるか、あるいは痙攣運動を始める。手は、しばしば痙攣的な動きで、握ったりゆるめたりをくり返す。恐ろしい危険をよけようとするかのように、腕をかざしたり、頭上で激しく振ったりする。ハーゲナウアー師はこの後者の動作を、恐怖に駆られたオーストラリア人に見ている。他のケースでは、突然、大急ぎで逃げ出すことへの自分ではどうしようもない心的傾斜が生じる。この傾斜はきわめて強く、どんなに勇敢な兵士も突然パニックに襲われるほどである。(Darwin 1872: 290–292)

最後に《憎悪》を取り上げ、それによって起こりうる効果の概要をマンテガッツァ氏に従って読んでみよう(Mantegazza 1885 : 140)。

頭を後ろへ引き、胴体を引く。憎悪の対象から身を守ろうとするかのように手を前へ突き出す。目を細める。あるいは閉じる。上唇を持ち上げる。鼻をつまむ。——これらはすべて、退ける動作の基本的なものである。次に威嚇的な動作が起こる。たとえば、顔を強くしかめる。目をカッと開く。歯をむき出す。歯ぎしりをして歯を噛み締める。口を開けて舌を出す。拳《こぶし》を握りしめる。腕を振り回して威嚇する。足を踏み鳴らす。ハアハア言いながら深く息を吸う。唸り声や種々の叫び声をあげる。一つの単語や音節を無意識にくり返す。突然声が小さくなり震え出す。唾を吐く。最後に、種々雑多な反応と血管運動の徴候がある。すなわち、全身が震える。唇と顔面筋肉、四肢と胴体が痙攣する。拳や爪を噛むなどの自傷行為をする。嘲笑う。顔が真っ赤になる。突然蒼白になる。鼻孔が極度に拡張する。毛髪が逆立つ。

人が名づけたすべての情動をつぶさに調べ、生体への発現を研究したところで、以上三つの典型的なケースに含まれる種々の要素を取っ替え引っ替えするだけである。この筋肉の硬直、あの筋肉の弛緩、こちらの動脈の収縮、あちらの動脈の拡張、この種の呼吸にあの種の呼吸、脈拍数の増加に減少、この腺からの分泌にあの腺からの分泌停止、等々。おまけにわたしたちは、こうした記述が何の絶対的真理も含んでいないことに気づかざるをえない。これらは平均的な人間に当てはまるだけだ。わたしたちは誰しも、ほとんどの場合、何かしらその人特有の表出様態を持っていて、笑い方や泣き方も他人とは違うし、他人とは違うところで赤くなったり青ざめたりする。これに似た多様性は、同じ対象が何人かの情動を掻き立てるときにも見出されるはずだ。ある人を大笑いさせる冗談が、別のある人には吐き気を催させ、また別のある人には冒瀆的に聞こえる。わたしを怖気づかせたり弱気にさせたりする出来事も、あなたには逆にやる気と自信をあたえるものとなる。その上、情動的な感情は内部で微妙に変化して、それらがはてしなく相互に混じり合う。そのいくつかは言葉の上で区別され、たとえば憎悪、反感、敵意、嫌気、嫌悪、悪意、怨恨、復讐心、忌避、などと呼ばれているが、類語辞典を見ると、これらの感情は意識的または主観的な色合いで分けられているというよりは、それぞれにふさわしい客観的な刺激によって区別されている。

こうした流れの行き着く先はといえば、情動を単に記述しただけの論文は心理学の中でも最もつまらない部類に属する、ということだ。つまらないだけではない。そこでなされている下位区分はたいていの場合、絵空事か、さもなければ無意味であり、いかにも正確に見える記述には何の中身もないことが感じられる。だが残念なことに、情動を扱った論文のほとんどは単なる記述にすぎない。情動が小説の中で記述されると、わたしたちは興味を抱くが、それはわたしたちもそれらの情動を否応なく共有させられるからだ。ある程度の年齢に達していれば、具体的な対象とそれらを呼び起こす状況に慣れ親しんでいるので、熟知している内観の気配が少しページに漂うだけで、すばやく感情的に反応するのである。哲学書でも、警句を多用し文学的であることを隠さないものは、やはりわたしたちの情動生活に火を点じ、時々思い出したように喜びをもたらしてくれる。ところが情動を扱った「科学的な心理学」となると、わたしはこのテーマに関する古典的な著作を読みすぎてうんざりしているせいか、もう一度それらに苦しめられるくらいなら、ニューハンプシャー州の農場に転がっている岩の形状を言葉で記述したものを読むほうがまだましである。それら古典的な著作のどこを探しても、核となる観点は一つもなく、演繹的な原理もなければ生成的な原理もない。区別と、細分と、詳述ばかりが延々と続き、それ以外の論理的レベルには決して達しない。真に科学的な著作のすばらしさは、まさに、より深いレベルに達することにあるというのに。情動については、この個別的記述というレベルから脱する道はないのだろうか。道はある、とわたしは信じている。しかし、その道を行こうとする者はほとんどいないのではあるまいか。

心理学における情動研究の難点は、情動をまったく個別的なものと見なしすぎることだ。あたかも自然史の中で太古から変わらぬ種《しゅ》のように、永遠にして神聖なる数々の心理的事物として情動を見ている限り、わたしたちにできることといえば、それぞれに異なる特性と、特徴と、効果を恭しく並べてカタログを作ることだけだ。しかし、もしそれらを、もっと一般的な原因から生じた産物として(あたかも今日、「種」を遺伝と変異の産物として見ているように)見るならば、単なる区別とカタログ作りはもはや第一義的な仕事ではなくなる。金の卵を産むガチョウを持っていれば、すでに産み落とされた卵を一つひとつ記述することはさして重要ではない。このガチョウ、つまり、個々の情動を生み出す一般的な原因は、疑いなく生理学的なものである。コペンハーゲンのC・ランゲ教授は、情動の構成と条件付けの生理学的理論を、先に引用した一八八五年の論文の中で発表したが、これはもともとその前年にわたしが『マインド』誌の論文で提示したものだ。これまで耳にしてきた批判の中には、この理論が本質的に正しいというわたしの確信を揺さぶるようなものは一つもなかった。そこで以下の数ページを使って、これがどういう理論であるかを説明しよう。まずは、**より粗野な**情動と呼んでさしつかえないもの、つまり、悲嘆、恐怖、憤怒、愛といった、生体の強い共鳴が誰にでもわかる情動に話を限り、そのあとで、**より繊細な**情動、つまり生体の共鳴がそれほど明らかではなく強くもないものについて話すことにする。

情動——少なくともより粗野な情動——は身体的表出に続いて起こる

より粗野な情動についての自然な考え方によれば、ある事実の心的知覚が、まず情動と呼ばれる心情を掻き立て、次にそうした心の状態が身体的表出を引き起こす。わたしの理論によれば、それとは逆に、**興奮させる事実の知覚から直接、身体的変化が起こり、それらが起こるのに伴う変化の感覚こそが情動である**。常識は次のように言う。破産して、惨めだから泣くのだ。クマに出くわし、恐くなったから逃げるのだ。競争相手に侮辱され、カッとなって殴るのだ、と。これに対して、ここで擁護しようとしている仮説は次のように主張する。その順序は正しくない。それらの心的状態はその前の心的知覚から直接引き起こされるのではなく、まず身体的発現が二つの間に置かれなければならない。より合理的には、泣くから惨めになるのであり、殴るからカッとなるのであり、震えるから恐くなるのであって、惨めだから、カッとなるから、恐いから、泣いたり殴ったり震えたりするのではないと言うべきだ。もし知覚に続いて身体的状態が生じることがなければ、知覚はただの形式的な認知にすぎず、血の気のない無色なもの、情動的な温かさのないものになるだろう。その場合、クマを見れば、逃げるのが一番だと判断し、侮辱されれば、殴るのが正しいと考えるかもしれないが、実際に恐さや怒りを**感じる**ことはないはずだ。

こんなふうに断定的に言われると、直ちにこの仮説への不信感が頭をもたげるに違いない。けれども、あれこれ突飛なことを考えなくても、この仮説の逆説的な性格は和らげられるし、この仮説が正しいという確信を生み出すことも可能である。

まず、前の二章を読んでいれば、以下の事実を疑う気にはならないだろう。すなわち、わたしたちの身体にあらかじめ組み込まれているメカニズムを通じて、**対象は確かにわたしたちの身体に変化を引き起こす**ということ、さらに、**それらの変化はあまりにも数が多くて微妙なので、生体全体が共鳴板と呼ばれてもおかしくなく**、この共鳴板はどんなにかすかな意識の変化にも共鳴する、ということである。こうした生体活動が生み出しうるさまざまな順列と組合せのおかげで、次のことが理論的に可能になる。つまり、どんなにかすかな情動の変化も、心の気分そのものと同様に、全体として捉えれば、それ特有の身体的共鳴なしには起こらないということだ。それぞれの情動において変化する部分があまりにもたくさんあるので、その中のたった一つでも、その全的で欠けるところのない表出を冷静に再現してみせるのは至難の業である。随意筋に関してはうまく捉えられるかもしれないが、皮膚や、分泌腺や、心臓や、その他の臓器に関しては捉え損なうかもしれない。あたかも真似ごとのクシャミがどこか迫真性を欠いているように、情動を引き起こす自然な原因がないのに情動を真似ようとすると、どこか「空虚な」ものになりやすいのである。

次に注意すべきことは、**いかなる身体的変化も、起こったその瞬間に、程度の差はあれ、実際に感**

じられる、ということだ。もし読者が今までこのことに注意を払ったことがないなら、自分がいかに多くの異なる身体部位で、さまざまな情動的気分の特徴を示す身体感覚に気づくことができるかを知って、興味をそそられ、驚嘆するに違いない。もちろん、読者が猛烈な激情のほとばしりを止めてまでこんな風変りな分析に乗り出すことを期待するわけにはいかないだろう。しかし、もっと穏やかな状態なら観察できるし、より小さな事象で言えるとわかったことはより大きな事象でも言える、とここでは仮定してよいだろう。わたしたちの身体はその全体が感受性をもった生きものである。身体のすべての微小部分が、楽しい、辛い、疑わしいといった強弱さまざまな感情の脈動によって、自分はこういう性格の人間だという、誰もが確実に持っているあの感覚に寄与している。驚かされるのは、どれほど小さなものがこれら感受性の複合体にアクセントをあたえているかということだ。観察してみれば、どんなに小さいトラブルで心配するときも、わたしたちの身体意識は、目と眉の(たいていはほんのわずかな)収縮に集中することがわかるだろう。一時的に気まずいときは、咽頭に何かがつまった感じがして、のみ込んで喉の通りをよくするか、軽く咳をせずにはいられない。そのほかいくらでも事例を挙げることができる。ここでの関心事はディテールではなく全体的な見方なので、これらについてはこれ以上論じないが、身体に起こるどんな変化も必ず感じられる、というポイントは認めてもらえると仮定して、先に進むことにしよう。

これから取り上げるのは、わたしの理論全体の要《かなめ》となるもので、次のように述べられる。**何か強い情動を想像し、その意識から身体的徴候の感覚をすべて取り除いてみると、あとには何も残らないことがわかる。**情動を構成しうる「心の材料」などそこにはなく、残っているのは冷たくニュートラルな知的知覚状態だけである。人々に尋ねてみると、たいていは、内観によってこの状態が確認できると答える。しかし、自分はそうではないと言い張る人たちも確かにいる。質問を理解できない人も多い。彼らに、対象が滑稽だという意識から、笑いの感覚と笑いへの傾斜の感覚がすっかり取り除かれたところを想像してみてほしい、そのときその滑稽さがどのように感じられるかを、たとえば対象が「可笑しい」部類の物事に属しているという知覚にすぎなくてもいいから教えてほしい、と頼んでも、やはり、そんなことは物理的に不可能だ、可笑しい対象を見たら**笑わずにはいられない**のだと言い張る。もちろんここで求められているのは、滑稽な対象を実際に見ながら、笑いへの傾斜をなくすことではない。そうではなく、純粋に頭の中で、まず全的な形で存在するある情動状態を仮定し、そこからいくつかの感覚的要素を取り除いて、あとにどういう要素が残るかを言ってくれればよいのだ。わたしとしては、この問題を正しく理解した人は皆、先に述べた命題に賛成するだろうと思わずにはいられない。もし恐怖の情動から、動悸が速くなった感覚も、呼吸が浅くなった感覚もなくなり、唇の震えや手足の脱力の感覚も、鳥肌や臓器の異変の感覚もなくなったら、いったいどういう恐怖の情動があとに残るのか、わたしにはとても想像できない。憤怒の状態を想像しながら、胸が波打つことも、顔が紅潮することも、小鼻が膨らむことも、歯を食いしばることも、激しい動作の衝動に駆られることも思い浮かべずにいられるだろうか。それらの代わりに、柔らかな筋肉、静かな呼吸、穏やかな顔を思い浮かべることができるだろうか。少なくとも、今これを書いているわたしにはとてもできない。憤怒はそのいわゆる発現の感覚とともにきれいに消滅し、それに取って代わりうる唯一のものは、何か冷静で私情を挟まない判決、もっぱら知的で、ある人または人々がその罪ゆえに懲らしめを受けるのが妥当であることを淡々と告げる判決だけである。悲嘆についても同様で、涙もすすり泣きもなく、心臓の圧迫感も胸の痛みも感じなかったとしたら、あとに何が残るだろう。ある外的状況が嘆かわしいことを、何の感情も伴わずに認識する、ただそれだけだ。どの激情についても同じである。身体を完全に離れた人間の情動というものは存在しない。何もわたしは、これが物事の本性的な矛盾だと言っているわけではない。また、純粋な精神の持ち主は必然的に冷たい知的生活を運命付けられていると言っているのでもない。そうではなく、**わたしたち**にとっては、身体的感覚から切り離された情動など考えることもできない、と言っているのだ。自分の状態を詳しく調べれば調べるほど、自分に生じるいかなる気分も、感情も、激情も、実のところ、わたしたちがふだんそれらの表現だとか結果だとか呼んでいる身体的変化によって構成され、作り上げられていることを思い知らされる。そして、もし身体が無感覚になったとしたら、激しい感情であれ優しい感情であれ、一切の感情生活から閉め出されて、単に認識的あるいは知的なだけの人生を引きずっていくように思われる。そのような人生は、古代の賢人たちにとっては理想だったらしいが、あまりにも無味乾燥であり、感受性賛美が蘇った数世代前の時代よりあとに生まれた者にとっては、熱心に追い求めるべきものではなくなっている。

このような見方を物質主義的と呼ぶべきではない。これは、わたしたちの情動が神経系のプロセスに条件付けられているとする他のいかなる見方と比べても、物質主義的な色合いがより濃いわけでもより薄いわけでもない。本書の読者は、他のそのような見方が一般的な言葉で述べられている限り、それに反対はしないだろう。にもかかわらずここで擁護しているテーゼに物質主義を見る人がいるのは、ここで論じているのが特殊なプロセスだからに違いない。それらは**感覚の**プロセス、つまり、物理的な出来事が引き起こす体内の電流に由来するプロセスなのだ。確かに、心理学のプラトン主義者たちは、そのようなプロセスに何か特別に卑しいものがあるように見なしてきた。しかし、どういう生理学的基盤から出現しているにせよ、わたしたちの情動はつねに、**内的には**ありのままのそれ自身であるはずだ。もしそれらが、その生理学的起源についての考えうるいかなる理論に照らしても、深くて、純粋で、価値のある、精神的な事実であるならば、今論じている感覚の理論に照らしても、やはり深くて、純粋で、精神的で、注目に値する事実なのである。情動は情動自身の内なる価値基準を持っている。ここで述べている情動理論を使って、感覚のプロセスが必ずしも卑しい物質的なものではないことを証明するのは、このプロセスが卑しく物質的であることを使って、そんな理論は正しいものではありえないと証明するのと同じくらい、論理的なことである。

この情動理論が正しいとすれば、すべての情動はいくつかの要素が集まった結果であって、どの要素もすでによく知られているたぐいの生理学的プロセスによって引き起こされる、ということになる。それらの要素はどれも生体の変化であり、変化はすべて興奮を掻き立てる対象が引き起こす反射効果である。ここで直ちにいくつかの明確な問いが生まれる。それらの問いはこのような見方がなかった時代にありえた唯一の問いとはずいぶん異なっている。かつてありえたのは、分類に関する問い「それぞれの情動は、正確には何という属の、何という種に属しているのか」、さもなければ記述に関する問い「それぞれの情動はどのような表出によって特徴付けられるか」だけだった。今日の問いは**因果関係**にかかわっている。「まさにどういう変化をこの対象は引き起こし、どういう変化をあの対象は引き起こすのか」「どうしてそれらは他でもないこの変化を引き起こすようになったのか」。こうしてわたしたちは表面的な問いから深い問いへと歩を進める。分類と記述は科学の最低段階だ。起源に関する問いが定まったとたん、分類と記述は背後に押しやられ、それらのおかげで起源に関する問いに答えるのが容易になるのでもない限り、もはや重要ではなくなる。そして今、情動の生まれる瞬間が、対象によって引き起こされると同時に感じられる大量の反射作用として説明されてみると、**なぜかくも多くの異なる情動が存在しうるのか、そしてなぜ情動が人によってさまざまに――その構成に関しても、それを引き起こす対象に関しても――異なるのかが直ちに了解される**。それは、反射作用には神聖なもの、永遠に固定されたものは何もないからだ。反射効果ならばいかなる種類のものも可能であり、実際、反射の様態が無限にあることは誰でも知っている。

わたしたちは、喜びに際して饒舌になるかわりに、沈黙する人々を見てきた。恐怖で青ざめるかわりに、頭に血が上る人々を見てきた。悲嘆のためにうなだれて座り、黙り込むかわりに、そわそわと走りまわって悲しみを訴える人々、等々を見てきた。これは当然のことである。なぜなら、一つの同じ原因が、異なる人の血管には異なる仕方で働きかけることがあるからだ(なぜなら人々の血管は必ずしも同じようには反応しないから)。その上、脳から血管運動中枢へと伝わる衝動は、観念の想起や連合からなるさまざまな事前の印象から、さまざまな仕方で影響を受けるのである。(Lange 1887: 75)

要するに、**情動の分類は、それが何かの目的の役に立つ限りは、どれも同じように正しく「自然」**

なのである。それに、「怒りや恐れの「本当の」または「典型的な」表現は何か」というような問いには、客観的な意味がまったくないのである。そのかわり、今日わたしたちは、怒りや恐れの所与の「表現」はどのように存在するに至ったと考えられるか、という問いを持っている。これこそ情動の生理学的機構および歴史にかかわる真の問いであり、たとえ答えを見つけるのが困難であろうとも、（真の問いがすべてそうであるように）本質的に解決可能な問いである。本章の終わりのほうでは、これまでになされてきた解決への試みに言及する。

理論を実験的に検証することの難しさ

ここまでわたしは、自分から見て最も実り多いと思える情動の捉え方を開陳してきた。もちろんこれは今のところ仮説であって、正しい考えで**ありうる**にすぎず、決定的な証明のためには多くのものが欠けていることは認めなければならない。しかし、有無を言わさぬ仕方でこれを**反**証するには、道は一つしかないだろう。何か特定の情動を取り上げ、そのとき影響を受けた器官に由来する可能性のあるいかなる感覚の質とも異なることが**立証できる**ような感覚の質が、その情動に含まれていることを提示するのだ。しかしそのように純粋に精神的な感覚の質を確実に検出することは、明らかに人間の能力を越えている。ランゲ教授が述べているように、わたしたちは、精神的な感覚と身体的な感覚を直ちに区別できるような判断基準をまったく持ちあわせていないのだ。それに、付言すれば、わたしたちが内観を研ぎ澄ませば研ぎ澄ますほど、感覚の質はますます**局所化され**（本書第1巻、300ページ）（訳注1）、その結果、両者の区別はますます難しくなる。[2]

　これに対して、肯定的な証明は、もし次のような被験者が見つかるならば可能である。すなわち、内も外も完全に無感覚だが、麻痺はしていないので、情動を掻き立てる対象によって、通常の身体的表出が引き起こされる。しかし、それについて尋ねられると、主観的には情動的な感情は何も感じなかった、と答えるのである。そのような被験者は、言ってみれば、食べているのだから傍《はた》からは空腹に見えるが、あとで尋ねられると、食欲はまるでなかったと答える人に似ている。そんな症例は滅多なことでは見つからない。わたしの知る限り、医学誌でそのようなことが報告された例はわずか三つしかない。一つ目は有名なレミギウス・レインスの症例だが、報告は彼の情動状態については何も言っていない。二つ目はG・ヴィンター博士が扱ったケースで(Winter 1882)、患者は不活発で無感動だと言われているが、わたしが博士から聞いたところでは、患者の心理状態に特別な注意は払われていなかった。三つ目はシュトリュンペル教授が報告している驚くべき症例で(これにはのちに情動とは別の項目との関連で言及しなければならない)(Strümpell 1878)、それによると、患者は一五歳の見習い靴職人である。片目と片耳を除き、内も外も完全に無感覚なこの少年は、ベッドを汚したときには**恥**を示し、かつて好きだった料理を出されたときは、今はもうそれを味わうことができない、と**悲嘆**を示したという。シュトリュンペル博士の厚意で知りえたことによると、**驚き**や、**恐れ**や、**怒り**を発現したこともあったという。しかし、これらの観察をもとに、今わたしが述べたような理論が考えられることはなかったようだ。それでも、この少年が何の内的感覚もなく冷然と本性的な欲求や必要を満たしていたように、その情動表出に伴う心が相当冷たいものであった可能性はある。[3]全身麻痺の新しい症例が出てきたら、内なる情動的感受性については、まわりの状況が生み出した情動の「表現」とは異なるものとして注意深く調べなければならないだろう。

反論の検討

今度はいくつか反論を取り上げたい。反論に答えることで、理論が一層納得のいくものになるだろう。

反論その一　個々の知覚は、情動や情動的な考えが呼び起こされる前に、ある種の直接的な物理的影響力によって広範囲の身体的効果を**本当に**作り出している、という仮定には現実の証拠が何もないのではないだろうか。

回答　そのような証拠は間違いなく存在する。詩や、劇や、英雄物語の朗読を聴いていると、皮膚に突然さざ波が通り過ぎるような震えを感じたり、時々不意に胸がいっぱいになって涙があふれたりするのにしばしば驚かされる。音楽を聴いているときも同様で、むしろこちらのほうが効果は顕著なくらいである。森の中でふと暗い物影が動くと、心臓の動きが止まり、はっきりした危険の観念が呼び起こされるよりも早くわたしたちはハッと息を呑む。友人が断崖の縁のそばに行くのを見ると、誰でも覚えのある「はらはら」感にとらわれ、友人が安全だと本当は**わかっていて**、彼が落ちるところをはっきりと思い浮かべたわけではなくても縮み上がる。筆者は、七歳か八歳の少年の頃に、馬の出血を見て失神したときの驚愕をよく覚えている。血はバケツに溜まっていて、そこに棒がさし込んであり、記憶が確かなら、その棒で血を掻きまわして、血がしたたり落ちるのを子どもらしい好奇心以外は何の感情もなく眺めていた。と突然目の前が真っ暗になり、耳鳴りがして、それきり何もわからなくなった。血を見て失神したとか病気になったとかいう話も聞いたことはなかったし、血に対する嫌悪もほとんど持たず、そこから他の危険を心配することもなかったので、どうしてバケツ一杯の深紅の液体があるだけであれほど強烈な身体的効果が引き起こされえたのか、子供心にも不思議でならなかったことをよく覚えている。ランゲ教授は次のように書いている。

誰一人として、異常に大きな物音によって引き起こされる情動を、真の内的感情と分けて考えようとしたことはない。誰一人としてこれを一種の恐怖と呼ぶことをためらわないし、確かにそこには通常の恐怖のしるしが現れる。それでも、この情動は決して危険の観念とは結びついていないし、危険な物事の連想や回想、あるいはその他の心的プロセスによって引き起こされるものでもない。この場合、恐怖の現象は「精神的」な恐れなどこれっぽっちもなしに、物音に直接続いて起こるのである。自他ともに危険はないと完璧にわかっていながら、大人になっても、大砲が発射されるときに傍に立っていられない人は多い。彼らには耳をつんざくような音が耐えられないのだ。(Lange 1887: 63)

二本の鋼の剣が直角に交叉し、その鋭い刃先が前後に行ったり来たりしているところを想像してほしい。その光景を思い浮かべるだけで、わたしたちの神経全体にゾクッと冷たいものが走る。けれどもそこにありうる情動は、不愉快な神経的感覚そのものだけ、あるいは、もっと凄いことが起こりうるという危惧だけではないだろうか。ここでは、情動の蓄えと元手のすべては、刃が直接呼び起こした感覚なき身体的効果だけである。このケースはこれと同類のものの特徴をよく表している。すなわち、身体的徴候より先に観念的な情動があるように見えるけれども、それはしばしば徴候そのものの予期でしかないのだ。血を見て失神したことのある人は、外科手術でどうしようもなく気弱になり不安になるための準備ができているのかもしれない。その人はある種の感情を予期し、その予期がそれらの感情の到来を促進する。病的な恐怖のケースでは、しばしば当人たちが、自分に取り憑いているのは何にも増して恐れそのものへの恐れであるように思われる、と告白している。ベイン教授が「優しい情動」と名付けた種々の情動の場合は、それにふさわしい対象を直接見つめたときに初めて情動が呼び起こされるのがふつうだが、時には、情動の徴候そのものを思っただけで同じ効果が現れることもあるようだ。感傷的な人においては、「切望」を思っただけで本物の「切望」が生じる。また、より粗野な例はもちろんのこと、母親が想像の中で自分の子どもを撫でるだけでも発作的に親の情が呼び起こされるようである。

これらのようなケースでは、情動は明らかに、わたしたちがその効果とか発現とか呼んでいるものと共に始まり、かつ終わることがわかる。情動の**心的地位**は、さまざまな発現の生々しい感覚か、さもなければそうした発現の観念かのどちらかでしかない。したがって発現が情動の全素材であり、総和であり実体なのである。そしてこれまで述べてきたケースを見れば、発現の感覚は、あらゆる場合に、わたしたちが思っているよりはるかに深く情動の構成に関与していることがわかる。

神経への物理的効果が情動の直接的原因であることを示す一番の証拠は、**情動に対象が欠けている病理学的なケース**である。実際、わたしが提案している見方に立てば、病理学的なケースと正常なケースを共通の枠組みのもとで述べることができ、これがこの見方の主要な長所のひとつであるように思われる。どの精神病院にも、まったく動機のない恐れや、怒りや、憂鬱や、うぬぼれの例がたくさんある。そして、無気力から離れるべきどんな外的理由があっても頑として離れようとしない、これまた動機のない無気力の例もたくさんある。前者の場合は、神経機構がある決まった情動の方向に「揺れやすい」ために、ほとんどどんな刺激を受けても(たとえそれが見当違いの刺激であろうとも)そちらの方向に揺れて、その情動の心理的本体をなしている感覚の複合体を生み出すのだと考えなければならない。ひとつ顕著な例を挙げれば、深呼吸ができないと心臓がどきどきし、上腹部で起こるその異様な変化が「胸のあたりの不安」として感じられ、否応なしに蹲《うずくま》ってじっとしていることを余儀なくされる。そのほかにも、今はわかっていない臓器的プロセスがあるようで、これらすべてが一人の人に起こるのである。この人がこうしたことの組み合わせに感じるのはまさに危惧の情動であり、かくして彼は、病的な恐怖として知られているものの犠牲者となる。あらゆる病気の中で最も悲痛なこの病気の発作に時々襲われる友人が話してくれたことによると、彼の場合、すべては心臓と呼吸器官のあたりに集中して起こり、発作の間はおもに吸気をコントロールして動悸を鎮めるよう努めるそうだ。そして深呼吸ができるようになり、真っ直ぐに立っていられるようになったとき、不安は事実

ここでは情動は身体的状態の感覚に他ならず、純粋に身体的な原因を持っている。上去るらしい。(4)

総合診療に積極的にかかわってきた医師なら、患者がいつも元気がなく、不定期に恐怖の発作に襲われるために極度に状態が悪化した消化不良の症例をたくさん知っている。わたしはたびたびそのような症例を観察し、注意深く見守ってきたが、これらの発作の間に目撃した苦しみほどひどい苦しみを見たことがない。……たとえば、ある人がいわゆる神経性消化不良に苦しんでいるとする。ある日、仮に昼下がりとしよう、何の前兆も、思い当たる原因もなく、例の恐怖の発作が突然やってくる。最初に感じるのは、大きな、しかし漠とした不快感だ。まもなく動悸があまりにも激しいのに気づく。と同時に雷のような衝撃と閃光が、痛いほど激しく、次から次へと胴体と手足を走りぬける。それから数分後、この上なく強烈な恐れの状態に陥る。何かが恐いのではない。単に恐いのだ。頭ははっきりしている。こんなに震えるのはなぜなのかと原因を探し、低い呻き声をあげる。身体はじっとり汗ばんでいる。口はからからに渇いている。苦しみは強烈だが、この段階では涙は出ない。発作が頂点に達し、それを通りすぎて初めて涙があふれ出るか、もしくは小さなきっかけで、わっと泣き出すような心の状態になる。この段階で色の薄い尿が大量に出る。それから心臓の動きが正常に戻り、発作は終了する。(Bucke 1879: 97)

また――

さしたる理由もなく起こり、抑制もされないため、誰もが病気の表出だと認めざるをえないような憤怒の爆発がある。医学の素人にとっては、そのような病的憤怒の発作ほど学ぶことの多いものはない。特に、純粋にそれだけで表れ、他の心理的錯乱と混じり合っていないときはそうである。これは一過性躁病と呼ばれるかなり稀な病気で起こる。この病気にかかりやすい素質を持っている患者は——それ以外では完璧に道理をわきまえた人物でも——、外部からのわずかな挑発もなく突然発作に見舞われ、（O・シュヴァルツァーの近著『一過性の狂気』(Schwartzer 1880)の言葉を借りれば）「暴力と破壊への恐ろしくも凄まじい衝動を伴った、猛然たる発作の中へと」投げ込まれる。まわりの者に飛びかかり、殴り、蹴り、誰彼となく喉を絞め、手当たりしだいに床や壁に物を叩きつけ、そばにある物を壊し、踏み潰し、自分の服を引き裂き、叫び、唸り、わめき、目は光ってギョロギョロと動く。そしてこれらと並行して、わたしたちが怒りの併存現象として知るようになった血管運動過剰のあらゆる徴候を示す。顔は赤く腫れ、頬は熱く、目玉は飛び出し白目は充血し、心臓は激しく打ち、脈拍は一分間に一〇〇回から一二〇回を記録する。頸動脈は肥厚して脈打ち、血管は膨張し、唾液はあふれる。この発作はせいぜい数時間しか続かず、突然終わって八時間から一二時間眠り込み、目覚めたときは何が起こったのか完全に忘れている。(Lange 1887 : 61)

これらのような(外的)原因のない情動状態においては、ありとあらゆる感覚を機に、爆発という特別な道への水門が開く。それはちょうど船酔いの最中にはどんな匂い、どんな味、どんな音、どんな光景、どんな動き、どんな感覚体験にも吐き気が増し、ありとあらゆる感覚に神経中枢が興奮して、病的な恐怖や怒りが増大するのと同じである。当面は絶対安静が唯一の処置である。これらすべてにおいて身体的状態が先導して、心的情動はそのあとに従うことを否認するのは不可能だと思われる。実際、**知性**は、さほど影響を受けないので、終始冷静な観客を演じ、その情動に本当の対象がないことにたぶん気づいているだろう(5)。

最後にヘンレの一節を引いて最初の反論を終えよう。

それはあたかも身体的神経の興奮が観念に歩み寄り、そうすることで観念を情動の高さに引き上げようとしたようには見えないだろうか。[この文は何と正確にわたしの理論を表現していることだろう!]このことは次のようなケースによって証明される。そこでは特定の神経が(特に過敏になっているとき)情動に参加し、その質を決定しているのだ。開放性損傷(傷口が開いた損傷)に苦しんでいる人は、痛ましい光景や恐ろしい光景を目にするたびに傷が痛む。心臓病で苦しんでいる人は心理的に興奮しやすくなる。これは患者自身にも理解できないことが多いのだが、心臓がどきどきしやすいことから来るのである。先にわたしは、情動の質そのものが、それに加わる素地のある器官によって決定されると述べた。諸事情から推し量られた正当な根拠のある不吉な予感が胸のあたりの圧迫感を伴っているのと同じくらい確かに、胸部器官の病気によって起こる同様の圧迫感は根拠のない予感を伴っている。胃から上って食道を通過しながら数分ぐずぐずして心臓を圧迫する気泡のように小さなものでも、眠っているときは悪夢の誘因となり、目覚めているときは漠とした不安感を引き起こすことができる。一方、楽しい考えは血管を拡張させるが、ほどよい量のワインも、血管を拡張させることでわたしたちが楽しいことを考えたくなるような下地をつくる。楽しさとワインがともに働くと、これらは互いに補い合って情動的な効果を作り出し、わたしたちが無理に楽しみを求めなくても、足りない分はワインが代わりにそれを求めてくれるのである。(6)

反論その二　もしこの理論が正しいとしたら、そこから必然的に次のような結論に至るはずだ。すなわち、ある特定の情動のいわゆる発現を、故意に、そして冷静に呼び起こした場合、わたしたちの内にその情動そのものが生じなければならない。ところがそのようなことは現実には起こらない(と反論は言う)。役者は劇中人物の情動を完璧に真似ることができるが、内的には冷めている。また、役者でなくても、泣くふりをしながら悲嘆を感じないでいることは誰にでもできるし、楽しくないのに笑いを装うこともできる。

回答　そのようなテストは大部分の情動には使えない。なぜなら発現の多くは自分の意思ではコントロールできない器官で起こるからだ。たとえば、泣くふりをしながら本当に涙を流せる人はほとんどいない。しかし、検証できる範囲内で言うと、経験は、わたしたちの理論から導かれる帰結(反論はこれを論拠としているわけだが)を、反証するよりむしろ傍証している。よく知られているように、パニックは逃げることによって増大する。また、悲しみや怒りの徴候に道をゆずれば、激情そのものがますます激化する。悲しみはすすり泣きの発作が起こるたびに鋭くなり、その発作がさらに強い別の発作を呼び起こすので、しまいには気力も体力も尽きてぐったりと横たわるより他はなくなってしまう。憤怒はといえば、周知のように、わたしたちが最高潮に向かって「怒りを昂ぶらせる」のは、爆発的な表出をくり返すことによってである。表出を拒めば激情は消える。怒りをぶちまける前に十数えれば、ぶちまけることがばかばかしく思えてくる。口笛を吹いて勇気を保つ、というのは単なる譬えではないのだ。一方、一日中しょんぼりと座って、ため息をつき、何に対しても陰気な声で受け答えしていれば、憂鬱はいつまでも続く。経験した人なら誰でも知っているように、道徳教育ではこれ以上に価値のある教えはない——自分の中の好ましくない情動的傾向を克服したいならば、根気よく、そして何より冷静に、自分にとって育てるのが好ましい反対の傾向の**外的動作**を貫徹すべきだ。粘り強く続ければきっと報われる。不機嫌とふさぎの虫はしだいに消え、代わりに本物の上機嫌と親切心がやってくる。眉間の皺を消し、目を輝かせ、背筋を伸ばし、長調で話をし、ほがらかに人を褒めなさい。それでも心がしだいに解けてこなかったら、あなたの心はよほど固く凍りついているに違いない！

このことはすべての心理学者が認めている。ただ彼らにはその重要性が十分にわかっていないだけなのだ。ベイン教授はたとえば次のように書いている。

弱い［情動の］波は……外部で止められることによって内部で中断することがわかる。脳神経の伝導と神経中枢の興奮は、外への出口がその都度持ちこたえれば、しだいに消えてしまう。このような抑制によってわたしたちは習慣的に、哀れみや、怒りや、恐れや、うぬぼれを多くのささいな場面で抑えているのである。ということは、現実の動作を抑えれば、それらを駆り立てる神経の伝導が抑えられるのが一般的な傾向であり、したがって、外的な静止に続いて内的な静止が起こるのが事実だということになる。このようなことが起こるからには、**脳波は、外への自由な捌け口、つまり発現にいくらか依存しているのでなければならない**。……わたしたちが眠っている感情を呼び起こすのもこれと同じ介入によるのかもしれない。つまり、外的発現を演じることによって、それらにつながる神経をしだいに感化し、ある種の**外的**行為によってしまいには拡散性の流れを起こすのだ。……こうしてわたしたちは時に、強いて浮き浮きした表現をすることで、心に陽気な気分を呼び込むことができるのである。(Bain 1875 : 361–363)〔強調は引用者〕

これと同様の効果についての証言は他にも山ほどある。バークは、崇高と美についての著書の中で、人相学者カンパネッラのことを次のように書いている。

この人はどうやら人間の顔をきわめて正確に観察してきただけではなく、多少なりとも注目に値する表情をきわめて上手に真似ることもできたようである。相手にすべき人物の傾向を洞察しようとするとき、彼はまずその人の正確な外見にできるだけ似るように、顔から、身振りから、身体の全体を作り、それからこの変化によって自分にどのような性向が出てきたかを注意深く観察した。こうしてまるでその人自身になってしまったかのように、人々の傾向や考えの中に入ることができた、と彼は言っている。わたしの観察では「ここからバークは自分自身の経験に入っていく」、怒った人、平静な人、怯えた人、勇敢な人の顔つきと身振りを真似ることで、わたしの心は意図せずして翻り、わたしが外見を真似ようとしたその人の激情が出てくることが多かった。多いどころか、それはほとんど(たとえ激情とその身振りを分離しようとしても)避けられないことだとわたしは確信している(7)。

これに対して以下のような反論が考えられる。すなわち、多くの俳優は、顔つきや、歩き方や、声音を使って、情動の外的な見かけを完璧に真似られるけれども、彼ら自身、情動そのものはまったく感じないと言っている、と。しかし、ここにウィリアム・アーチャー氏が俳優たちへのアンケート結果を統計的にまとめた大変有益な研究があり、その中で俳優たちは、役を上手に演じたときはいつでもその情動に支配される、と言っているのである(Archer 1888)。たとえば、

「わたしはよく青ざめます」とイザベル・ベイトマン嬢は書いている。「激しい恐怖や興奮の場面です。何度も言われましたし、自分でもそういう場面では体が冷えて震え、青ざめるのを感じることがあります」。ライオネル・ブラフ氏も書いている。「憤怒や恐怖を演じているときは確かに青ざめていると思います。口が渇き、舌が口蓋に貼り付きますから。たとえばボブ・エイカーを演じるとき、わたしは(最後の幕で)たえず口を湿らせていなければなりません。そうしないとはっきり発音できないのです。わたし流に言えば「かたまりを呑み込まなければ」なりません」。

情動の強い役柄を多く演じてきた俳優たちは誰もがまったく同じことを言う。……「頭で演じるのは」とアルマ・マリー嬢は言う。「心で演じるのに比べたら疲れははるかに軽いのです。冒険家の女性を演じるときの身体の負担なんて、情に厚いヒロインのときに比べたら何でもありません。少々筋肉を動かしたってどうと言うことはないのです」。……ハウ氏によると、「情動を演じているときは、体を激しく動かしているときよりたくさん汗をかきます。わたしはジョゼフ・サーフィスを演じるとき、いつも大量の汗をかきました。体を動かす必要はまったくと言ってよいほどないのですが」。……「わたしの疲れは」とフォーブズ・ロバートソン氏は書いている。「演技の中でくぐり抜けなければならない情動の量に比例しています。体を動かしたから疲れるというわけではないのです」。……コールマン氏は言う。「一七歳のときからオセローを演じてきましたが(一九歳のときにはイアーゴ役のマクレディさんと共演する栄誉を得ました)、どんなに力を溜めておいても、肉体的にこれほどくたくたになってしまう役は、他に役多しといえどもこれだけ、ただこれだけです。顔に塗った顔料が剝げなかったことは一度もありません。ありとあらゆる顔料を試しましたがだめでした。あの偉大なエドウィン・フォレストでさえ、オセローではいつも叩きのめされると言っていました。チャールズ・キーンも、フェルプスも、ブルックも、ディロンも、皆同じことを言っています。これに比べたらリチャード三世なんて、何度も演じましたが、髪の毛一本乱れたことはありません」。(Archer 1888 : 394)

俳優たちの答えの食い違いは右の引用に示唆されていることによって説明できるだろう。表現の臓

器的かつ生体的な部分は、一部の俳優では抑えられるが、他の俳優では抑えられない、ということだ。おそらくこのことによって、感じられた情動の主要部分が決まってくるのだと思われる。コクランなどのように内的に冷静な俳優たちは、きっと意識的に完全に解離することができるのだろう。キエフのシコルスキー教授は、狂人の顔の表情について、一八八七年の『神経学セントラル』誌に重要な論文を寄せている。自分でも一所懸命表情を真似る練習に励んだ末に、教授は次のように言う。

模倣の動きの中で顔面筋肉を収縮させても、**情動的には何の興奮も感じない**。したがって模倣は、表現という観点からいかに非の打ち所がなくても、言葉の全的な意味で人為的なものである。(Sikorsky 1887 : 496)

しかし、この論文の文脈から読み取れるのは、シコルスキー教授が鏡の前で練習を重ね、顔面筋肉のコントロールに熟達した結果、筋肉の自然な連携を無視して、顔のどちら側でも別々に、片面だけの筋肉を、どういう順序にでも収縮することができるようになった、ということである。おそらく彼においては、顔つきの模倣は完全に制限され局所化されており、顔以外ではそれに共鳴するいかなる変化も起こらないのだろう。

反論その三　情動の発現によって、情動は激しくなるどころか、打ち止まる。憤怒は大爆発のあと、嘘のように消える。逆に、**鬱積した**情動こそ「頭の中で狂気のような働きをする」。

回答　この反論は、発現の**最中**に感じられることと**後で**感じられることを混同している。発現の**最中**も情動は感じられているのだ。ふだんは発現が自然な放出チャネルであり、これによって神経中枢が疲れ果て、情動が静まるのである。しかし、涙や怒りが単に抑圧されるだけで、悲嘆や憤怒の対象がそのまま心の前にとどまっていると、通常のチャネルに押しよせたはずの流れが、出口を探して別のチャネルに向かう。これはのちに、いつもとは異なる、より悪い結果をもたらしうる。たとえば、憤懣をぶつけるかわりに執念深く復讐心を燃やす。泣きたい気持ちを乾いた熱で破壊する。あるいはダンテが言うように、自分の中で石になり、そのあと、涙か嵐のような爆発のおかげでようやく解放される、など。流れが強くなり、病的な経路になだれ込むのは、いつもの経路が堰き止められたときである。そんなときは直ちに放出するのが一番だろう。しかし、ここで再びベイン教授の著書から引用すると、

> そのような見方に立つ限り、ある種の情動はこらえきれないほど強いのだから、それを止めようとするのは力の無駄遣いでしかない、というのが当然暗黙の了解となる。わたしたちが実際に激流を堰き止めることができるなら、そうすればよいのであって、より弱い感情でもそれは同じことである。そして明らかに、情動を**習慣的**に制御できるようになるには、強弱にかかわらず常にそれを抑制するよう努めることが不可欠だ。(Bain 1875 : 361)

わたしたちは子どもたちに、感情的にしゃべったり行動したりするのを抑えるよう教えるが、それ

は彼らがもっと**感じる**ようになるためではない。まったく逆である。もっと**考える**ようになるためだ。なぜなら、脳より下の領域から進路を変えてやって来たどんな流れも、思考経路の活動をある程度まで増大させるはずだからだ。脳卒中その他の脳の損傷ではこれと反対の状況が起こる。つまり、思考経路中の流れの通路が塞がれ、このためややもすれば対象が下向きの流れを始動させて、それが身体器官に向かっていくようになる。その結果、ほんの些細なことで涙を流したり、笑ったり、癇癪を起こしたりし、その分だけ論理的な思考力や、意志的な注意力や決定力が低下する。つまり、わたしたちが子どもたちに陥らせまいとするまさにその状況に陥るのだ。たしかにわたしたちは、ある人々について「もう少し表出を抑えればもっと感じられるだろうに」と言う。また、別の人々については、重大な局面で彼らが見せる激情の発現の爆発的エネルギーは、沈静期にどのようにそれを封じ込めてきたかということと密接に関係しているのではないかという印象を持つ。しかしこれらはともに偏ったタイプの性格であるにすぎず、それぞれのタイプの内部で前のパラグラフの法則が通用する。感傷家は、「奔出」がその人の正常な表出であるようにできている。「奔出」にストップをかければ、限られた範囲でより「現実的」な活動が起こるだけであり、たいていは単に気が抜けるだけである。一方、重苦しく不機嫌な「休火山」、この手の人には後々の激情表出を抑えてもらおう。捌け口がまったくなければ激情は消えてしまうことがわかるだろう。逆に、ここぞとばかりに感情を爆発させる稀な機会が増えれば、年をとるに従って激情が強烈になっていくことがわかるだろう。結局、全体として、この三つ目の反論には何の重みも認めることはできない。

ここまで擁護してきた仮説が正しいとすれば、わたしたちの心的生活が、言葉の厳密な意味で、いかに身体的な枠組みを使って編み上げられているかを、これまでになく深く自覚させられる。歓喜、愛、野心、憤懣、プライド。感情と見なされているこれらのものは、最も粗野な身体的苦楽の感覚と同じ土壌から生まれたのである。だが読者は、本章の初めに、このことをいわゆる「より粗野な」情動だけについて確かめ、一見身体的結果を欠いているように見える情動的感受性の内的状態については、説明を省くことにしたのを覚えているだろう。今こそ後者の感情、あのとき「より繊細な」情動と呼ぶことにしたものについて、一言か二言述べなければならない。

より繊細な情動について

より繊細な情動とは、知的、道徳的、審美的な感情のことである。論理の整合、目的論的な適合、音や色や線の調和はわたしたちを喜ばせる。この喜びは表象の形式そのものに染み込んでいるように思え、脳より下の部分から湧き上がる共鳴から借りてきたものなど一つもないように見える。ヘルバルト学派の心理学者たちは、観念が配置されている**形式**に起因する感情を識別した。たとえば、数学の証明を線描画と同じように「きれい」だと感じ、法文を楽曲と同じように「整っている」と感じる。この場合、きれいとか整っているとかいうのは感覚器官とは何の関係もなさそうだ。とするとわたしたちは、いや一部の人たちは、純粋に**脳の中**に喜びや苛立ちの形式をもっているらしい。明らかにこれは、今まで分析してきた「より粗野な」情動とは成り立ちが違う。このことを認めれば、先に述べてきた根拠に納得がいかなかった読者は仰天し、わたしが議論全体を放棄するのだと思うに違いない。彼らは言うだろう。音楽的知覚や論理的観念が、そのようにある種の情動的な感情を直接呼び起こすことができるからには、それらとは別種の対象が誘発する、いわゆる「より粗野な」情動の場合も、情動的な感情は同じように直接引き起こされるのであって、身体的表出はその後で付け加えられると考えるほうが自然ではなかろうか、と。

これに対しては直ちにこう答えなければならない。**純然たる**審美的情動、つまり、ある種の線や塊《マッス》、あるいは色や音の組み合わせがもたらす喜びは、完全に感覚的な経験、視覚や聴覚の第一次的な感覚であり、他所で次々に呼び起こされた別の感覚が後から跳ね返ってきたものではない、と。この、ある種の純粋な感覚やそれらの調和的な組み合わせから得られる、単純な、第一次的かつ直接的な喜びに、二次的な喜びが**付け加わる**ことはもちろんありうる。大勢の人々が美術や音楽を嗜《たしな》んで得る実際的な愉しみにおいては、この二次的な喜びが大きな役割を果たしている。しかしながら、より**古典主義的**《クラシック》な好みを持っている人ほど、第一次的な感覚がやってくるときの喜びに比べれば、二次的な喜びは大したものではないと感じることが多い[8]。古典主義とロマン主義の戦いの争点はここにある。複雑な暗示に富み、追憶と連想を目覚めさせ、絵のような神秘と闇でわたしたちの肉体を感動させること。これが芸術作品を**ロマン主義的**《ロマンティック》にする。古典主義的な嗜好はそのような効果を粗野で悪趣味だと決めつけ、安ぴかや余計な飾りをまとっていない視覚や聴覚そのものの美を好む。逆に、ロマン主義的な心にとっては、それらの感覚の直接的な美は乾いて痩せているように見える。もちろんわたしはどちらの見解が正しいかを論じているのではなく、単に、外来の純粋で感覚可能な質としての第一次的な美の感情と、それに接ぎ木された二次的な情動を区別することが不可欠であることを示しているにすぎない。

これら二次的な情動の大部分は、美しい対象が引き起こす反射効果である拡散性の波に呼び起こされた、その他の外来の感覚からなっている。顔が紅潮する、胸に衝撃を感じる、身震いする、呼吸が速くなる、動悸がする、背筋がゾクッとする、目が潤む、下腹部に蠢《うごめ》くものを感じる、などの他にも、名付けようのない無数の兆候が、美に**興奮した**とたんに感じられるだろう。これらの兆候は、哀れな光景や寛大な行為、あるいは勇気ある行為を知覚して、道徳的に興奮したときにも感じられる。声が震え、胸に嗚咽《おえつ》がこみ上げる、あるいは小鼻が膨らみ、拳《こぶし》が締まり、動悸が速くなる、等々。

繊細な情動の**成分**であるこれらの感覚が作動する限り、繊細な情動はわたしたちの説明の例外にはならず、むしろ説明を補足するような例を追加してくれる。知的あるいは道徳的な感動のすべてのケースにおいて、もし、対象の単なる喚起とその質の単なる認識に何らかの身体的共鳴が伴わず、証明や機知に富んだ言葉の巧みさにわたしたちが笑うこともなく、正義の事例に胸が高鳴ることも、寛大な行為に体が震えることもないならば、わたしたちの心を情動的と呼ぶことはほとんど不可能だろう。実際、そのような心は、目の前の物事をどのように評すべきか――巧みか、正しいか、あるいは軽妙か、寛大か、など――をただ知覚しているにすぎない。この、まるで法的問題を扱っているような心の状態は、真理の自覚のひとつに分類されるべきものだ。つまりこれは**認識**の行為である。しかし現実には、道徳的認識も知的認識も、右に述べたような感覚を伴わずに存在することはまずないと言ってよい。身体的共鳴板は、注意深く内観すればわかるように、わたしたちが思っているよりはるかに活発に動いているのだ。それでも、一定の(審美的でさえある)効果と長年親しんできたために単なる情動的興奮性が鈍り、その分だけ審美眼と判断力が鋭くなった場所で、わたしたちは知的情動(そんな呼び方ができるとして)を、純粋無垢なまま、確かに受け取るのである。それは、円熟した批評家の心においてそうであるように、乾いて青ざめ、熱意に欠けている。このことから、この情動が、最初に考察した「より粗野な」情動とはまったく違うものであることがわかるのだが、それと同時に、その違いとはほとんど、身体的共鳴板が一方では振動しているのに、もう一方では沈黙していることだけなのではないかという思いを抱かされる。「それほどひどくはない」とは、最高の審美眼を持った人がよく使うこの上ない満足の表現である。「**不快なところがない**」とは、ショパンが口にしたと言われる、新しい音楽への最高の褒め言葉である。仮に素人の感傷家がそんな批評家の心に入ることを許され、そこにある支持不支持の動機がそのように冷たくて薄い、人間味のないものだと知ったら、きっと空恐ろしく感じるだろうし、感じずにはいられないだろう。壁にすてきな染みをつける能力が絵の全体的な意味に勝るのである。ばかげた言葉の技巧が詩を詩として守り、一楽曲に組み込まれたまったく無意味な反復進行《ゼクエンツ》が別の楽曲のどんなに豊かな「表現力」をも尻目にかけるのである。

わたしは、凍てつく二月のある日、ヴェネツィアで、あるイギリス人夫婦がティツィアーノの有名な「聖母被昇天」の前で一時間以上も座っていたことを思い出す。わたしはといえば、部屋から部屋へと寒さに追い立てられ、とうとう絵はもういいから一刻も早く陽光を浴びようと決心したのだが、ただ、立ち去る前にこの夫婦がいったいどんなに鋭い感性を授かっているのかを知りたくて、恭しく彼らの近くに寄ったとき，聞こえてきたのは次のような女性のささやき声だった。「まあ何て**すまなそうな**顔をしているんでしょう。何という**自己否定**！　こんな名誉を受けるには**値しない**と感じているのね！」彼らの正直な心を終始温めていたのは，老ティツィアーノの気分を悪くさせるような誤った感傷のぬくもりだったのだ。ラスキン氏はどこかで次のような（彼からすればとても不快な）事実を認めている。すなわち，信心深い人たちは決まって絵画にはほとんど関心がない。そして関心を持つときは一般に，最高のものより最悪のものを好む，と。そう！　どの芸術，どの科学にも，ある関係が**正しい**かそうでないかの鋭い知覚があり，そしてその結果生じる情動的な高揚と感動がある。そしてこれら二つは別ものである。前者は専門家や名人が熟知しているものだ。一方，それに伴う後者は身体的な興奮で，専門家や名人はこれをあるかなきかにしか感じないが，批判的判断力が衰退しきっている**ばか者**や俗物は余すところなく経験する。あれほど多くの啓蒙書が扱っている科学の「驚異」は，日々実験に明け暮れている人間から見ると「キャヴィア」のようなものだ。与件と展望の広大さゆえに世人からあれほど「高尚」な仕事と見なされている神聖な《哲学》でさえ，それに携わっている哲学者自身にとっては明確化と厳密化の作業であって，物事を掘り下げていく「要所」の問題，細かい区分けの問題，概念の「外延」よりも「内包」の問題である。情動はここにはほとんどない！——例外は，注意力を集中させる努力と，論理のもつれが解けて思考がしばらく滑らかに流れるようになったときの（おもに呼吸器官に生じる）安堵感と解放感だけである。情動と認識はこの最後の休息地にあってさえ分けられているように見える。そして脳内プロセスは，わたしたちに判断できる限り，下からの助けがやってくるまではほとんど感情を伴わない。

情動のための特別な脳の中枢はない

情動的意識の根底にある神経的プロセスが、わたしの証明しようとした通りのものだとすると、脳の生理学は従来考えられていたよりも単純なものとなる。感覚的要素と、結合的要素と、運動的要素。これらが、器官に含まれていなければならないもののすべてである。生理学者たちはここ数年、脳の機能の探索に精を出してきたが、彼らが説明したのは脳の認識的および意志的な性能だけだった。彼らは脳を感覚中枢と運動中枢に分け、この区分が、心の知覚的および意識的な部分を最も単純な要素に分ける経験心理学者たちの分析と、完全な並行関係にあることを見出した。しかし、これらの研究において情動はまったく無視されてきたので、彼らに情動の理論を脳の言葉で述べてほしいと頼んでも、それについてはまだ何も考えていない、または、明確な仮説を立てるのはあまりにも難しいので、未来の問題として、つまり、一番易しい問題にけりを付けてから着手すべき問題としてとってある、という答えしか返ってこないのではないかと思われる。

それでも、情動に関する次の二つの事柄のうち、どちらか一方が正しくなければならないことは今でも確実だ。すなわち、分離した特別な中枢、もっぱら情動だけのために配置された中枢が、脳における情動の座であるか、さもなければ、情動とはすでに特定されている運動と感覚の中枢(あるいは今はまだ知られていない他の類似の中枢)におけるプロセスに対応するものであるか、のどちらかである。もし前者が事実ならば、今日流通している見方を否定し、身体中の感じやすい場所とすべての筋肉にとって、大脳皮質は「投射」面以上のものであると考えなければならない。もし後者が事実ならば、感覚と運動の中枢における情動の**プロセス**はまったく特別のものなのか、それともこれは通常の知覚のプロセス(その座がこれらの中枢であることはすでに認められている)に似ているのかを問わなければならない。さて、これまでわたしが擁護してきた理論が正しいとすれば、後者がこの理論の求めていることであり、それ以外は必要ない。大脳皮質が、それぞれの感覚器官、皮膚の各微小部分、それぞれの筋肉、それぞれの関節、それぞれの臓器における変化に興奮しやすい部分を含み、かつそれら以外のものは一切含まないと仮定しても、なおわたしたちは情動のプロセスを説明できる枠組みを持っている。ある対象が感覚器官に出くわし、大脳皮質部分に影響を及ぼし、知覚される。あるいは、大脳皮質部分が内的に興奮し、その同じ対象のある観念を生じさせる。反射の電流は、予め定められたチャネルを通って閃光のように身体を駆け下り、筋肉や、皮膚や、臓器の状態を変える。さらにこれらの変化は、大脳皮質において、元の対象が知覚されたときと同数の部分で知覚され、意識の中で対象と結合して、それを〝単に理解された対象〟から〝情動的に感じられた対象〟に変える。新しい原理を持ち出す必要はなく、通常の反射回路と、何らかの形で存在することが万人に認められている局所的な中枢のほかは何も仮定しなくてよいのである。

情動の個人差

記憶における情動の再生性は、下位の感官が受け取るすべての感覚の再生性と同じく、きわめて低い。わたしたちは悲嘆や歓喜を味わったことは思い出せるが、その悲嘆や歓喜がどのように感じられたかは思い出せない。しかし、そのような**観念的**な再生の難しさを補って余りあるのが、情動の場合は**現実的**な再生がきわめて容易だということである。つまり、わたしたちは、悲嘆や歓喜の原因をありありと思い起こすことによって、古い悲嘆や歓喜の記憶ではなく、新しい悲嘆や歓喜を生み出すことができる。このときの原因は単なる観念にすぎないが、この観念が、元の観念によって生み出されたのと同じ(またはほとんど同じ)生体への放射を生み出し、それによって情動が再び現実になる。情動が「取り戻される」のだ。恥、愛、怒りは特にこのように対象の観念によって再生しやすい。ベイン教授は次のように認めている。[9]「厳密に情動固有の性格として、これら［情動］は最小限の再生性しか持たない。しかしつねに上位の感官の感覚と合体しているため、光景や音に関してはより高い再生性をそれらの感官と共有している」。しかし彼が指摘していないことがある。それは、再生した光景や音は明瞭でありながら**観念的**なのに対し、情動のほうは、明瞭であるためには再び現実にならなければならない、ということである。ベイン教授は「観念的な情動」と、現実的な情動(観念的な対象に引き起こされた情動)が、二つのまったく異なるものであることを忘れているようだ。

　したがって、豊かな情動生活を送るための必要十分条件は、情動的な気質を備えている一方で、事物や状況をありありと思い浮かべる想像力を持っていることである。気質がどんなに情動的でも、想像力が貧しければ、情動の導火線に火をつける機会を逸してしまい、人生はある程度冷たく乾いたものとなる。だから思想家はあまり強い視覚化能力を持たないほうがよいのだろう。そのほうが情動に瞑想の流れを掻き乱されずにすむ。ここで思い出されるのは、王立協会やフランス科学アカデミーの会員たちは視覚化能力が一段と低い、というゴールトン氏の発見だ。わたし自身について言えば、四六歳の今のほうが若い頃よりはるかに視覚化能力が低い。そして、現在のわたしの情動生活が比較的鈍いのは、寄る年波のもたらす無関心や、安定した職業人・家庭人として乗合馬車の馬のような決まりきった日常を送っていることと同じくらい、この能力の低下と強い関係があるような気がしてならない。こんなことを言うのは、たまに昔の強い視覚心像が瞬間的に閃くことがあり、そのときの情動的注釈(と呼んでおこう)は平常よりずっと鋭くなる傾向にあるからだ。本書の58ページ以降〔原著第18章に当たり、本訳書未収録〕に挙げたシャルコーの患者は、視覚像が記憶から失われて以来、情動的な感情が感じられなくなったことを嘆いていた。母の死も、以前なら心が痛んだだろうに、さして悲嘆を感じなかった。これはおもに本人が示唆しているとおり、臨終のときの明確な視覚像を形成することができず、母の死が家族の者に及ぼす影響を視覚的に思い描けなかったせいである。

最後にもうひとつ、情動に関する一般事項を述べておかなくてはならない。**情動は、くり返しによって他のいかなる感覚よりも速やかに弱まる。**これは、刺激への「順応」という一般法則――この法則がどんな感覚でも成り立つことは前に見た――に加え、反射効果としての「拡散性の波」の範囲がくり返しのたびに狭まっていく、という情動特有の事実によっている。あたかもこの波はもともと、明確に定まった反応がそこから生まれてくるための、暫定的なものでしかなかったかのようである。何の動作にせよ、練習すればするほど、少ない筋肉でできるようになるものだ。それと同じように、ある対象に出会う回数が多ければ多いほど、それについての考えや行動が確定され、生体の混乱は少なくなっていく。初めて見たときは、行動することも考えることもできず、生体の混乱だけが唯一の反応だったかもしれない。不意を突かれた驚き、感嘆、好奇心が、そこから生まれた情動だった。しかし今ではまったく情動なしに傍観できる。[10] 感覚や観念が放出される神経経路のこの節約傾向こそ、能率、迅速さ、そして技能におけるすべての成長の基礎である。もし神経の伝導が脳回〔大脳皮質の皺〕でとどまらずに、いつも臓器まで降りてきたとしたら、司令官や、外科医や、議長はやりきれないだろう。しかし、これは認めなければならないが、彼らはこの法則によって実地面で得るものを、感情面では失うのである。世慣れて経験豊富な人間にとっては、厄介事が持ち上がるたびにそれを克服する、この自由で強力な思考の流れがもたらす喜びの感覚だけが、かつて楽しんだ心のみずみずしさを補償する。この自由で強力な流れのおかげで、彼の中で連想と記憶の脳内経路の自己組織化が着々と進み、それらの脳内経路を通して刺激を送り込まれた神経は単に書く指、話す舌につながるだけである。[11] とはいえ、次々に生起する**知的な**連想、記憶、論理関係は、膨大な量に上るだろう。過去の情動も、記憶された事柄に含まれているだろう。対象がわたしたちの中に呼び起こすこれらの連鎖が多ければ多いほど、対象との認識的親密性は豊かさを増す。この豊かさの脳内感覚は、それ自体が喜びの源泉であるように思われる。もしかしたらその喜びは、時おり呼吸器官からやって来る**多幸感**とは別ものでさえあるかもしれない。仮に純粋に精神的な情動というものが**ある**とすれば、それはこの豊かさと安らぎの脳内感覚、W・ハミルトン卿なら、妨げられず無理のない思考活動の感覚、と呼ぶであろうものだけに限られるのではなかろうか。ふつうの状況では、意識はそのとき晴れ晴れと穏やかであり、興奮はしていない。しかし、ある種の陶酔状態では興奮し、場合によってはきわめて強く興奮する。わたしは、亜酸化窒素による酩酊状態からの回復期に顕著な、絶対の真理を見たという意識に伴う興奮ほど狂熱的な興奮をほとんど想像できない。クロロホルム、エーテル、アルコールにはすべてこの真理洞察の感情を生み出し深める効果がある。そしてどれを使った場合もこれは「強い」情動である。しかし、そこにはあらゆる種類の異様な身体感覚と外界感受能力の変化が伴っている。この情動がそうした感覚や変化とは別個の独立したものであることを、確認できるような方法があるとはわたしには思えない。しかし、仮にその独立性がどこかで保たれているとすれば、右に述べた理論的歓喜が、そのことを擁護する弁論の始まるべき場所だろうということは認めてもよい。

さまざまな情動の起源

先に〔本訳書53ページ〕わたしは、情動を、拡散性の波に引き起こされた感覚によって構成されるものと見るならば、ただ二つの問題だけが重要だと言った。

(一)さまざまに異なる客観的、主観的な経験は、それぞれどのような拡散性の波を引き起こすのか。

(二)それらはどうしてそのような波を引き起こすようになったのか。

顔つきや表情に関する研究はすべて問い(一)に答える試みである。当然ながら、顔への効果は最も注意深く観察されてきた。本章の初め〔本訳書39―45ページ〕に述べた内容に加えてさらに詳しいことを知りたい読者は、注に挙げる諸氏の著作を参照してほしい[12]。

問い(二)については、近年これに答えるための小さな進歩がいくつかなされている。次に挙げる二つの事柄は確実である。すでに何人かが考えていたように、

a　顔面表情筋は表情のためにだけあたえられているのではない(13)。

b　どの筋肉も何か一つの情動にのみ割り当てられているのではない。

情動表出の動きの一部は、**かつて**(それらが強かったときに)**表出者の役に立った動きが、弱まった形で再現したもの**として説明できる。それ以外は、別の条件下で**生理学的に必然の結果**として生まれた動きが、やはり弱まった形で再現したものである。後者の反応を示す例としては、怒りや恐れにおける呼吸の乱れが挙げられる――これは生体による回顧とでもいうべきもので、取っ組み合いの喧嘩をしているときの荒い呼吸や、慌てて逃げ出すときの浅く速い呼吸が、想像の中で共鳴して起こるのである。以上が、少なくとも、すでに賛同を得ているスペンサー氏の考えだ。彼はまた、わたしの知る限り、怒りや恐れにおけるその他の動きは、かつて役に立った行為の初期の興奮で説明される、という考えを述べた最初の人でもある。

ほんの少しでも、傷を負ったことに伴う心理状態や、逃げている間に経験される心理状態にあることは、いわゆる恐れの状態にあるということだ。また、ほんの少しでも、つかまえる・殺す・食べるというプロセスがもたらす心理状態にあることは、つかまえ、殺し、食べたいという欲望を持つことだ。行為への傾向性が、行為にかかわる心理状態の初期の興奮に他ならないことは、傾向性の自然言語が証明している。実際、恐れが強いとき、それは叫び声、逃走、動悸、震えなどで表現される。これらはまさに、恐れている害悪に現実に苦しんでいる最中に起こる発現である。また、破壊的な情動は、筋肉組織の緊張、歯ぎしり、立てた爪、大きく開いた目と鼻孔、唸り声などに示される。これらは獲物を殺すときの行動が弱まった形である。このような客観的証拠に加えて、主観的証拠も挙げることができる。恐れと呼ばれる心理状態では、何らかの辛い結果を心に思い描いているし、怒りと呼ばれる心理状態では、ある種の痛みを加えるときに起こる行動や印象を心に思い描いている。これは誰でも証言できるだろう。(Spencer 1873 : sec. 213)

恐れについては、今ではもっと言うべきことがある。だがその前に、**情動の対象に激しく対処するのに役立った反応が、弱まった形で再生する**、という原理について述べると、これは今まで多くの場合に適用されてきた。たとえば、腹立ちや軽蔑のわずかな徴候である、上唇を片方持ち上げて上の歯を見せるしぐさは、ダーウィンによると、わたしたちの祖先が大きな犬歯を持ち、攻撃のために(今、犬がするように)歯をむき出していた頃のなごりである。また、外界に注意を向けるときに眉をつり上げるのも、驚いたときに口をあけるのも、同じくダーウィンによると、切迫した状況でこれらの動きが役に立ったことに由来する。眉をつり上げるしぐさは、対象をよく見ようと目を見開くしぐさとともに起こり、口をあけるしぐさは、注意深く耳を傾けるときや、筋肉を動かす前にすばやく息をつくときに起こる。怒りで鼻孔が開くのは、スペンサーの解釈では、わたしたちの祖先が戦いの最中、「つかまえた敵の身体に噛みついたまま」(!)息をする方法のなごりである。恐れで身体が震えるのは、マンテガッツァの推測では、血液を温めるため(!)である。顔と首の紅潮は、ヴントによれば、心臓の興奮に伴って上がった脳の血圧を下げるための補償的現象である。涙の滲出《しんしゅつ》も、ヴントとダーウィンによって、同じように血を引っ込める作用があると説明されている。目の周りの筋肉の収縮は、もとは子どもが癇癪を起こして泣き叫んでいる間、視覚器官を過度の充血から守るためだったのが、大人になっても眉を寄せるという形で生き残り、思考や行動にとって何か困難なことや不愉快なことが起こるとたちまち眉間に皺が寄るのである。ダーウィンによると、

泣いたり叫んだりし始めるときに眉を収縮させる習慣は、何世代もの間、子どもたちによって受け継がれてきたので、辛いことや嫌なことの初期の感覚と固く結びついた。したがって、同様の状況のもとでは、大人においても存続しやすい。とはいえ、大人の場合はそこから先へは進まず、癇癪を起こして泣くことはない。泣いたり叫んだりすることは人生の早い時期に抑制され始めるが、眉を寄せるしぐさはいくつになってもほとんど抑えられることがない(14)。

笑っているときの呼気がとぎれとぎれなのは、ヘッカー博士によると、脳貧血を防ぐためである。博士の考えでは、楽しい刺激、滑稽な刺激は、血管運動神経に作用して脳貧血をもたらすからだ(Hecker 1873 : 13–15)。ほほえみは弱まった笑いの痕跡である。何にせよ努力しているときに口をきつく結ぶのは、肺に空気をとどめることで胸部を固定し、脇腹の筋肉の付着部を強固にするのに役立つ。それでわたしたちは、わずかな決意のたびに唇が締まるのに気づくのである。性的抱擁の間は、血圧が高くならざるをえない。ゆえに動悸が激しくなり、ゆえに愛撫への傾斜も強くなる。この愛撫の動作が、優しい情動ではより穏やかな形で現れる。他にも例を挙げることができるが、有益な動作のより弱い形での再生、という原理からの眺めを展望するにはこれで十分だろう。

もうひとつの原理は——ダーウィンはこれを十分正しく評価しているとはいえないが——**類似反応の原理**とでも言えるもので、**似たような感情を刺激する対象には似通った反応をする**、というものである。記述形容詞の中には、印象を受け取った感覚分野の違いに関わりなく使われる単語がたくさんある。たとえば、どの感覚分野でも経験には sweet が使われ、印象には rich や solid、感覚には sharp が使われる。これを受けてヴントとピデリットは、道徳的な事柄に対する強い表現的反応の多くを、象徴的な味覚のしぐさとして説明している。つまり、甘い、苦い、酸っぱいなどの感覚と親和性のある経験が生じたとたん、その味を味わったときと同じ動きが起こるのである(15)。「したがって、苦い、きつい、甘いといった暗喩によって言葉が表している心の状態はすべて、それらに対応する口の模倣的な動きと組み合わされている」。確かに、嫌悪と満足の情動はそのような模倣的なやり方で表出されている。嫌悪は起こり始めた吐き戻しや吐き気であり、その表出を唇と鼻をゆがめるしぐさだけに制限したものだ。満足は、赤ん坊のような微笑や、美味しいものを味わう唇の動きを伴う。マンテガッツァは、その博識だが厳密さに欠ける著作の中で、口だけでなく目と耳も象徴的な表現的反応の発生源になっていることを示そうとしているが、あまり成功していない。よく見られる否定の身振り——わたしたちにあっては、首を横に振るしぐさ——は、もとは赤ん坊が食べ物を口に入れられるのを嫌がるときの反応で、これはどの子ども部屋でも観察できる(16)。今では、このしぐさが呼び出されるとき、その原因となった刺激は単に当人にとって不快な観念だけである。同様に、首を縦に振る肯定のしぐさは、食べ物を口に持っていく動作を真似たものだ。道徳的あるいは社会的な軽蔑や反感の表現は、特に女性において、はっきりと嗅覚機能に起源を持つしぐさと結びついているが、これはあまりにも明白なので注釈の必要はないだろう。まばたきは、目にとって危険なものだけでなく、あらゆる突然の脅威に対して起こる反応である。また、瞬間的に目を背けるのは、不意に差し出された嫌なものに対する反応の最初の徴候だと考えられる。――これだけ挙げれば、類似にもとづく表現的な動作の例としては十分だろう。

しかし、仮にわたしたちの情動的反応の一部が右に挙げた二つの原理で説明できるとしても――いくつかの例に出てきた説明がどんなに憶測的で当てにならないか、読者自身感じたことと思う――これらの原理ではまったく説明できない反応が数多く残っている。わたしたちは当面それらを、刺激に対する純粋に特発的な効果として記録しておかなければならない。その中には、臓器や内分泌腺への効果があり、恐れに対する口の渇きや下痢や吐き気があり、過度の憤怒のあとの、黄疸を生み出すこともある肝臓障害があり、血腥《なまぐさ》い興奮に対する尿の分泌があり、不安に対する膀胱収縮、期待に対する注視、悲嘆に対する「喉のつかえ感」、きまり悪さに対する喉のムズムズ感と呑み込み、危惧に対する「胸内苦悶」、瞳孔における変化、皮膚のさまざまな発汗(冷汗や温熱性、局所性や全身性)と火照り、そしてその他の、おそらく存在するが隠れているために気づかれず、名前のついていないさまざまな徴候がある。情動的に興奮しているときの血圧と心拍の変化でさえ、目的論的に決定されるのではなく、最も容易な排出チャネルを通じて――通常の条件下では迷走神経と交感神経がたまたまそのようなチャネルとなっている――純粋に機械的あるいは生理学的に起こっているように見える。

スペンサー氏は、**最も小さい**筋肉群がそのようなチャネルでなければならないと論じ、犬や猫や鳥では尾、馬では耳、オウムでは冠毛、人間では顔と指が、情動的刺激を受けて最初に動く器官であるとしている。(17)この原理は(もしこれが原理といえるなら)細動脈の筋肉にいっそう容易に当てはまるだろう(ただし心臓には適用できないが)。一方、循環器系の徴候がきわめて多様であることは、これらを決定する原因に有用性が含まれていないことも示唆しているように思われる。もちろん、動悸の速まりは遺伝的習慣——生体が有するもっと激しい興奮の記憶——によってかなり容易に説明がつくし、ダーウィンもこの見解に味方している(Darwin 1872: 74–75)。しかしその一方で、紛れもなく病理学的と言えるような反応のケースが多数知られており、それらの反応は何かの役に立つわけでもなければ、役に立ったものから派生したわけでもないので、わたしとしては、多様な心拍の説明をあまり目的論的な方向に持っていくことには慎重であるべきだと考える。震えは、恐怖以外にも多くの興奮に見られるもので、スペンサー氏とマンテガッツァ氏には申しわけないが、それらはきわめて病理学的である。恐怖に伴う他の強い徴候も同様だ。モッソ教授は、その研究の総括として次のように述べている。

危険が大きくなればなるほど、動物にとってはっきりと有害な反応の数が増え、その実効性も増していく。すでに見たように、震えと痙攣は逃走や防衛の能力を奪う。それに、最も決定的な瞬間に、わたしたちの見る［または考える］能力が平時より劣っていることもまた確実である。このような事実を前にすると、恐れの現象がすべて「選択説」によって説明できるわけではないことを認めざるをえない。それらは、極限まで進むと、生体内の欠陥を示す病的な現象となる。こう言ってよければ、自然は、脳と脊髄を構成するに十分な興奮性を持ちながらも、特別な刺激には生物の保存に役立つ生理学的限界を超えて反応するほどには興奮しない、そんな物質を作ることができなかったのである。(Mosso 1884 : Appendice, p. 295)

わたしの記憶が間違っていなければ、ベイン教授もだいぶ前に恐れについてこれと似たようなことを述べていた。

ダーウィン氏は多くの情動表出を、反対の原理、と自ら呼ぶものによって説明している。この原理によれば、もしある刺激が何らかの決まった動作を促すとすると、反対の感情を刺激するものはそれと正反対の動作を促す。それらの動作がとりたてて役に立つわけでも、意味があるわけでもないにもかかわらずそうなるのだという。この流儀でダーウィンは、眉を上げる、肩をすくめる、腕を下げ手のひらを開く、といった無力の表現を、眉を寄せる、胸を張る、拳を握りしめる、といった、力の情動である怒りの動作の反対の動作として説明している。確かに、数ある動作の一部はこの法則のもとで説明することができる。しかしこれが**因果関係の**原理になっているかどうかは甚だ疑わしい。この原理はこのテーマに関するダーウィンの理論の中では最もうまくいっていない、というのが大方の見方である。

要約しよう。少数の情動的反応についてはその理由がわかっている。その他の情動的反応の中には、何種類かの可能な理由を推測できるものもある。しかし、残りはもっともらしい理由を思い付くことすらできない。これら残りの反応は、わたしたちの神経中枢の作られ方から純粋に機械的に出てくる結果なのかもしれない。今では内在しているが、その起源に関する限り、偶発的と呼ぶのがふさわしいような反応なのかもしれない。実際、神経系のような複雑な有機体にはそうした反応、つまり、役に立つために進化した他の反応に付随して生まれたけれどもそれ自体では決して独立に進化することはなく、いかなる有用性も持つに至らなかった反応がたくさんあるに**違いない**。船酔い、音楽への愛、酔いをもたらすさまざまなものへの愛、いや、人間の美的生活の全体が、もとを辿ればこの偶発的起源に逢着するはずだ(18)。情動的と呼ばれる反応がそのような**準**偶発的な仕方で生まれたはずはない、と決めてかかるのは愚かなことだろう。

以上が、情動について言うべきことのすべてである。もし人間の心を座とする情動の一つひとつに名前を付けようとするならば、情動の数が内観する人の語彙に制限されることは明らかだ。なぜならどの人種も他の人種が識別しなかった感情の陰影に名前を見つけているのだから。そこで、そのように列挙された情動を、類似性によってグループ分けしようとするならば、基準としてあれやこれやの特徴を選ぶのに応じて、あらゆる種類の分類が可能であり、どの分類も等しく現実的で正しいということ、これもまた明らかである。そのとき唯一問題になるのは、そうしたあれやこれやの分類が目的に最も適ったものになっているか、ということだろう。だから読者は、自分がこれと思う基準で情動を分類してさしつかえない。たとえば、悲しいか嬉しいか、亢進性か非亢進性か、先天性か後天性か、生物と無生物のどちらに刺激を受けたか、形相的か質料的か、感覚的か観念的か、直接的か反射的か、自己中心的かそうでないか、過去に関係しているか、未来に関係しているか、あるいは現在に関係しているか、生体から発しているか環境から発しているか、あるいはもっと違うものから発しているか。これらはすべて実際に提案されてきた分類基準である。それぞれの分類に長所があり、どの分類も他の分類が区別してきたいくつかの情動を一つにまとめている。さらに詳しい説明や、他の分類基準についていては、ベイン著『情動と意志』(Bain 1875)の付録、および『マインド』誌第IX巻、X巻、XI巻のメルシエ、スタンレー、リードの情動に関する論文(Mercier 1884–85; Stanley 1886; Read 1886)を参照してほしい。『マインド』誌第IX巻の421ページには、その死が惜しまれる友人エドマンド・ガーニーによる、本章のわたしの見解に批判的な論文(Gurney 1884)が載っている。

注

(1) 肺動脈の分枝だけでなく気管支も収縮するようだ。J・ヘンレ教授の『人類学講義』(Henle 1876)に「ため息の自然史」に関するすばらしい講義があり、その中でわたしたちの吸気が、骨格・肋骨・横隔膜の赤筋と、肺の白筋との戦いの結果として説明されている。後者が気管の口径を狭めようとするのだ。「正常の状態では前者がたやすく勝つ。しかし他の状況下では、前者は容易には勝てなかったり、負けたりする。……互いに対照的な情動はその表出も対照的で、平滑筋が一方の情動では痙攣し、他方では麻痺する。これらの現象はたいていの場合、動脈、皮膚、気管など、平滑筋をそなえたすべての器官で同じように起こる。情動の対照性は一般に、興奮性と抑圧性、という言葉を使って表現される。喜びや怒りは興奮性の情動であり、恐れや怖気《おぞけ》や嫌悪は抑圧性の情動である。注目すべきは、抑圧性の情動が平滑筋を収縮させ、興奮性の情動がそれらを弛緩させることだ。対照的な気温も同様で、平滑筋に対して、寒さは抑圧性の情動のように作用し、暖かさは興奮性の情動のように作用する。すなわち、寒いと顔が青ざめ鳥肌が立つし、暖かいと皮膚がなめらかになり血管が広がるのである。期待の緊張感や、人前で話す前の不安、あるいは無礼を働かれたときの立腹などがもたらす嫌な気分に注意してみると、それを感じている部分はおもに胸部に集中していることがわかる。さらにその正体は、吸気運動を抑えてその範囲を狭める不快なつかえのせいで胸の中央に感じられる、ほとんど痛みとはいえないような痛みであることもわかる。横隔膜が十分下がらないことは否応なく意識に伝わる。そこでわたしたちは表層の随意胸筋の助けを借りて深呼吸をする。［これがため息である。］それができないと不快感は増大する。というのは、心的苦痛のほかに身体的に苦しい空気の欠乏感、軽度の窒息が加わるからだ。逆に表層筋が深層筋の抵抗に打ち勝てば、胸の圧迫は軽くなる。わたしたちは、心に重い石が乗っているとか、胸から重荷がとれたとか言うとき、たとえ話をしているのだと思っているが、実は事実そのものを表現しているにすぎない。なぜなら、息を吸うたびに空気がわたしたちの肺の中に流れ込んでそれ自身とのバランスをとっていなかったら、空気の重さ（約八二〇キログラム）を丸々持ち上げなくてはならないからだ」（55ページ）。これらの現象には上喉頭神経の興奮によって引き起こされるのに似た吸気中枢の抑制が関与している可能性があることを忘れてはならない。呼吸困難および、呼吸困難と不安・恐怖との関連を論じたきわめて興味深い議論については、故トマス・B・カーティスの論文「狂犬病の一事例」（Curtis 1878）、ならびにこれを論評したジェームズ・J・パトナムの論文（Putnam 1878）を参照されたい。

（2）ヘフディング教授はそのすぐれた心理学の著作の中で（Höffding 1887 : 342）、情動に関しては、身体感覚と純粋に精神的な感情が混然としていることを認めている。しかし教授は、精神的な感情が存在するという主張の中で、それを識別するのが困難であることは論じていない（また、そうした困難について彼が熟考したことを示す痕跡も見られない）。

（3）ヒステリー性片麻痺の症例はさほど珍しいものではないが、この調査ではそれらが十分活用されているとは言いがたい。さらに、最近の研究（そのうちのいくつかについては第4章で述べた）の多くが示しているのは、ヒステリー性麻痺の患者は本当に感受性がないのではなく、患者の意識から一定の感覚が切り離された、ピエール・ジャネ氏の言う「解離」の状態にあり、**残った**意識は自己を形成して通常の表出器官との結びつきを保っている、ということだ。感覚を切り離された意識は、第二の自己を形成する。ジャネ氏はわたしへの手紙の中で、患者は意識本体から感覚が「解離」しているため事実上無感覚ではあるが、それらの感覚が患者の情動生活に寄与していないと考える理由は見あたらない、と述べている。実際、それらは運動機能には寄与し続けている。なぜなら彼の患者Lは、無感覚症であるにもかかわらず運動失調を起こしていないからだ。ジャネ氏はこの無感覚症の患者Lについて、「幻覚のために苦しんでいる」ように見えた、と書いている。「私は、彼女に見られていないとき、たびたび警告なしに彼女の腕に針を刺したり火傷を負わせたりしました。彼女は微動だにせず、明らかに何も知覚していませんでした。ところが、あとになって身体を動かしたときに腕の傷が目に入り、そこから滲み出た血のしずくが皮膚に付いているのを**見る**と、大声で泣き出し、あたかも大変な苦痛を受けているかのように嘆き悲しむのです。「血が流れているじゃないの」と或る日、彼女は言いました。「わたし**きっと**すごく痛いに**違いないわ**！」彼女は幻覚のために苦しんでいました。この種の苦しみはヒステリー患者にはとても多いのです。彼らは自分の身体に起きた異変の手がかりを少しでも見つけると、残りを想像力で補い、自分では感じなかった変化をでっち上げるのです」。後日ジャネが『心理学的自動症』に書いた所見(Janet 1889: 214–215)を参照してほしい。

(4) ここで認めなければならないのは、病的な恐怖のケースの中には、客観的に見て心臓があまり乱れないケースも存在する、ということだ。しかし、それらのケースはわたしの理論が間違っていることを示す証拠となるわけではない。というのは、不安はふつう、現実の身体的変化に由来する心臓や他器官の感覚として大脳皮質の特定の部位で知覚されるのだが、脳疾患の場合は、それら特定部位のほうが**先に**興奮してしまうため、そこで変化が起こっているという幻覚――不安の幻覚――が生まれる、しかしこれはあくまでも幻覚なので、比較的静かな鼓動と共存する、等々ということももちろんありうるからだ。ありうる、と言ったのは、わたしはこれが事実かどうか検証できるような観察結果を知らないからである。催眠状態や恍惚状態においても似たような例が見られる。もちろんふだん夢を見ているときも同様だ。これらすべての状態のもとで、人は、目や耳、あるいはもっと内部の器官や情動の生々しい主観的感覚を持つが、それらはもっぱら神経中枢の活動の結果であって、わたしが思うに、周辺部は静まりかえっているのではないだろうか。

（5）悲嘆や憤怒などのヒステリー様状態には、内臓の乱れが、外的表出に向かう乱れほど強くないものもあるように思われる。この場合は中身のからっぽな大量の言葉の噴出がある。その場に居合わせた人たちが嫌々同情したり、不安に青ざめたりしているときに、当人は自分の舌が回るのにまかせながらも、自身の不誠実を感じ、あとどのくらい続けられるだろうかと自問している。発作の始まりは驚くほど唐突であることが多い。こういうときの処置は、患者より強く出て彼を怖じ気づかせることである。彼が腹立ちをぶちまけるなら、こちらもそうするのだ――「貴様が大口たたくなら、おれも大言壮語してみせてやる」〔シェイクスピア／野島秀勝 訳『ハムレット』岩波文庫より〕。これらのケースでは、身体的発現の見た目が盛大なわりには本当の主観的情動が少ないので、本書が述べている理論に疑問を投げかけるために利用されるかもしれない。おそらくこれらのケースでは、**内臓に起こる**発現は、発声器官に起こる発現とは比べものにならないほど微《かす》かなのだろう。当人の状態はいくらか、自分の役の感情を感じていない役者の状態に似ている。

（6）Henle (1876: 71–72)。ランゲは神経症の薬に多くのページを割いて、情動の生成においては、身体の受ける物質的なものの影響が何よりも先であることの証明の一部としている。

（7）ステュアート（Stewart 1854: volume 3, p. 140）による引用。フェヒナー（Fechner 1876: 156）も自分自身についてほとんど同じことを言っている。「自分でよく気を付けて見れば、心の状態は、その身体的表出をただ脇から眺めるよりも、それを**真似る**ことでよほどよく理解できることがわかるはずだ。……知らない人の後ろを歩いているとき、その人の歩き方や姿勢をできるだけ正確に真似れば、その人自身が感じているに違いないことを自分が感じているという、世にもふしぎな印象を抱く。若い女性の後について軽やかな足どりで気取って歩けば、いわば女らしい気分になってくる」。

（8）より下位の感官の感覚でさえ、この二次的な感情に伴われることがある。これは連想が次々に呼び起こされて共鳴するためだ。ある味が不意に、「誰もいなくなった宴会場」の幽霊たちを呼び出し、わたしたちを強く揺さぶることがある。匂いが遠くから「荒れた庭、廃れた遊郭」の記憶を運んできて、わたしたちを病んだような気分にさせることもある。「ピレネーでわたしは」とギュイヨー氏は言う。「一日中歩きまわって疲れ果てたとき、一人の羊飼いに出会い、一杯のミルクを所望した。彼は小屋に入り、その下を流れる小川から、氷のように冷えたミルク壺を引き上げてきた。**山の香りがすべて閉じ込められているような**新鮮なミルク、喉を通るたびに新しい命をあたえてくれるこのミルクを飲みながら、わたしは確かに**爽快**などという言葉では表すことのできない一連の感情を経験したのである。それはまさに田園交響曲、耳ではなく舌で理解した田園交響曲だった」（Guyau 1884 : 63）。それからこういうのもある。R・インガソル大佐の手紙、一八八八年の大統領選で悪名を馳せたウイスキー賛歌である。「君にとびきりすばらしいウイスキーを送る。これはかつて宴会から骸骨を追放し、我々の頭の中に風景画を描き出した逸品だ。ブレンドされた小麦とトウモロコシの魂だ。君はこの中で太陽の光と影が波打つ草原を追いかけっこしているのを見るだろう。六月の息づかい。ヒバリの頌歌。夜露。夏の富と、秋の豊かな実り。閉じ込められた光ですべては金色だ。飲みたまえ。男たちや乙女たちの歌う「収穫祭」の歌声が、子どもたちの笑い声に混じって聞こえてくるだろう。飲みたまえ。君の血の中に星の光る夜明けが、幾多の完璧な日々の夢のような、黄褐色の日暮れが感じられるだろう。四〇年このかた、この液体の喜びは幸せなオーク樽の中で、男のくちびるに触れるのを待っていたのだ」。——わたしの理論に対するガーニー氏の批判には、以上の引用をもって答えたいと思う。彼によると（Gurney 1884 : 425）、わたしの「見解」は「行きすぎであり、音楽心理学で真っ先に区別すべきだと思われる二つの事柄を混同している。そのひとつは、単に、美しく彩られた音の流れや塊が引き起こす、主として感覚的な効果であり、もうひとつは、音の反復進行の**形式**とその旋律的・和声的な個性が——たとえそれが完全な静寂のうちに認識されたとしても——最も重要で本質的な対象であるような、独特の音楽的情動である。非常に相異なるこれら二つのうちで、物理的反応や、毛髪の逆立ち——ビリビリする感じや震え——との結びつきが誰の目にも明らかなのは、感覚的な効果のほうである。……私自身のことを言えば、これまでに多くの音楽から、それが静寂によって表現されるときも、極上のオーケストラによって演奏されるときも、同じように多大な情動を受け取ってきたが、皮膚のビリビリ感や毛髪の逆立ちと結びついていたのはほとんど後者、つまり音を伴っているときだけだった。しかし、**形式**、つまり、旋律の**音のつらなり**に私が覚える喜びが、単なる批評家的な「正しさの判断」〔本訳書76ページ参照〕にすぎないと言われてしまうと、私にとってはシンプルで親密な英語表現の持つ表現力を否定されたも同然である。これはまさしく情動なのだ。……ところで、私が**正しい**と判断しながら毛ほども情動を受け取らない音楽の小片は山のようにある。情動という目的に関しては、それらは私にとっては幾何の証明か、ペルーで行われていた高潔な行為のようなものだ」。このあとガーニーはベートーヴェンの正しさの話に戻り、それがクレメンティの正しさとは（それぞれの作品が頭の中で聞こえただけのときも）異なっていると言うのだが、おそらく彼の言うベートーヴェンの正しさは、純粋に**聴覚的な**事柄なのだろう。クレメンティの正しさも同様なのだが、ただ、何か特定できない理由によって、クレメンティの形式があたえるものはベートーヴェンの形式と同種の純粋に聴覚的な満足ではなく、**悪くはない**、つまり、別段不愉快な音響ではない、と否定的に表現するほうがよいようなものなのである。ガーニー氏の身体と同じくらい音楽的な生体では、純粋に音響的な形式がきわめて強烈な感覚の喜びをあたえるので、下位の身体的共鳴などは取るに足らぬものなのだ。しかし、くり返すが、ガーニー氏が挙げた事実の中には、どのような種類のものであれ、**感覚のプロセス**から切り離された情動があることを信じさせるものはまったく見当たらない。

（9）ベイン著『情動と意志』(Bain 1875)の「観念的な情動」の章より〔91ページ〕。さらに詳しくはベインの同章を参照。

（10）ベイン教授が「相対性の情動」と呼んでいるこれらの感情、すなわち、新奇なものへの興奮、感嘆、自由であることの歓喜、力の感覚は、経験のくり返しの中でほとんど生き延びることができない。しかしこれは、ベイン教授が続けて説明しているように、またヘフディング教授が引用したゲーテも言っているように、「魂がそれと知らずに内的に大きく成長し、もはや最初の感覚では満たされなくなっている」ためである。「本人は失ったと思っているが、じつは得ているのだ。歓喜で失ったものを、彼は内的成長で得ているのである」。そして、ヘフディング教授自身が美しい譬えの中で付け加えているように「これは初めて経験する感情で起こることだ。ちょうど新生児が初めて呼吸するとき、肺がふくらみ、二度と再び元の大きさには戻らないように。そのあと何回呼吸をくり返しても、初めて呼吸したときのようには感じられないのである」。この情動の鈍化というテーマ全体については、ヘフディング著『経験に基づいた心理学概説』(Höffding 1887)第6章のE節と、ベイン著『情動と意志』(Bain 1875)第1部の第4章を比較されたい。

（11）フレデリック・ポーラン氏が、細部の精密な観察に富んだ小著(『感情現象とそれらの出現法則』)の中で書いていることは、わたしには真理の転倒に思える。彼によると、情動は衝動的傾斜の抑止によって引き起こされるというのだ。確かに、**一種類**の情動、つまり不安、苛立ち、苦悩は、何であれ一定の衝動的傾斜が抑えられたときに生じるが、ポーラン氏はすべてこの種類から例をとって説明している。しかし、その他の情動はそれ自体が第一次の衝動的傾斜であり、拡散性のものである(そこから、ポーラン氏が正しく述べているとおり、**数多くの現象**が生じる)。そして、これら多数の傾斜がしだいに抑えられ、範囲の限られた少数の放出に置き換えられるにつれて、最初の情動は確実に消えていくのである。

（12）このテーマに関するより古い文献のリストは、マンテガッツァ著『感情の顔つきと表出』(Mantegazza

1885)第1章に載っている。他に、ダーウィン(Darwin 1872)の第1章参照。また、ベル著『表情の解剖学と哲学』(Bell 1877)、モッソ著『恐れ』(Mosso 1884)、ピデリット著『身振りと顔つきの学問体系』(Piderit 1867)、デュシェンヌ著『人の顔つきのメカニズム』(Duchenne 1862)は、ランゲとダーウィンに加え、わたしの知る限り最も有益な著作である。サリ著『感覚と直観』(Sully 1874)第2巻も参考になる。

(13) とはいえ、次のことは覚えておかなければならない。すなわち、性選択が人間の生体を決定するのに一役買ったであろう程度には、表情豊かな顔の選択も人間の表情の平均的可動性を増すのにあずかったはずである。

(14) 子どもが泣くのは、ほとんど決まって悲しみの徴候であるのと同じくらい怒りの徴候でもある。怒ったときに眉間に皺が寄るのは、これによって(ダーウィンの原理にもとづき)説明できるだろう。スペンサー氏は、怒ったときの眉間の皺は最適者生存を通して生じたと説明している。生死を賭けた戦いの最中、太陽光線に目を射られるのを防ぐために役立ったのだという(!)(Spencer 1873 : 547)。モッソ教授は、眉間の皺がものをよく見るのに役立つという説明に異を唱えて、次のように言っている。眉間の皺は、情動的興奮の最中、瞳孔の拡大と一体となっている。ところが、瞳孔の拡大はものをはっきりと見るには甚だ不都合である。したがって、もし自然選択に眉間の皺を定着させるほどの力があったならば、瞳孔の拡大は自然選択によって根こそぎにされてしまったはずだ、と(Mosso 1884 : chap. 9, sec. 6)。残念ながら、この有能な著者は、あたかもすべての情動が瞳孔に同じ影響を及ぼすかのように話をしている。なるほど恐れは瞳孔を拡大させる。しかし、ダーウィンその他の著者に引用されているグラシオレによると、瞳孔は怒りのときは**収縮**するという。わたしはこの点に関して自分では何も観察していないし、瞳孔に関するモッソの以前の論文(トリノ、一八七五年)も見ていない。ダーウィンも言っている通り、この問題についてはもっと細かい観察が必要だろう。

（15）これらの動きはまず目的論的に説明される。つまりそれは味のついた物体をよりよく知覚するため、あるいは避けるために、舌が強制的にさせられる努力である（Wundt 1880: 423）。

（16）ヘンレ教授は否定的な首振りの起源を初期の身震いに見ている。そして、これが舞踏会で淑女が踊りの誘いを断るときのような優雅な動作に簡略化されたことは、本当に幸いだったと指摘している。称賛のための拍手は、彼によれば抱擁の象徴的縮約版である。疑い訝っている心の状態に伴う、唇を突き出すしぐさ（探るような表情）は、ピデリット博士によると、ワインが美味しいかどうか判定するとき、誰の口にも認められる**味見**の動作から来ているという。

（17）Spencer（1873: sec. 497）。しかしスペンサー氏は、犬の顔面筋肉がなぜもっとよく動かないのかは説明していない。また、容易な排出が唯一の原理だとするなら、なぜさまざまな刺激がこれらの小さな筋肉をそんなにさまざまな仕方で動かさなければならないのかも説明していない。チャールズ・ベルは、顔面筋肉が表情において特別な役割を果たしている理由を、これらが**副呼吸筋**で、延髄の呼吸中枢に近い起源を持つ神経に支配されているからだと説明した。顔面筋肉は**発声**を補助するもので、声と同じくその機能は**コミュニケーション**である（ベル著『表情の解剖学と哲学』（Bell 1877）のアレクサンダー・ショーによる付録参照）。（訳注2）

（18）本書627ページ参照。

（訳注1）『心理学原理』第1巻、300―301ページ（第10章「自己の意識」）より引用。

一般的な記述をやめ、可能な限り事実に接近して個別のケースに取り組んでみると、心的活動の中にわずかなりとも、純粋に精神的な要素を検出することはわたしには難しい。内観の眼を光らせ、心的行為の中に自然発生的な発現をすばやくとらえることに成功するたび、はっきりと感じられるのは何らかの身体的な、たいていは頭部で起こるプロセスである。このような内観の結果のうち、ぼんやりしているものは当面除外して、以下に、わたし自身の意識にとってはこの上なく明瞭な個別のケースについて述べてみたい。まず、注意する、同意する、否定する、努力する、といった行為は、頭部における何かの動きとして感じられる。その動きは、多くの場合、きわめて正確に記述することができる。特定の感覚領域に属する観念なり感覚なりに注意を払うとき、この頭部における動きは当該感覚器官の調整であり、調整が起こっているその最中に感じられる。たとえば、視覚の言葉で考えるとき、わたしは眼球に圧力、輻輳《ふくそう》、開散、調節の小さな変化を感じずにはいられない。対象の思い描かれている方向がこれらの動きの特性を決定する。その動きの感覚は、わたしの意識にとっては、目に見えるものを受け取ろうとするときの動き方と同じである。わたしの注意が、外の事物を次々に通り過ぎながら、あるいはさまざまな感覚観念のつらなりを追いながら、この感覚器官からあの感覚器官へと移るときは、あたかも、そうした移動につれてわたしの意識にのぼる方向線が脳内を走るような感じがする。

思い出したり熟考したりするときの動きは、周縁に向かうかわりに、周縁から内へとやってくるように思われ、外界からの一種の**ひきこもり**のように感じられる。わたしが検出できた限りでは、これらの感覚は、眼球が外向きかつ上向きに実際に回転することに起因している。そのような回転は、私見によれば睡眠中に起こるものと同じで、物理的な物を凝視するときの眼球の動き方とは正反対である。推論するとき、わたしはぼんやりと局所化された図のようなものを頭の中に持っていることが多い。その図にはさまざまな小さな思考対象が各所に配置されている。そしてわたしの注意がそれらのどれかから他のどれかへと揺れるとき、その揺れが最もはっきり感じられるのは、頭部で起こっている動きの方向の変化としてである。

同意したり否定したりするときや、心的努力をするときは、動きはもっと複雑に見え、それらを記述するのはより難しく思われる。これらの行為において大きな役割を演じるのは声門の開閉である。また、それほど明瞭ではないが、軟口蓋なども口から後鼻孔を遮断する。わたしの声門は敏感な弁のように、思考対象に対して心がためらったり嫌悪を感じたりするたびに、瞬時にわたしの呼吸を妨害し、嫌悪感が克服されるとすばやく開いて、喉と鼻に空気を通してくれる。この空気の動きの感覚は、わたしの中では、同意感覚のひとつの強い構成要素である。眉と瞼の筋肉の動きも、心に差し出されるものへの同意可能性や不可能性が変動するたびに、きわめて敏感に反応する。

努力においては、それがどういう種類の努力であっても、眉と声門の筋肉に加えて顎筋と呼吸筋も収縮する。このため努力の感覚は、厳密な意味で頭部と呼ばれる部分から出ていく。対象に対する歓迎または拒絶が**強く**感じられるたびに、それは頭部から出ていく。次いで多くの身体部分から一連の感覚が流れ込み、それらすべてがわたしの情動を「表現」するので、厳密な意味での頭部感覚はこの大きな塊に呑み込まれてしまう。

（訳注2）『心理学原理』第2巻、627ページ（第28章「経験の必然的真理と結果」）より引用。（この引用部分の前に、著者は、脳の進化に影響を及ぼしうる自然の要因を、直接的要因と間接的要因に分けている。ダーウィンの用語を使えば、前者は「適応」を余儀なくさせるような環境の変化を引き起こす事象、後者は「突然変異」の原因に相当する。影響を受けて変わる側から言えば、前者は目に見え手に届く物事で、その影響は語の広い意味での「経験」であり、影響を受けるのが心的生体の場合、その経験は意識的なものである。これに対して、後者は心的一時変異の間接的な原因、わたしたちが直ちに原因として意識しない、隠れた原因である）

そのうちのあるものは、誕生以前の分子レベルの偶発事である。また、あるものは、複雑で不安定な脳組織で作られたもっと直接的な結果のうち、つながりの薄いものどうしの付随的な組み合わせ、意図せざる組み合わせとでもいうべきものである。今日一部の人が持っている音楽の才能などはそのようなものの結果に違いない。それは動物学的には無用の長物である。自然環境の中にそれに相当するものはない。それは聴覚器官を持っていることから得られた、純粋に**副次的な産物**であり、あまりにも不安定で非本質的な条件に依存する副産物なので、兄弟の一人はそれを持っているが他の兄弟は持っていない、というようなことが起こるのである。船酔いになりやすい性質もまさにこれと同じで、船酔いはその「対象」を（揺れ動く甲板が対象と呼べるようなものならばだが）長い間経験することによって生じるものではないため、まもなく消滅する。わたしたちの高度な美的、道徳的、知的生活を作り出しているのは、このような付随的・副次的な性向であるように見える。これらは心の中に、いわば裏階段から入って来た。いや、心の中に入って来たのではまったくなくて、むしろ家の中でこっそり生まれたのである。

痛み、空腹、恐れ、怒りに伴う身体変化——情動の興奮の機能をめぐる最近の研究報告

ウォルター・B・キャノン

藤原多伽夫［訳］

一九二九年に出版されたアメリカの生理学者であるウォルター・B・キャノンの著作*Bodily Changes in Pain, Hunger, Fear and Rage : An Account of Recent Researches into the Function of Emotional Excitement.* 2nd editionの抄訳である。痛みや空腹などの感覚に加え、情動の生起に至るまでの生理・神経メカニズムについて、多数の動物実験の結果などに基づいて記述された大著である。初版は一九一五年に出版されており、一五章構成であったが、その後、各国で多くの研究が実施され、次々と新しい証拠が示された。それらを反映させ、新しい議論を加える形で第二版の出版に至ったと記されている。第二版は、二〇章構成になっており、追加された記述の多くが、情動に関連する論考である。本書では、このうち、第1～5、11～14、17～20章の計一三章を取り上げた。紙面の都合上、全章を翻訳はできなかったが、情動に関連の深い章についてはすべて取り上げた。特に、第二版で追加された第18章「情動に関するジェームズ＝ランゲ説の論評」は、本書に収録したジェームズの情動理論に対する批判的論述であり、「情動の理論に関する歴史的論争」という意味でも注目に値する。

キャノンは、タイトルにあるとおり、主にネコやイヌを対象とした数多くの実験結果から、身体反応と行動の生理学的なメカニズムを理解しようと試みている。冒頭の章では、消化に対する情動の影響について、パヴロフのイヌの実験結果を引用しながら、強い情動やストレス、あるいは痛みの影響により、胃液などの分泌が止まるなどの生理学的証拠を紹介している。さらには、そういった影響が加齢とともに、徐々に弱化することにも触れている。続く第2～5章および第11章では、身体の自律神経系の生理学的なメカニズムについて、自律神経学の礎を築いたラングリーの記述を細かく引用しながら説明している。随意的には制御できない自律神経系の仕組みを知るために、情動や痛みなどを利用するという枠組みで捉えていることが読み取れる。ここでの重要な主張は、交感神経と副交感神経という自律神経の拮抗作用のなかで情動状態を捉えるべきであるということだ。そして、自律神経系の興奮に、副腎からの分泌物であるアドレニン（アドレナリン）が関わっており、一度、交感神経系で起こった変化が、アドレニンによる化学作用で自動的に増幅され、その状態を持続させているという仮説を立てた上で、数多くの詳細な生理実験によってこれを検証している。結論として、痛みや強い情動のもとでは、副腎が過剰なアドレニンを血流に放出するという証拠を得たと述べている。さらに、痛みや強い情動の興奮に伴って分泌されたアドレニンは、血糖の増加を引き起こし、情動性糖尿を生じさせること、および、強い情動に伴って全身に酸素を供給する必要性が生じ、赤血球が増加する、いわゆる情動性赤血球増加のメカニズムについて解説している。

そして、第12～14章では、基本的にはそれまでに提示されたデータに基づく理論的考察が展開される。ストレスを受けているときにアドレニンが分泌され、身体の状態が変化することは、緊急事態への対応機能という意味をもち、そして、それは仮に疲労したような状態であっても、筋肉を適切に動かす状況を作り、生物にとって有利な状況を導くことに役立つと主張する。キャノンの提唱した概念として広く知られる「闘争・逃走反応（fight-or-flight response）」という発想の原点がここにある。そのような視点から、情動による興奮が身体的なエネルギーになる処理過程を応用的に検討し、スポーツ、宗教的儀式、戦争における闘争心などと結びつけた考察も加えている。さらに、情動の表出に関するメカニズムについて、進化的な観点から、ヒト以外の動物においても、視床を含む間脳および脳幹がもつ機能の重要性を主張する。また、大脳皮質の制御機能にも着目しており、皮質がコントロールできるのは、随意的な制御下にある身体機能だけであるという点も強調する。ここでは、キャノン＝バード説としても名が知られるバードの研究を積極的に引用している点が興味深い。

最も重要な論考は、第18章「情動に関するジェームズ＝ランゲ説の論評」、およびそれに次ぐ第19章である。ジェームズとランゲの主張に対して、それまでに得られている生理学的な実験結果をもとに反論を展開している。主張をまとめると、以下の通りである。すなわち、(1)情動の主観的な性質は多彩だが、それに反して内臓の反応は画一的であり、さまざまな情動を区別することはできない、(2)情動が内臓から脳への求心性信号によって生じるのだとすると、情動が同じように感じられるだけでなく、寒さや低血糖といった身体状態の変化も類似して感じられるはずだが、実際にはそうではない、(3)内臓の変化は情動的感情の源としては遅すぎる、(4)強い情動に特有の内臓の変化を人為的に引き起こしても、実際に強い情動は生じない、(5)情動的な表出が阻害されても、情動自体は強さを増す、というような反駁的主張である。そして、ジェームズが主張するように、身体の変化が感情の乱れを生み出すことはありうるが、あくまでも例外的な事例であると述べた上で、ジェームズの「情動に関する特別な中枢は脳にない」と題された論説の内容は、修正されるべきであると主張する。その反論に続き、皮質と末梢自律神経系をつなぐ役割をもつ間脳における視床が、情動に関連する情報の統合部位であり、皮質に向かう求心性の神経経路の中継点になっていることの重要性について詳しく説明している。すなわち、視床のニューロン活動が、筋肉と内臓を支配することに加え、皮質に向かう求心性の経路を興奮させる。言い換えれば、視床の活動が引き起こされると、単純な感覚に情動の独特な性質が加わるという捉え方である。これが、キャノン＝バード説の真髄であるといえる。

最終章では、少し俯瞰的な視点から、人間がもつ闘争本能としての情動の強さが戦争の激化などにつながる恐れがあることを指摘している。これは時代背景を意識した言説と捉えれば、頷ける内容と考えられる。さらに、本能的な情動表出を低減させるためには、変換と代用という視点が重要であると述べる。例として、戦争における闘争本能の受け皿となる身体活動として、スポーツなどの可能性が挙げられるとし、オリンピックなどで戦うという代用の妥当性を訴えることで本著作を閉じている。

［梅田　聡］

第1章　消化に対する情動の影響

類人の祖先からヒトが発達した過程を説明する学説によって、人類がもつ複雑な性質の多くが明らかになった。この学説は解釈の手段として、主に解剖学的な構造の特性の謎を解くために使われてきた。これにより、一見実用性が認められないヒトの体に配置されたさまざまなものが、遠い祖先には役立っていた部位や特徴の名残であるとして合理的に説明できるようになった——人類のなかで長年継承されてきたために、そうした部位がヒトに残っているのである。この解釈の仕方は機能的な特性の説明にも適用できることがわかっている。顔に怒りを表わすなど、何かを表現する行動やしぐさは子どもにも多様な人種にも観察されるが、これは生得的なものであることが判明していて、下等動物がもつ類似の特徴がヒトの反応で保持されていると考えると最もうまく説明できる。

こうした観点から、生物学はヒトの行動の動機にかかわる考え方を明確にするうえで大きく貢献してきた。前世紀に優勢だった社会哲学では、品行を決定づけるのは計算ずくの喜びの追求や痛みの回避、あるいは良心や道徳観念と呼ばれる曖昧で漠然とした機能であると考えられていた。しかしながら、ヒトと下等動物の行動をさまざまな状況において比較した研究、なかでも支配的な衝動の源を探る研究で、過去の心理学者が唱えた学説が不十分であることがわかってきた。ヒトのあらゆる人種、そして大半の高等動物では、独特の本能的行動に表われるある種の情動の影響が行動の源になっていることが、徐々に明らかになってきたのである。

高等生物でのこうした基礎的な反応が身体秩序のなかで果たしている役割は、これまでほとんど注目されてこなかった。情動の興奮に伴う身体変化の研究は生理学者ではなく、哲学者や心理学者、そして博物学の研究者に委ねられてきた。しかし、そうした学究の徒はたいてい、身体機能を精査する経験があまりにも乏しく、身体の表面を観察することによってもたらされるかもしれない手がかりを追究することができなかった。このため、情動状態に関する知識はなかなか蓄積されてこなかった。

もちろん、身体の表面に表われる興奮は数多くある。血管の収縮によって肌が青白くなる、「冷や汗」が出る、唾液の分泌が止まって「舌が口蓋にくっつく」、瞳孔が広がる、髪の毛が逆立つ、心臓の鼓動が速くなる、呼吸が荒くなる、唇などの筋肉が震えたり引きつったりする――こうした身体変化はすべて、恐れや怒り、強い嫌悪といった情動の大きな乱れや痛みに伴うものだと十分に認識されている。日常生活でもよく見られるこうした乱れは大半が表面に表われるものであり、観察がしやすい。心臓の鼓動が速くなったことでさえも、皮膚の表面で脈拍を測定すればわかる。しかし、身体の奥深くに位置するほかの器官は、激しい情動状態に伴う機能の乱れを、皮膚やその付近にある構造ほど明確には表わさない。こうした体内の器官もまた情動[1]的動揺の複合体にかかわっているかどうかを調べるには、特別な手法が必要である。

感情によって大きな影響を受ける器官として、消化にかかわる器官がある。なかでもとりわけ興味深いのは、感情と消化管の活動の関係だ。というのも、最近の研究で消化作用の第一段階が通常、食物から受ける心地よい味や香り、見た目によって開始されるだけでなく、痛みや情動の大きな興奮が消化作用の開始やその継続に多大な影響をもたらしうることがわかってきたからだ。感情どうしや、それに付随する身体の活動どうしの競合も起こりうるということである。その興味深い側面については後ほど考察しよう。

消化液の正常な分泌にとって好ましい情動

消化機能にとって好ましい感情や感情状態については、レニングラードのパヴロフがイヌを使ったきわめて独創的な実験を通じて大きな研究成果をあげている(Pavlov 1902)。パヴロフは慎重な外科的手法を用いて、イヌの胃の一部に小袋のような空洞を作ることができた。その空洞は食物が入る胃の主要領域から完全に切り離され、神経や血管は正常に通じているのだが、体表に通じる開口部をもつため、さまざまな状況の下で分泌される胃液の量と性質を正確に把握することができる。その小袋に含まれている胃壁の一部からの分泌状態を調べることによって、胃全体の分泌活動を知ろうというわけだ。この手法は、食物と混ざらない胃液が得られるという点でとりわけ好都合である。このような処置をした動物の一部では、首の内側の食道にも同様の開口部を手術で設けて、口からのみ込んだ食物が胃に入らずに外へ出るようにした。食べることの喜びを十分に体験しながら、満腹になって食べるのをやめる必要もない。この手法は「見かけの摂食」と呼ばれている。実験に用いられた動物は健康や幸福に対して十分な配慮がなされ、ほかのイヌと同じように通常の生活を送れたほか、数カ月あるいは数年ののちには研究室のペットとなった。

パヴロフが実施した見かけの摂食の実験により、イヌが食物を嚙んでのみ込むという行為を楽しんだおよそ五分後に、胃の小袋から胃液が自然に分泌されることがわかった。胃液の分泌は、イヌが食物の咀嚼と嚥下を続けているあいだだけでなく、食べるのをやめた後もしばらく続いたという。胃の中に食物が存在することは、胃液が分泌される主要な条件ではないということだ。また、分泌はイヌに食欲があるときにだけ、また好みに合う食物を与えているときにだけ起きたことから、これは真の精神的分泌であると結論づけられた。

好きな食べ物を見たりその香りを嗅いだりしただけで胃液の分泌が始まることがあるというのは、ビダーとシュミットによって何年も前に指摘されていた(Bidder and Schmidt 1852 : 35)。二人はイヌの体壁から胃にかけて管状の開口部を設け、そのイヌを空腹にした状態で観察して、研究成果を一八五二年に発表した。この現象はその後シフ(Moritz Schiff)によって確認され、さらにその後にもパヴロフによって確認された。おいしそうな食べ物を見たり香りを嗅いだりしたときに口内に唾液が分泌される現象は昔からよく知られており、「よだれが出そう」という言葉は、食欲をそそる料理の魅力を最大限に伝えるわかりやすい表現となっている。一方、摂取した食物を消化する準備として胃も消化液を分泌するという現象は、前述のイヌでの観察によってはっきりと証明された。

食欲をそそる味の機能を推定するなかで、味は食物に含まれる物質が口の中で溶けたときにだけ感じることが認識されると、消化に先立って唾液の精神的分泌が行われる重要性が明らかになった。舌が乾いているときには砂糖の味でさえ感じない。口の中を湿らす唾液は、可溶性の乾いた食物を溶かして味覚器官と関連づける役割を果たしている。

胃液の最初の精神的分泌が重要であることは、胃の幽門の粘膜における酸あるいは消化物の働きによって消化中に胃液の分泌が続くという事実、そして、膵液と胆汁の分泌も十二指腸の粘膜での同じ酸の働きによって起きるという事実から明らかになった。したがって、味覚の満足感がもたらされ、その後に最初の消化液が分泌されることによって、消化作用は適切に開始するのである。

下等動物での実験でわかった事実は、おそらく人間にも当てはまる。腐食性の物質を誤ってのみ込んだときに食道が傷つき、傷が癒えた後に側壁が膨らんで食道が塞がる現象はそれほど珍しくない。こうした場合、体の脇から胃まで瘻管《ろうかん》を入れ、本人がふだんどおりに食物を咀嚼した後、いったん口から出して管に入れる。食物は口から胸部を通って胃に達するのではなく、外から入れた管を通じて胃に到達する。一八七八年には、リシェが少女での事例を報告している(Richet 1878: 170)。少女は食道が閉塞し、胃瘻を通じて食物を摂取していて、砂糖やレモンジュースといったとてもおいしい食べ物を噛んだり味わったりすると、胃が空であるあいだにも、胃瘻から胃液が大量に流れてくるという。その後も、とりわけ人間の子どもで似たような事例が数多く報告され、実験室での結果と見事に一致する詳細な結果が報告されている(Hornborg 1904: 248; Cade and Latarjet 1905: 221; Bogen 1907: 156; Lavenson 1909: 271を見よ)。ホルンボルクの研究では、研究対象の幼い少年が好みに合う食物を噛んだときには、程度の差はあるものの胃液の分泌が例外なく始まったが、グッタペルカと呼ばれる樹脂など、何の特徴もない物質を噛んだときには、胃液が分泌されなかったという。こうした観察結果すべてが明確に示しているように、最初の消化液(唾液と胃液)の正常な分泌は、咀嚼中に味や香りを感じたことによって抱いた満足感、あるいは、ごちそうを見たり香りを嗅いだりしたときの食への期待から生じる満足感によって促されるのである。

これらの事実は料理の盛りつけや配膳にとって根本的に重要だ。特に病気のときには、食欲が減退することも多い。供する食べ物に凝ったり、細かな見た目に少し気を配ったりする——料理をきれいに並べる、食べ物を小分けにする、皿の脇に花を添える——ことによって、料理を目で見て楽しめるうえ、香りで食欲を刺激することもできるだろう。病気を克服しようとする力が出るかどうかも、こうした要素に左右されるかもしれない。

消化液の正常な分泌にとって好ましくない情動

いらいらや心配、不安といった不快な感情、あるいは、怒りや恐れといった強い情動が優勢になると、正常な消化にとって好ましい状態は完全に崩壊してしまう。唾液の分泌に関する限り、この事実は昔から知られていた。公の場で話さなければならなくなって不安になったときに口の中が渇くのは、その典型例である。インドで利用されている「米の試練」は、興奮で唾液の分泌が止まるという知識を応用した一例だ。犯罪の容疑者が何人かいる場合、神聖な米を全員に咀嚼させ、しばらくして、聖なるイチジクの木の葉に米を吐き出させる。口から出した米が乾いていたら、罪の発覚を恐れて唾液の分泌が止まった証拠と見なされ、その人物が有罪を宣告されるのだ(Lea 1892: 344)。

唾液の分泌に当てはまると長年知られていたことは、胃液の分泌にも当てはまることがわかってきた。たとえば、胃瘻を施された幼い少年では、空腹時に食べ物を見ただけで胃液が分泌されるというパヴロフの観察結果を確認できなかったホルンボルクは、自分とパヴロフの実験結果の違いを、同じ状況で少年とイヌがそれぞれどう対処したかの違いによって説明している。食べ物を見せるだけで与えない場合、空腹のイヌはどうにかしてそれを手に入れようとし、まもなく胃液の分泌が始まる。一方、少年は食べ物を食べられないと怒り出し、その後泣き始める。胃液の分泌は見られない。食道が閉塞して胃瘻を施された子どもの事例は、ボーゲンからも報告されている。その子どもは食べ物をもらえるとの期待がかなえられないと、前述のような感情を表わし、落ち着いた後も分泌はまったく認められなかった。

興奮による抑制作用の影響は、実験室において下等動物でも認められる。ルコントは胃液の分泌の研究に際しては、情動反応を引き起こしそうなあらゆる状況を防ぐ必要があると述べている(Leconte

1900: 291)。ルコントの発見によれば、イヌが見たことのない環境へ連れてこられたときに恐れを抱くと、胃腺の活動が完全に抑制されることがあるという。抑制はイヌが自由に食べた後にテーブルにつながれるなどして動揺させられたときにも起きる。実験の手順にいったん慣れると、動物には抑制の影響が認められなくなる。ビッケルと佐々木の研究では、強い情動が胃液の分泌に及ぼすこの抑制の影響がより正確に確認され、説明された(Bickel and Sasaki 1905: 1829)。二人がこの抑制を観察したのは、食道に瘻管が施され、パヴロフの実験のように体外へ通じる開口部をもった小袋が胃にあるイヌだった。ビッケルと佐々木が観察したこのイヌでは、食べ物を楽しく味わった結果、見かけの摂食で大量の胃液が分泌された。これは真の精神的分泌である。典型的な例では、見かけの摂食を五分間続けると、分泌は二〇分間続いた。そのあいだに分泌された純粋な胃液の量は、六六・七立方センチメートルだった。

別の日には、イヌがいるところに一匹のネコが連れてこられると、イヌは大きな怒りを表わした。まもなくネコが連れ去られると、イヌは落ち着いた。この状態で見かけの摂食を五分間行う。イヌはがつがつと餌を食べ、明らかに空腹だったにもかかわらず、目立った分泌は認められなかった。前回の観察のときと同じ二〇分間に分泌された胃酸液は九立方センチメートルにとどまり、しかも粘液が多かった。ボーゲンが観察した少年と同じく、イヌでも強い情動は分泌の機構を大きく乱しうるため、摂食に伴った快楽の興奮があっても通常の分泌が生じないことは明らかだ。

ビッケルと佐々木はさらに別の実験で、見かけの摂食によってイヌで胃液の分泌を始め、分泌が一定の量に達した後、そばにネコを連れてきて、イヌを五分にわたって激しく怒らせた。その後の一五分間では、きわめて粘性の高い液がわずかに分泌されただけだった。明らかにこの事例では、穏やかな快楽という精神状態に伴って始まった生理的な作用が、激しい精神状態が生じた後にほぼ完全に止まってしまった。

注目に値するのは、ビッケルと佐々木が観察したイヌで情動の興奮がもたらした好ましい結果でも好ましくない結果でも、興奮状態の解消後にその影響が長く続いたことだ。ビッケルは食道瘻と胃瘻が施された少女で、この事実の好ましいほうの影響を確認している(Bickel 1906 : 845)。食物がまったく胃に入っていないにもかかわらず、胃液の分泌は食べ終えた後も長く続いた。しかし、消化にとって好ましくない影響は、消化を促す影響よりも強い。情動の乱れが原因で消化作用がしばらくのあいだ抑制されると、食物をのみ込んでも胃の中に停滞するだけであるから、このような状況での摂食が不合理なのは明らかだ。子どもが感情を爆発させた場合は、その直後に食事を強いないほうがよい。「よい消化には食欲が必要、両方あれば健康になる」というマクベスの助言は、生理学的に裏づけられたのである。

唾液や胃液以外の消化腺の活動も、情動の興奮によって抑制されることがある。エクスラーの最近の研究では、ビッケルと佐々木の研究で胃液の分泌を抑制させたような精神の乱れによって、膵液の分泌が止まることがあり、胆汁の分泌が明確に減ることが報告された(Oechsler 1914 : 1)。したがって、食物に化学変化をもたらす作用はすべて、一時的に止まる可能性がある。

胃腸の収縮にとって好ましい情動と好ましくない情動

消化腺の分泌とそれによる化学変化は、食物が消化管を通って活発な消化領域に入らなければほとんど役に立たない。この機能をつかさどるのは蠕動《ぜんどう》(消化管を取り囲む筋肉の収縮によって生じたくびれが環状の波のように前進する運動)である。筆者は消化におけるこうした物理的な側面を研究するなかで、精神的分泌があるのと同じように、摂食によって生じる胃腸の筋肉の「精神的緊張」や「精神的収縮」とでも呼ぶべきものがあるのではないかと推測するようになった(Cannon 1911: 200)。というのも、胃壁の筋肉の緊張状態を高める迷走神経が、動物が摂食する**直前に**遮断された場合、レントゲン撮影で見られるような通常の胃の収縮は生じないが、食物をおいしく食べた**後に**迷走神経が遮断された場合、すでに開始されていた収縮は中断せずに続くからである。実験では、いずれの状況でも神経が麻酔によって遮断されるから、痛みはまったく伴わない。胃を収縮させる空腹感がない状態では、食物をおいしく食べる行為が胃腸管の自然な収縮を引き起こす第一の条件なのかもしれない(Cannon and Washburn 1912: 441)。胃腸の筋肉の精神的収縮があるのではないかとの推測は、おいしそうな食物を見ると胃(Cohnheim and Dreyfus 1908: 57)や腸(Katsch 1913: 290)の運動が刺激されるという証拠から裏づけられる。

強い情動によって胃の分泌活動が好ましくない影響を受けるのと同じように、胃の運動も影響を受ける。しかも実際には、消化管のほぼ全体の運動が強い興奮のあいだ完全に停止するのである。筆者が初めて胃の運動を観察した際、動物によって収縮の波が完全に明瞭なこともあれば、活動が何も見られないこともあり、観察が難しかった（Cannon 1898 : 380）。そして何週間か経った後、この違いが性別の相違に関連していることを発見した。レントゲン撮影で観察する際、動物はホルダーの中で拘束されていた。ホルダーは快適なものではあったが、雄ネコ、とりわけ若い雄は落ち着きがなく、拘束されると興奮してしまう。こうした状況で観察すると、胃の蠕動の波が生じない。一方、雌ネコ、とりわけ年をとった雌は拘束されても穏やかで、蠕動の波は正常に生じた。あるとき、子ネコがいる雌が穏やかに安らいだ状態から、不安でそわそわしているような状態になったことがある。このとき胃の動きはすぐに止まり、胃壁が完全にゆるんでしまったが、体をなでられて喉をごろごろ鳴らし始めると、蠕動が再び始まった。ネコの口と鼻を手で覆い、わずかに呼吸しにくくすると、胃の収縮を思いどおりに止めることができる。したがってネコでは、ルコントやビッケルと佐々木の研究でイヌにみられたような怒りや恐れに伴って、胃の運動が完全に停止するということだ。不安がわずかに見られただけでも、蠕動の波が完全に消えることがある。元気な若い雄ネコの胃の活動をレントゲン撮影で一時間以上も観察したが、そのあいだ蠕動が始まる兆候はまったく認められなかった。その雄ネコが興奮している証拠として唯一肉眼で観察できたのは、尻尾を左右にすばやく動かし続けたことだけだった。筆者がネコで観察したことは、ウサギやイヌ、モルモットでも観察された――ごくわずかに情動が乱されただけで蠕動が止まったのである（Cannon 1902 : xxvii）。ウサギでの観察事例はアウアーによって確認された（Auer 1907 : 356）。ウサギをホルダーにやさしく固定しただけでも、時間にはばらつきがあるものの、胃の蠕動が停止したという。また、ウサギが何らかの理由で驚いたり、興奮してもがいたりしても、蠕動は停止した。イヌでの観察事例はロンメルによって確認されている（Lommel

1903: 1634)。見たことのない環境に連れてこられた小さなイヌでは、二〜三時間も胃の収縮がないことがあったという。また、イヌが不快感や動揺を見せると、収縮が妨げられ、胃の内容物の排出が止まった。

胃の蠕動の波と同じく、観察対象の動物に情動の興奮が見られるたびに、小腸の蠕動やこねるような運動(分節運動)、そして大腸の逆蠕動はすべて止まる。

心配や不安、強い感情状態によって、人間と下等動物で胃の分泌活動が同様の影響を受けるように、胃や腸の蠕動の波も人間と下等動物で同じように止まるのは間違いない。したがって、精神が調和しない状態が、胃の活動が止まった感覚を生むのかもしれない。たとえば、ミュラーが報告したある患者は、不安になるといつも胃の中に食べ物が残っているかのような、重い感覚を抱くのだという(Müller 1907: 434)。食べ物を口に入れるたびにその症状が増していく。この事例では強い情動状態がほぼ常に胃の苦痛につながっている。苦痛は精神の乱れの大きさや時間に応じて、三〇分から数日間続く。患者はヒステリーでも神経衰弱でもないが、気分に強く影響されやすい、きわめて繊細な女性だった。

胃が重く感じるという前述の事例は神経質な人物が訴えることも珍しくはないものの、内容物の停滞によって起きることもある。こうした停滞が起きた事例を次に紹介しよう。ある上品で繊細な女性が、消化に問題を抱えて、夫といっしょにボストンに診察を受けにやって来た。二人はホテルに宿泊した。翌朝、女性は試験用の食事を食べた一時間後に医院を訪れた。胃の内容物を調べたところ、遊離酸は認められず、試験用の朝食が消化されていなかったうえ、前夜の夕食も大量に残っていた。胃に食物が停滞していることについて、かかりつけの医者はこう説明した。ボストンを訪れたこのときに夫が泥酔してしまい、妻は大きな不安を抱えて心を乱されたまま一夜を過ごしたのだという。診察の翌朝、女性が十分に休息をとった後に胃の内容物を再び調べてみると、酸性度は正常で、試験用の朝食は正常に消化されて胃から排出されていた。

これらはいくつか事例を挙げたにすぎないが、消化器疾患の患者をよく診察する医師ならば何度も出くわしたことがあるに違いない。実際のところ、胃の消化不良の治療に訪れた患者では、きわめて多くの事例で胃は正常に機能していて、神経が原因だったという意見が聞かれる。こうした事例で最も特徴的といえるのは、情動の要素である。これが当てはまる範囲はあまりにも大きく、ローゼンバッハはこの障害の原因を示す用語として、「神経性」消化不良よりも「情動性」消化不良のほうが適切だと提唱している(Rosenbach 1897: 71)。

消化を妨げる痛みの影響

生物進化論を支持する人々は、痛みを感じたときと強い情動を抱いたときとで、身体の乱れが似ていることを早くから指摘していた。内臓の機能の変化については知りようがなかったにしてもだ。しかし、痛みによって生じる変化と感情によって生じる変化が同じであるという一般論は、そうした体の奥深くにある構造にも当てはまる。それから何年も後に、ヴェルトハイマーは、麻酔された動物で感覚神経を刺激すると――意識のある動物であれば痛みを感じるような刺激を与えると――胃の収縮が止まることを証明した(Wertheimer 1892: 379)。またパヴロフの研究室で働いていたネチャイエフは、座骨神経の知覚線維を二〜三分にわたって刺激すると、胃液の分泌が数時間にわたって抑制されることを示した(Pavlov 1902: 56)。痛みの体験による類似の影響が人間で見られることは珍しくない。マンテガッツァは痛みの生理学に関する著作でそうした事例を数多く引用し、痛みは食欲減退やさまざまな形の消化不良を引き起こして消化を妨げ、胃の消化機能の停止や嘔吐、下痢といった症状を伴うと結論づけた(Mantegazza 1880: 123)。「吐き気を伴う痛み」という表現は、感覚が強く刺激されることで消化作用が多大な影響を受けることをよく示している。嘔吐は激しい痛みの後に見られることが多いが、同様に強い情動の後にも見られる。「吐き気を伴う頭痛」は、まず頭痛による痛みがあり、その後に吐き気などの消化器疾患が起きるという一連の現象を示しているのだろう。

ここまで述べてきたように、情動状態あるいは「感情」が消化管に及ぼす影響には正反対の方向のものがあり、消化にとってとても好ましい影響を与えることもあれば、消化を大きく妨げることもある。こうした拮抗作用をもった感情が、消化器官に対する影響においても神経支配を通じてそれぞれ正反対の形で通常表われるというのは、興味深い事実だ。このような神経支配のあいだの拮抗作用は、消化にとって好ましい条件や好ましくない条件の作用だけでなく、情動状態の競合に関する知見を得るうえでもきわめて重要だ。こうした神経の作用の順序や様式を考慮することで、今後分析を進めて結論を導くための確固たる基盤が築かれるだろう。次章ではそれを考えてみよう。

注

(1) ここでいう「情動(emotion)」には、激しい感情状態に限らず、「主観的感情(feeling)」やほかの感情体験も含まれる。また、ぎこちない表現を避けるため、「主観的感情」が身体変化を引き起こすかのように、「情動」という言葉を一般的な用法でも使っている。

第2章　情動にかかわる内臓神経の全体的な構成

消化管で食欲が満たされているあいだに活動したり、痛みや情動の興奮があるときに活動が抑制されたりするのは、液を分泌する消化腺か、消化管の周囲の平滑筋である。消化腺の細胞と平滑筋の細胞は、随意に直接制御できない点、そして反応が遅いという点で、神経の影響を受けるほかの細胞（横紋筋や骨格筋の細胞）とは異なる。骨格につながっている筋肉は刺激を受けてから一〇〇〇分の二秒か三秒で反応するが、消化腺の細胞や平滑筋は反応までに一秒の何分の一というよりも、秒単位の時間がかかることが多い。

遠部ニューロン

骨格筋は中枢神経系から直接、神経支配を受ける。つまり、こうした筋肉に分布している神経線維はニューロン（神経細胞）が繊維状に延びたもので、その細胞体は脳や脊髄にある。一方、内臓の腺（副腎を除く）や平滑筋の神経は、現在知られている限り中枢神経系とは直接の関係がない。脳や脊髄から出た神経線維は、腺や平滑筋の細胞と直接つながっているわけではなく、脳脊髄の神経と内臓の外側のニューロン（中枢神経系の外に細胞体があり、外で処理される）とのあいだに必ず仲介が入る。それらを**図1**に破線で示した。筆者はこうした遠部ニューロン(outlying neurones)が「変圧器」のような役割を果たす可能性をすでに指摘している(Cannon 1914: 257)。中枢から受け取ったインパルス

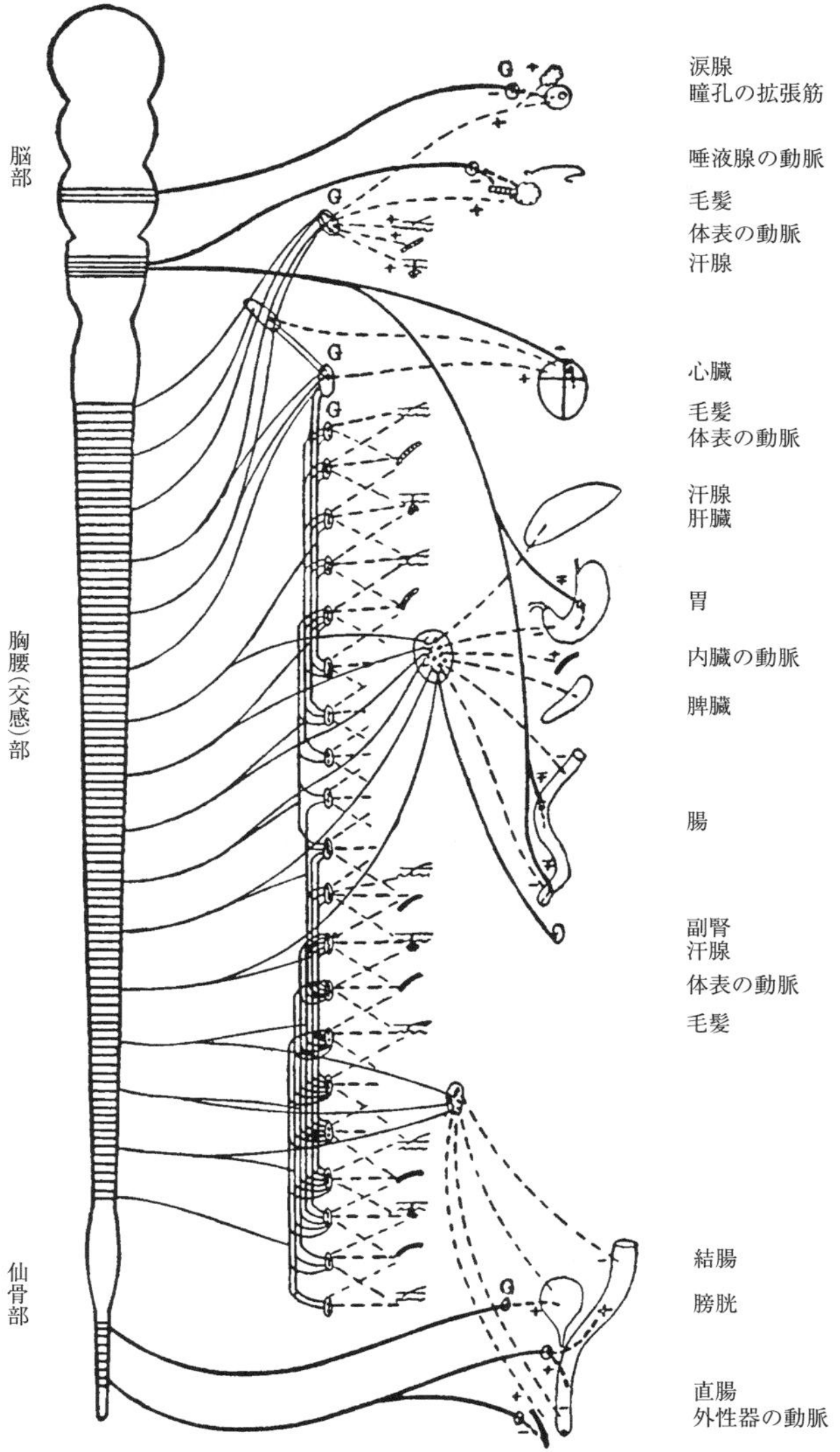

図 1　自律神経系の主要な分布を示した模式図．脳と脊髄を左側に示した．骨格筋の神経は示していない．自律神経系の節前線維は実線，節後線維は破線．脳部と仙骨部の神経は太線で示して，胸腰(交感)部の神経と区別した．プラス記号は器官の活動を高める効果，マイナス記号は活動を抑制する効果を示している．詳しくは本文参照のこと．

（**骨格**筋のすばやい反応を引き出すのに適したインパルス）を、受け取り側である分泌腺の細胞や内臓の筋肉といった、もっとゆっくり活動する特別な組織に適した刺激に調整するのだ（1）。

通常、遠部ニューロンの細胞体は神経節に集まっている（図**1**のG）。胴部では脊髄のいずれかの側にあり、頭部と腹腔の骨盤の部分では神経が支配する器官の近くにある。遠部ニューロンのなかには、それらが分布する構造の内部にだけ存在するものもある（図**1**の心臓や胃など）。一方で、神経節から出た線維（いわゆる「節後線維」）が目的の器官まで長く延びている例もある。脚に通る血管の神経はこのように線維が長く延びた一例で、胴部の下部に細胞体をもつニューロンに支配されている。

遠部ニューロンの三つの部分

前述のとおり、遠部ニューロンは、細胞体が中枢神経系の器官に位置するニューロンを介して脳や脊髄とつながっている。ただし、**図1**に実線で示したように、こうした連絡役のニューロンのなかには脳脊髄の軸から中断せずに延びるものもあれば、そうでないものもある。神経が脊髄から上肢や下肢へ延びている場所では、線維が神経節につながっていない。こうした違いがあることから、連絡役である「節前線維」は三つの部分に分けられる。上肢の神経根の前方は「**脳部**」、上肢の神経根と下肢の神経根の中間部分は「**胴部**」（「**胸腰部**」や、古い用語で「交感神経系」とも呼ばれる）、下肢の神経根の後方は「**仙骨部**」と呼ばれる。

脳脊髄系から節前線維が延び、節後線維が内臓につながっているという遠部ニューロンの系を、ラングリーは**自律神経系**と名づけ、この神経系に関する知識の大半をもたらした（自律神経系の組織化に関する彼の研究についてはLangley 1903 : 818を見よ）。自律神経系を随意に制御することはできず、その大部分は独立して機能している。これまで見てきたように、こうした構造に影響を与えるには、痛みや情動の興奮の条件を利用する方法が非常に効果的だ。自律神経系の各部分（脳部、交感部、仙骨部）には、そうした情動状態が身体に表出するうえで最も重要な特性が数多くある。

交感部のニューロンは広範囲に分布し、作用を拡散する

交感部の線維はほかの二つの部分とは違い、胴全体にわたって非常に広く分布している。目につながって瞳孔を拡張し、心臓にもつながって、刺激を受けたときに鼓動を速める。皮膚の動脈や細動脈、腹部内臓などにインパルスを伝え、血管壁の平滑筋をわずかに収縮した状態に保って、動脈圧を十分に高く維持し、特定の領域で対応の必要が突然生じた場合に備えている。また、インパルスの特殊な放電があったときには収縮を強めて動脈圧を上げる。交感部の線維は毛髪に付随する平滑筋にまで分布している。髪の毛が逆立つのは、この筋肉の収縮によって起きる現象だ。汗腺にもつながって発汗を引き起こすし、胃腸管にも行き渡っている。前章で説明したように痛みや情動状態に伴う消化活動の抑制は、**内臓神経**——上腹部にある大きな神経節まで延びた節前線維（**図1**を見よ）——が放ったインパルスが節後線維によって胃腸全体に伝えられるために引き起こされる（Cannon 1905 : xxiiを見よ）。交感部の線維はまた尿生殖路にもつながって、内性器の平滑筋の収縮のほか、一般に膀胱の弛緩を引き起こす。さらに肝臓にも影響を与え、そこに蓄えられた物質を体内での必要性に応じて放出する役割も果たす。このように、**分布範囲の広さ**が交感部の線維で最も顕著な特徴である。

交感部でもう一つの大きな特徴は、生じた神経インパルスを拡散するようなニューロンの配置だ。**図1**に示した模式図のように、中枢神経系から出た節前線維は何カ所かの交感部の神経節を通って先へ延び、そのそれぞれを遠部ニューロンの細胞体へとつないでいる。皮膚から脊髄へ知覚インパルスを伝達するニューロンにも脊髄のさまざまなレベルに位置する神経細胞と類似の関係があるものの、両者の働きは大きく異なっている。脊髄では、知覚インパルスは決まった方向にしか伝わらず、きわめて限定的な効果しか生み出さない。たとえば、「脊髄動物」(脊髄がほかの中枢神経系から切り離された動物)で左足に強い刺激を与えると、反射作用で左の後肢がきちんと上がるが、身体のほかの部分に顕著な反応は認められない(Sherrington 1906 : 19を見よ)。これとは対照的に、交感部の活動で一つの節前線維が無数の遠部ニューロンとつながっている状態は、必ずしもどこか特定の領域に固有の効果をもたらす配置ではないように見える。確かに、その活動の度合いは部位や状況によって違う。たとえば、ネコでは、瞳孔の拡張は毛の逆立ちよりも迅速に起こると考えられる。しかしこの場合、目だけに至る直接の経路は(暗い場所にいるなど)情動以外の状態でふだん使用されるために存在しているから、中枢神経系でわずかに日常的な乱れがあっただけで、こうした使い慣らされた経路でインパルスが送られることもありうる。このため、埃が目に入ったなどの局部的な理由で交感神経インパルスによって涙腺が刺激されて涙が出る一方で、同じ交感部に支配されるほかの部位はほとんど影響を受けない場合もある。しかし、こうした経路を随意に使い慣らすことはできない。解剖学的および生理学的な証拠から、自律神経系の交感部におけるニューロンの関係は、神経インパルスを**広範囲に拡散**するように築かれていると思われる。

脳部と仙骨部のニューロンの配置は特定の作用のみをもたらす

自律神経系の脳部と仙骨部は、分布が**限られている**点で交感部と異なる（**図1**を見よ）。たとえば、第三脳神経が脳からインパルスを伝達する神経節には、目の前方にある平滑筋のみを支配するニューロンの細胞体がある。迷走神経は肺や心臓、胃、小腸まで分布している。**図1**に示した模式図のように、心臓、胃、小腸にある遠部ニューロンはそれぞれの器官の中にある。こうした配置によって、迷走神経の節前線維はさまざまな方向へ延びて、非常に多様な機能をもった構造につながっているにもかかわらず、中枢神経系と末梢器官の接続の単一性と分離性が保証されるのだ。遠心性神経線維と内臓のあいだにある同じ特定の関係は、自律神経系の仙骨部にも見られる。この部分では節前線維が脊髄から遠位結腸、膀胱、外性器に近い神経節にまで延びており、節後線維が近くの器官にのみ神経インパルスを伝達する。こうした神経支配のほかに、脳部と仙骨部は個々の動脈に「拡張神経」という、特定の血管を弛緩させる神経を供給している。このように、自律神経系の脳部と仙骨部の遠心性神経線維は、交感部に特有の拡散する連絡経路をほとんどもっていない点、そしてつながった先の器官だけを支配する点で交感部とは異なっている。したがって、脳部と仙骨部の節前線維は骨格筋につながる神経と類似しており、その配置は任意の部位に特定の作用を個別にもたらしながら、ほかの部位には影響を及ぼさないという類似の可能性を提供している。

交感部の全体的な拡散作用と、脳部と仙骨部が自律神経で特定の部位だけを支配する正反対の作用によって、あらゆる種類の変化に備えられる。交感部の活動を増減することで、すべての内臓が何らかの方法で同時に作用を受けられる。また、それとは反対に器官を直接支配する脳部や仙骨部の特別な神経の活動を増減することで、任意の特定の器官が個別に作用を受けることもできる。ピアノでいえば、交感部はソフトペダルやダンパーペダルのようなもので、すべての音階をまとめて調整する役割を果たす。脳部と仙骨部の自律神経は個々の鍵盤のようなものだ。

脳部は身体の資源を保つ

迷走神経に代表される脳部の自律神経は、胃液の精神的分泌にかかわる内臓神経系の一部である。これらの神経が切断されると精神的分泌が止まることを、パヴロフは示している。唾液腺につながる脳神経はそうした器官での精神的分泌を仲介する役目も果たすほか、唾液腺に血液を供給する動脈を拡張させて、その作用のあいだに唾液腺がより多くの血液を受け取れるようにすることが知られている。前章（116ページを見よ）で述べたように、食物を摂取する前に迷走神経を切断した場合に通常の収縮が起きず、一方で摂取後に神経を切断した場合には収縮が継続することが、胃腸の筋肉組織の精神的緊張の証拠だ。人為的に興奮させた迷走神経が刺激となり、消化管の平滑筋の緊張が高まることがよく知られている。消化管やそれに付随する腺の筋肉に対するこうした好ましい影響のほかに、脳部の自律神経線維は目の瞳孔の収縮や心拍数の減少を引き起こす。

脳部のさまざまな機能を見ていくと、これらは身体を保全する機能を果たしていることがすぐにわかる。目の瞳孔を収縮することで余分な光から網膜を守り、心拍数を下げることによって心筋が休息と回復に使える時間を長くしている。また、唾液や胃液の分泌に備え、消化管の収縮に必要な筋肉の緊張を支配している点で、正常な消化と吸収に欠かせない存在でもある。この活動によって、エネルギー源となる物質が体内に取り込まれ、蓄積されるからだ。したがって、内臓神経の脳部は必要性やストレスが生じたときのために蓄えを構築して、身体を強固にする役割を裏方として担っているのである。

仙骨部は排泄の機構の集まり

仙骨部の自律神経線維は直腸や遠位結腸の収縮のほか、膀胱の収縮も引き起こす。どちらの場合も、緊張で収縮した内臓が蓄積する内容物によって拡張した結果、その作用が反射的に起きる。仙骨部のこの通常の作用に先立つ感情状態はなく、しかも、作用の後に続く感情状態は決まってやや肯定的なものになる。排便や排尿の完了に通常伴うのは、高揚感というよりも安堵感だ——高揚感を抱くという証言もあるが。

とはいえ、仙骨部の自律神経線維には外性器の勃起組織の充血をもたらす勃起神経も含まれている。ラングリーとアンダーソンによると、仙骨部の神経は**内**性器に作用を及ぼすことはないという(Langley and Anderson 1895: 85, 122)。男性では精管と精嚢の規則的な収縮が性的興奮の絶頂を示し、女性においておそらく類似の収縮がある子宮は交感部の一部である腰枝にのみ支配される。腰枝はまた勃起神経とは反対の機能もあり、外性器の血管の収縮を引き起こす。性的オーガズムは強い情動の興奮を伴うが、それは当然ながら実質的に反射機構であると考えることができ、この場合も、現象の始まりには細管や精嚢、血管の拡張が、終わりにはこの拡張の緩和が見られる。

拡張は仙骨部を活動させる誘因としては最もよくあるものだが、唯一の誘因というわけではない。大きな情動もまた、交感部を通じた神経放電に伴って生じるものと同じように、仙骨部の神経線維を通じた放電に伴って生じることがある。激しい精神的ストレスを受けたときに膀胱や下部消化管が無意識に排泄することは、よく知られている。退役兵の証言によれば、兵士の多くが戦闘の直前に前線からいったん退かなければならなかったという。また、勃起神経が支配する領域を乱す光景やにおい、好色な考えの力を考えると、自律神経系のこの部分にも独特な感情状態があることがわかる。膀胱に分布する神経など、仙骨部の一部が活動を一時停止する一方で、直腸に分布する神経などが活動することがあるという事実は、自律神経系の脳部と仙骨部の特徴として前述したインパルスの指向的な放電を示している。

脳部と似たように、仙骨部は身体の内部に役立つ機能を果たし、より大きな安堵感に直結する活動の実行を担っている。

交感部は脳部や仙骨部とは正反対

前述したように、多くの内臓は脳部や仙骨部だけでなく交感部の支配も受けている。**一つの内臓で中間部（交感部）が両端部（脳部または仙骨部）のいずれかと交わるとき、その作用は正反対になるという特徴がある。** たとえば、目を支配する脳部の神経が瞳孔を収縮する一方で、交感部は瞳孔を拡張する。心臓では脳部がその鼓動を遅くするのに対し、交感部は速める。大腸下部では仙骨部が収縮、交感部が弛緩の作用を及ぼす。膀胱では仙骨部が出口の弛緩、交感部が収縮する役割を果たす。**図1**ではプラス記号で収縮や促進、緊張の増加を、マイナス記号で抑制や弛緩、緊張の減少を示して、こうした正反対の作用を図示している。(2)

シェリントンは、屈筋と伸筋など、一つの関節あるいは関節系に関して互いに正反対の動きをする骨格筋群の配置が、中枢神経系の内部機構に関連していることを示した。一方の筋群が収縮したときにもう一方の筋群が弛緩する作用を、その機構が支配しているのだ。シェリントンが「拮抗筋の相互神経支配」と呼んだこの仕組みは、身体の秩序ある活動のためのものである(Sherrington 1906 : 90)。前述したように、内臓には、屈筋と伸筋の拮抗関係に相当する末梢の拮抗関係が存在する。おそらく、こうした正反対の内臓の神経支配には中枢神経系のニューロンの配置に対応するものがあるだろう。目への交感部の支配が切断されて瞳孔の拡張ができなくなっても、怒りの発作で瞳孔の拡張が起きるということは、シェリントンも気づいているし、筆者も確認できる。これは(血流に媒介されるには反応が速すぎることから)括約筋に対する脳部の神経支配が中枢で抑制された、つまり交感部の拡張作用に自然に拮抗する筋肉が抑制されたためであることに疑問の余地はない。交感部の活動には、痛み、大きな情動――恐れと怒り――そして強い興奮が表われる。このような状態でインパルスが交感部のニューロン全体に放出されると、瞳孔の拡張、消化の抑制、蒼白の発生、心拍数の増加、その他よく知られるさまざまな影響など、交感部の興奮として典型的なあらゆる変化をもたらす。交感部の神経が消化作用を支配していることからわかるように、交感神経インパルスは自律神経系の脳部のニューロンが確立した条件をたやすく打ち消すことができる。

交感部のニューロンと副腎の分泌は同じ作用をもつ

それぞれの腎臓の上部には副腎という小さな器官がある。副腎は副腎皮質と呼ばれる外側の部分と、副腎髄質と呼ばれる内側の部分で構成されている。副腎髄質からはスプラレニン、アドレニン、エピネフリンあるいは「アドレナリン」[3]と、さまざまな名称で呼ばれる物質が分泌される。この物質はごくわずかな量だけで自律神経系に支配される構造に影響を及ぼし、それらの構造が神経インパルスを受け取ったときのような作用をもたらす。たとえば、アドレニンを血液に注射すると、瞳孔が拡張するほか、髪の毛が逆立ち、血管が収縮し、消化管の活動が抑制され、肝臓から糖が放出される。こうした影響は中枢神経系の物質の作用によるものではなく、内臓自体に対する直接の作用によってもたらされるものだ(Elliott 1905: 426)。アドレニンの影響はそれが作用する構造が身体から取り除かれ、人工的に機能を維持した後にも見られる。

副腎は甲状腺や副甲状腺、下垂体などと同じように、内分泌腺である。身体の表面とのつながりはなく、そこで合成された物質は血液中に放出される。血液は副腎のそれぞれから腰副腎静脈によって運ばれ、腎静脈へ流れ込むか、腎静脈の入り口のすぐ手前で腹部の大静脈、いわゆる下大静脈に直接入る。副腎は**図1**に実線で示したように、自律神経系の節前線維に支配されている(Elliott 1913: 289 ff を見よ)。これは腺細胞と中枢神経系のニューロンのあいだに遠部ニューロンがあるという通例の例外であるように見える。しかし、副腎髄質は変化した神経細胞で構成されていることから、例外的な状況が生まれたとも考えられる。

以上のように、自律神経系の構成を簡単に見ていくと、その活動に表われる情動の性質に関連した重要な点が数多く浮かび上がってきた。それらの点から、拡散放電を目的として配置されている交感部は全体として活動しているとみられる一方、個々の内臓に対して個別に作用するような配置の脳部と仙骨部は部分的に活動することがあると考えるのが、おそらく妥当だろう。また、自律神経系の中間にある交感部と両端にある脳部や仙骨部のあいだに拮抗作用があることから、感情状態は中間部や両端部での表出に従って分類できるとみられ、神経と同様、感情状態の特徴もまた拮抗するだろう。そして最後に、副腎は自律神経系の中間部の神経線維に支配され、副腎の分泌物がこの部分で神経によって誘発された活動と同じ活動を誘発することから、交感部における乱れは神経放電によって引き起こされたとしても、副腎の分泌物の化学作用で自動的に増幅され、長引く可能性がある。

注

（1）この指摘は一九二四年にケリドによって研究された（Querido 1924）。彼はネコの瞳の瞬膜の平滑筋が上頸神経節の上下の神経幹に加えられた刺激にどう反応するかを研究し、電極を神経節の上方（節後線維など）に施した場合、高周波と低周波の刺激で抑制または最大に満たない収縮が生じたが、同じ刺激を神経節の下方に与えると最大の反応が生じることを発見した。このことから、中枢から神経節へ伝わるインパルスの周波数は多様だが、神経節で最適な周波数のインパルスが生じて末端器官へ渡されるという結論が導き出された。ケリドはまた、節後の刺激で反応時間は刺激の強さに反比例することも発見した。反応時間は刺激が強くなるほど短くなり、最大の刺激では反応時間は一定になる。一方、最大かどうかにかかわらず節前の刺激では反応時間は一定である。このことから、中枢から出たインパルスは神経節を通過するときに最大になるという結論が導き出された。つまり、遠部ニューロンが、よりゆっくり活動する周辺の構造に適した周波数のインパルスを作り、最大に満たない刺激を最大に変換するということである。

（2）迷走神経は人為的に刺激されると、最初は胃や小腸に抑制作用を短時間もたらすが、前述したように、その主な機能はこれらの器官で緊張と収縮を高めることにある。**図1**には迷走神経のこの二つの機能を示してある。

（3）「アドレナリン」という名称は商標だが、「エピネフリン」と「アドレニン」は商業と切り離して提案された用語である。アドレニンはほかの名称より短く、英語で副腎の形容詞形として一般的なadrenalとの関連がはっきりしているため、本書ではシェーファー（Edward Schäfer）にならい、副腎の生理作用で生成される物質を示す用語としてアドレニンを使用する。

第3章　副腎の分泌物とその神経支配を示す方法

第1章で述べたように、大きな興奮によって生じた胃液の分泌の抑制作用は、その興奮を引き起こしたものが消えた後も長く続く。五分間ネコを見て怒りをあらわにしたイヌでは、その後一五分にわたって胃液がほとんど分泌されなかった。なぜ興奮状態は刺激の終了後も長く続くのだろうか？　ビッケルと佐々木の論文を読んでいるときに筆者が抱いたこの疑問が、前章の最後に示した提案につながった。興奮によって副腎で分泌作用が始まり、もともと神経インパルスによって消化器官で生じた変化が血中のアドレニンの作用で持続している可能性があると考えれば、作用の延長を説明できるかもしれないというわけである。この考え方が正しいかどうかは、疑問を抱いた時点ではまだ検証されていなかった。ここから、副腎は実際のところ情動の興奮に伴う活動に刺激されるのかという問いが導き出されたのは大きい。副腎につながる節前線維は内臓神経に含まれている。内臓神経の刺激の効果とはどのようなものだろうか？

内臓の刺激が副腎の分泌作用を引き起こす証拠

内臓の神経幹から出て副腎へ分布する神経線維について、ヤコビが記載したのは一八九一年のことだった(Jacobi 1891: 185)。その六年後、ビードルはこれらの神経が副腎の血管を拡張させるインパルスを伝達することを発見したほか、これらの神経がおそらく分泌を促すインパルスも伝達しているのではないかとの考えを示した(Biedl 1897: 456, 481)。この考えを支持する証拠が提示されたのは翌年である。ドライヤーが内臓神経を電気で刺激する実験を行ったところ、副腎静脈から採取した血液に、動脈圧を上げる作用——血液循環に「アドレナリン」を注射したときに生じる作用——をもつ物質が大量に含まれていることがわかったほか、この結果は付随して起こる副腎への血液供給の変化に関係なく生じることが判明した(Dreyer 1898–99: 219)。この物質がアドレニンであるとするドライヤーの結論は、後年の研究者たちによってさまざまな方法で確認された。チェボクサロフはドライヤーの手順を再現して、内臓を刺激した後に血管から採取した血液中に、それ以前にはなかったアドレニンが存在する証拠を発見した(Tscheboksaroff 1910: 103)。アッシャーは、動脈が収縮しないような方法で副腎を刺激したときに血圧が上昇することを発見した(Asher 1912: 274)——このことから、血圧の上昇はアドレニンの分泌によるものだと考えられる。ヨーゼフとメルツァーは瞳孔の拡張を利用して副腎に対する内臓神経の分泌作用を証明した(Joseph and Meltzer 1912: xxxiv)。切断された内臓神経の末梢部分を刺激すると瞳孔が拡張することを発見したのである——これはアドレニンが血液中を循環しているときに特有の作用だ。エリオットはこの手順を再現したが、刺激された側の副腎が取り除かれた場合にはこの作用が見られないことを指摘し、副腎の内分泌に関してより厳密な証拠を示した(Elliott 1912: 400)。さらに、筆者自身とライマンの研究により、少量のアドレニンをネコに注射したときに生じる動脈圧の通常の低下が、内臓神経を刺激することによって再現できることがわかった(Cannon and Lyman 1913: 377)。内臓神経を刺激したときに腹部の血管が収縮するので、実験に当たっては、事前に腹部の血管を縛ってほかの血液循環に影響を及ぼす変化が起こらないようにした。

内臓神経が副腎に影響を及ぼす問題に、エリオットはさらに異なる方法で挑んだ。アドレニンが血圧に及ぼす作用がその量に応じて段階的に変わる現象を指標にして、エリオットはさまざまな条件を適用した後に副腎のアドレニンの量を分析することができたのだ。実験はネコに対して行われた。ネコの場合、それぞれの副腎は同じ側の内臓神経線維によってのみ支配され、通常二つの副腎にはまったく同じ量のアドレニンが含まれている。エリオットが実験によって発見したのは次のような現象だ。片側で内臓神経の支配を断ち切って副腎を隔離した後、ネコを動揺させるか人為的に神経を刺激するかしてもう片側の正常な神経に沿ってインパルスを送ると、内臓神経が届いているほうの副腎に含まれているアドレニンの量が、隔離された副腎よりも決まって少なく、たいていは大幅に少なくなった(Elliott 1912: 400)。エリオットの手法で得られた結果は、フォリンとデニス、筆者自身が副腎の抽出物をリンタングステン酸溶液に加えた後に実施したきわめて高感度の比色分析で得られた結果から、驚くほどの正確さで確認された(Folin, Cannon and Denis 1913: 477)。

少なからぬ数の信頼できる研究者がさまざまな手法を用いて得たこれらの観察結果はどれも、副腎につながる神経の人為的な刺激が副腎髄質で分泌作用を引き起こし、その結果、血中のアドレニンの量が増加する証拠をもたらした点で一致している。したがって体内には、副腎がこの特別な物質を血中に放出してすぐに循環させる機構が存在することが、揺るぎない事実として確認された。

情動の興奮に伴う副腎の分泌作用の問題

これまで見てきたように、動物における情動の大きな乱れの現象は、交感神経インパルスが内臓を支配していることを示している。たとえばネコは恐怖を感じると、瞳孔が拡張し、胃腸の活動が抑制され、心臓の鼓動が速まり、背中や尾の毛が逆立つ——頭の先から尻尾まで、交感神経の経路に沿って神経インパルスの放電があったことを示す証拠が数多く見られる。内臓に広く影響を及ぼす交感神経の支配下に、副腎は入っていないのだろうか？

動物がふだんの生活で興奮したとき、アドレニンの放出は起きるのか。D・デ・ラ・パス（D. de la Paz）と筆者は一九一〇年にこの疑問の解明に取り組んだ。実験に当たっては、実験用のイヌとネコのあいだに自然に起きる対立を利用した。ネコを快適なホルダー（X線で消化管の動きを調べる前述の研究に使ったホルダー）に固定して、吠えるイヌをそばに連れてくる。そうされたネコのなかには恐怖をほとんど見せないものもいれば、防御の動きがほとんどできない状況で典型的な反応を示すものもいた。順調にいった場合、興奮は五分か一〇分続き、それより長い事例もいくつかあった。実験の数分前と数分後にそれぞれ採血を実施した。

副腎静脈の近くから採血する方法

血液は胸骨の下端にあるくぼみに近い場所で、副腎静脈の入り口より前の下大静脈から採取した。体内のこれほど奥まった場所から動物を不快にさせることなく採血するのは当初、難題だった。しかし、鼠蹊《そけい》部の上部に位置する大腿深静脈のすぐ上の皮膚を塩化エチルで麻酔することによって、全身に不快感を与えることなく、この静脈を簡単に露出させ、結合組織を取り除き、結紮《けっさつ》して切開することができた。採血に用いたのは長くて柔軟なカテーテル（直径二・四ミリメートル）で、中を通る血液の凝固を遅らせるために、事前に内側も外側もワセリンを塗って潤滑にしておいた。このカテーテルを大腿深静脈の開口部から挿入し、腸骨付近を経由して下大静脈に入れ、胸骨のくぼみに近い位置まで到達させる。カテーテルには糸が結びつけてあり、適切な長さまで挿入するとその糸が大腿深静脈に入っていき、挿入した長さがわかるようになっていて、次回同じ長さに挿入するときの目印になる。この小規模な手術――静脈切開と呼ばれ、先人たちが一般的に行っていた手術――は数分で終わり、痛みが生じたとしても局所麻酔で隠されるので、ネコは手術のあいだじっとしたままである。ときどき、ネコの頭をやさしくなでてホルダーのなかで落ち着かせる必要があるが、採血の準備中にも採血中にもずっと喉を鳴らすのが、筆者にはわかっていた。

血液(三～四立方センチメートル)がカテーテルを通って清潔なガラス注射器にゆっくりと流れ込む。体内に入れた管の入り口に近い血管の虚脱を引き起こさないよう、極端な吸引を防ぐ対策をとった。採血を終えたら、カテーテルを取り除き、血管をゆるく縛って止血した。血液をすぐにビーカーに入れ、ゴム管で覆ったガラス棒で線維素を取り除いて凝固を防ぐ。線維素を取り除いたこの血液はネコが落ち着いているときに採取されたので、「平静時の血液」というラベルを付けた。

次に、前述のようにネコを吠えるイヌのそばに置き、その直後に前回とまったく同じ領域から採血した。この血液サンプルは線維素を取り除いた後、「興奮時の血液」というラベルを付けた。「平静時」と「興奮時」という二つの血液サンプルは採血方法もその後の処理方法も同じである。次に、この二つに含まれるアドレニンの量を分析する。

血中のアドレニンを分析する方法

分析には、血液サンプルともともと関連がある体内組織を使うのが望ましい。のちほど詳しく説明するが、内臓は体内から取り除かれた後も、まるで交感神経線維を通じてインパルスを受け取っているかのように、アドレニンの影響を受ける。また、その交感神経線維は通常、内性器の収縮と胃腸の弛緩を引き起こすインパルスを伝達する。子宮ではアドレニンが存在するとその収縮の度合いが高まるため、アドレニンの分析にはこれまで長いあいだ子宮が使われてきた。一方、マグナス(Magnus)は一九〇五年、腸の縦走筋から取り出した細長い小片は規則的に収縮を繰り返すが、その小片の活動が二〇〇〇万分の一に希釈したアドレニンによって阻害されることを示している。一九一〇年の我々の研究より前には、このきわめて高感度の反応がアドレニンの存在を示す生物学的なシグナルとしては利用されていなかったが、腸を用いた手法にはほかの手法よりも大きな利点がある。腸はあらゆる動物にあるが、子宮は動物の半分にしかない。また、腸は数分で分析の準備を整えられるが、子宮を最適な状態で分析に使おうとすると準備に数時間を要するといわれている(Fraenkel 1909: 399)。そして、腸は弛緩によって反応する。この最後の特徴はきわめて重要だ。線維素を取り除いた血液にはアドレニン以外にも平滑筋を収縮させうる物質が含まれているために(O'Connor 1912: 206 を見よ)、子宮や動脈といった構造の収縮からアドレニンの存在を示そうとした場合に誤った結論を導くおそれがあるからである。一方で、平滑筋の弛緩を引き起こす物質は血液中にほとんど含まれていない(Grützner 1904: 66; Magnus 1904: 69)。

したがって、アドレニンの存在を示す指標として、我々は腸の筋肉の小片を用いることにした。その後、ホスキンズは我々の手法に手を加え、ウサギの腸の短いセグメントを小片に代えて利用している(Hoskins 1911: 95)。準備のあいだにそのセグメントが傷つくおそれはないうえ、新鮮なものは驚くほど感度が高い。二億分の一に希釈したアドレニンでも、はっきりと阻害を観察できることがあるのだ！

小片あるいは腸のセグメントは、直径八ミリメートル、深さ五センチメートルのシリンダーの中に入れられ、両端を止血小鉗子でとめた状態で吊された。下の止血小鉗子には糸が取りつけられ、シリンダーに入れたセグメントがしっかりと固定される。上の止血小鉗子は筆記用レバーの短いほうに取りつけられている(**図2**を見よ)。血液にさらさないときには、血液の代用となる一般的な塩類溶液(リンゲル液)に浸す。血液やリンゲル液を出し入れするときには、標本を乱さないよう、細いピペットをシリンダーの内壁に沿って挿入する。シリンダーとその中身、リンゲル液の予備、「平静時」と「興奮時」の血液サンプルはすべて、体温に近い温度(三七℃)に保った大量の水に浸した。シリンダーに入れた血液やリンゲル液には酸素の泡が常にゆっくりと送り込まれる。こうした環境で、小片は何時間も機能し続け、収縮と弛緩を一定の周期で繰り返す美しい動きを見せる。この動きを筆記用のレバーでとらえ、グラフとして記録する。

筋肉を「平静時」あるいは「興奮時」の血液に浸すと、まず、強い収縮が見られ、時にはわずかに振幅しながら一〜二分のあいだその状態が続く(次章の**図4**および**図5**を見よ)。最初の収縮の後、平静時の血液に浸された小片はまもなく収縮と弛緩を規則的に繰り返し始め、弛緩するたびに長さを増して、ある程度の長さになったところで一定になることが記録に表われている。この段階で新鮮な「平静時」の血液を加えても何も起きないことが多い。小片をリンゲル液で洗った後に新しい血液を加えても同じである。「平静時」と「興奮時」の血液の作用を比較するために、二つの血液サンプルはそれぞれリンゲル液を取り除いた直後に加えるか、筋肉に交互に適用して、効果の相違点を記録した。

スチュアートとロゴフは、この手法で得た証拠は有効ではないと主張している(Stewart and Rogoff 1917c: 637)。実験の手順では血流が遅くなり、アドレニンが常に分泌されていたとしても、血流が遅いために希釈の度合いが弱まってアドレニンの量が増すとみられるからだという。しかしながら、血流が実際に遅くなったと証明されたわけではなく、我々が分析したような状況でも血流が実際に速くなる証拠はある。この場合、血流の変化は血中のアドレニン濃度の上昇を促すのではなく、濃度を抑える作用をもたらす(Burton-Opitz 1921: 226)。

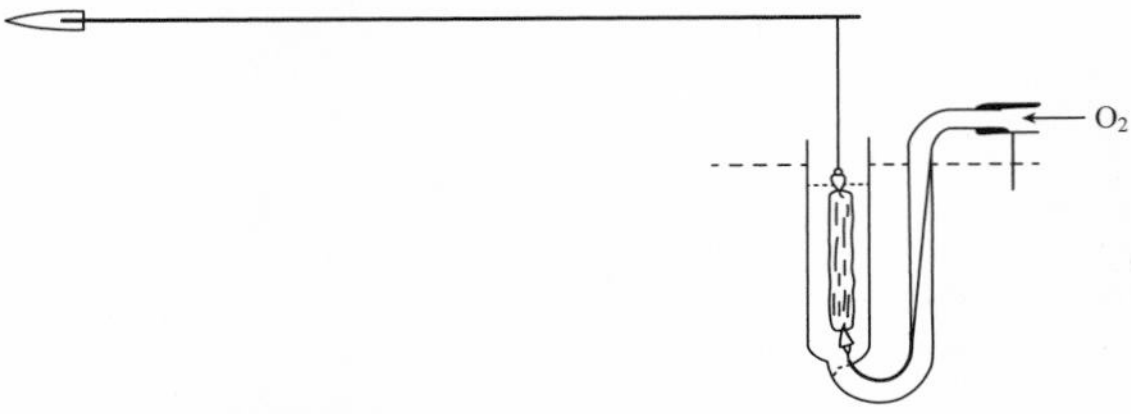

図 2　腸の筋肉の収縮を記録する仕組みの概略図.

カテーテルを用いた手法への批判を受けて、中枢神経系から完全に切り離された心臓、いわゆる「除神経術」が施された心臓を利用する手法が考案された(Cannon 1919: 399; Cannon and Rapport 1921: 308; Cannon, Lewis and Britton 1926: 326)。この手法の大きな利点は、アドレニンの含有を調べる血液を体内から採取する必要がないことである。心臓神経の支配を受けなくなった後も心臓は引き続きポンプとしての役割を果たし、血流にもたらされた生理活性物質にのみ影響を受ける。心臓はアドレニンにきわめて敏感で、心臓に流れ込む血液に一四億分の一の割合で希釈したアドレニンを加えただけで、鼓動が速くなる反応を示すのだ！(Anrep and Daly 1925: 454) 除神経術が施された心臓はエーテルで全身麻酔した急性実験で使用することができる。あるいは、完全に外科的な手法で心臓から神経支配を取り除くこともできるが、この場合、動物が手術から完全に回復した後に実験を行う。これらの手法で得られた結果を次章で示そう。

第4章　強い情動と痛みに伴う副腎の分泌作用

強い情動や痛みに伴ってアドレニンの分泌量が増えるのだとすれば、それはきわめて重要な事実である。すでに述べたように、アドレニンには情動や痛みの経験に特徴的に表われる身体変化の多くを引き起こす力があるからだ。実際、副腎はストレスを受けているときに特殊な作用を起こすのだろうか。ここからの議論は、この問題の解明が主眼となる。

情動の興奮時に副腎の分泌物が増える証拠

図3には、副腎静脈から採取した血液が腸の筋肉の弛緩を引き起こす様子を示した。これは副腎の分泌物であるアドレニンに特有の現象である。腸の筋肉はもともと、副腎の分泌物がほとんど認められない血液中で収縮と弛緩を繰り返していた。この不活発な血液を、手早くエーテル麻酔をかけて副腎静脈から採取した血液と置き換える。エーテル麻酔には「ある程度の興奮」が伴うことを思い出してほしい。その直後に弛緩が起きた(b)。その後、前の血液に浸すと収縮と弛緩のリズムが再開した。そして、左の腎臓から出る静脈から採取した血液(副腎の血液と同じ動物で同じ条件のもとで、近くの静脈から採取した血液)に筋肉を浸すと、弛緩は起きなかった。この実験やほかの類似の実験により、この手法の信頼性が証明された。

安静にしている動物の下大静脈から採取した血液は、どの事例でも弛緩を起こさなかった。一方、情動の興奮を起こした後に動物から採取した血液は、程度の差こそあれ、典型的な弛緩をすぐに示した。**図4**は、リンゲル液の中で規則的に収縮と弛緩を繰り返している腸の筋肉の記録を示したものだ。aでリンゲル液が取り除かれ、bで「興奮時」の血液が加えられた。前述のように、血液に浸すとまず収縮が起き、その後に筋肉は徐々に弛緩して完全な抑制状態になる。cで「興奮時」の血液が取り除かれ、dで「平静時」の血液がしかるべき場所に加えられた。筋肉はすぐにほぼ通常どおりの周期で収縮と弛緩を繰り返した。eで「平静時」の血液が取り除かれ、fで再び「興奮時」の血液が加えられた。すると、筋肉はほとんどすぐに弛緩して抑制状態に入った。この事例では、「興奮時」の採血はネコがおよそ一五分にわたってイヌに吠えられた後に行われた。

腸の筋肉の収縮が抑制されるこの現象が「興奮時」の血液中で副腎の分泌物が増えたことによるものだとの推論は、デ・ラ・パスと筆者が以下のいくつかの見地からその正当性を確認した。

（1）抑制作用は副腎静脈の入り口より前で下大静脈から採取した「興奮時」の血液によって引き起こされ、それと同時に大腿深静脈から採取した血液には抑制作用がなかった。大腿深静脈の血液は腎静脈の入り口より下の下大静脈の血液の典型であることから、これら二つの血液サンプルの作用の違いは腎臓より下の生理活性物質によるものではないと、はっきり結論づけられる。しかし、腎臓から採取した血液は弛緩を引き起こさないことが**図3**に示されている。採血した二カ所のあいだで血液の状態を変えられるほかの構造は副腎だけである。また、副腎の分泌物は実験で生じた収縮の抑制とまさに同じ抑制を引き起こす。

（2）エーテル麻酔のもとで、副腎に出入りする血管を入念に結紮した後に副腎を取り除いた場合、

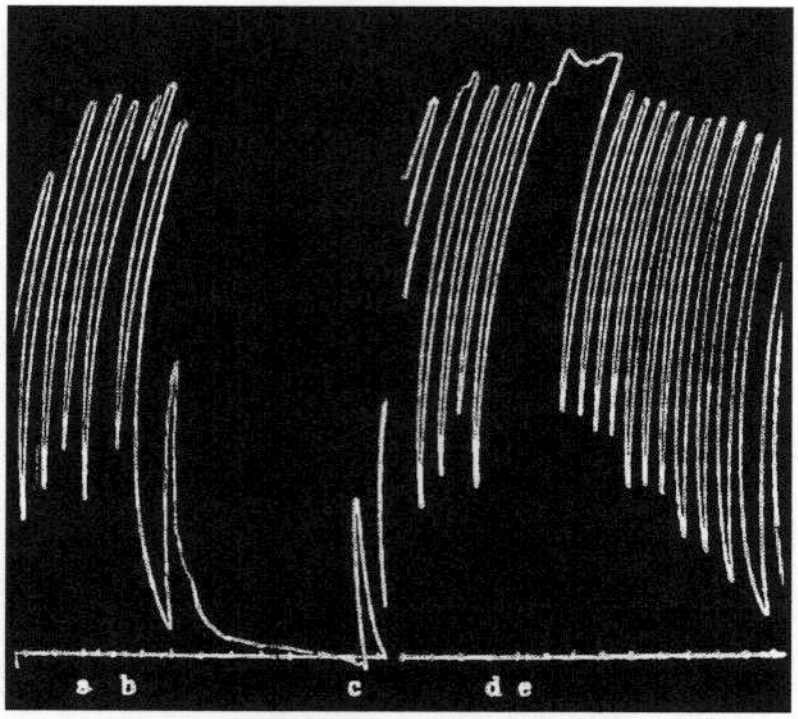

図 3　不活発な血液中で収縮と弛緩を繰り返していた腸の筋肉を，a でシリンダーから取り出した．エーテル麻酔で興奮した動物の副腎静脈から採取した血液を b で加え，c で取り出した．その後，元の不活発な血液中で収縮が再開した．d で不活発な血液を取り出し，e で同じ動物の腎静脈から採取した血液を加えた．

この記録と後の 3 つの記録では，時間の目盛りは 0.5 分．

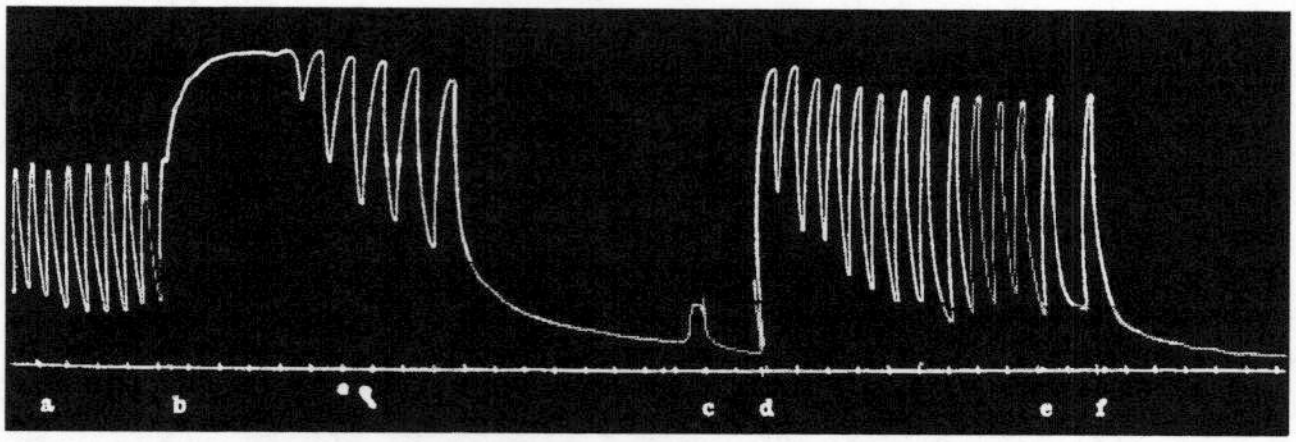

図 4　当初リンゲル液の中で収縮と弛緩を繰り返していた腸の筋肉に，同じ動物から採取した「興奮時」(b と f)と「平静時」(d)の血液を加えた．

その四〜五時間後(切除による衰弱が目立ち始める前)に興奮が起きても、血液は典型的な抑制を起こす状態にはならなかった(**図5**を見よ)。このように、動物が交感部の刺激を示すあらゆる兆候を示したにもかかわらず、血液はアドレニンを含まず、変化がないままとなる。

(3)前述のように、「興奮時」の血液によってすぐに抑制が起きることもあれば、収縮と弛緩を数回繰り返したのちに抑制が起きることもある。また、筋肉の緊張の度合いが下がり、収縮の速度低下と幅の短縮だけがアドレニンの作用の兆候であることもある。こうした異なる度合いの弛緩はすべて、不活発な血液に異なる濃度のアドレニンを加えることでも再現できる。**図6**には、当初抑制作用がなかったさまざまな血液サンプルに一〇〇万分の一(A)、二〇〇万分の一(B)、三〇〇万分の一(C)の濃度のアドレニンを加えた場合に、ある程度感度の低い筋肉試料で観察された作用を示した。これらのアドレニンの作用と、副腎静脈の入り口近くで採取した血液による作用は驚くほど類似している。

(4)エムデンとフォン・フュルトの報告によれば、線維素を取り除いたウシの血液二〇〇立方センチメートルを加え、体温に保った状態で酸素を供給し続けると、〇・一グラムのスプラレニン塩化物が二時間でほぼ完全に消えたという(Embden and von Furth 1904: 423)。抑制を引き起こす「興奮時」の血液は冷たい状態で二四時間置くか、温かく保ちながら酸素の泡で攪乱すると、その作用を失う。我々の研究で、「興奮時」の血液が腸の筋肉の収縮を抑制する作用は、酸素の泡で三時間攪乱すると失われることがわかった。したがって、アドレニンの分解と、アドレニンがもつ作用の消失には密接な関係があるということだ。

交感神経インパルスが副腎の分泌物を増やす証拠、そして、これらの実験で利用した情動の興奮時

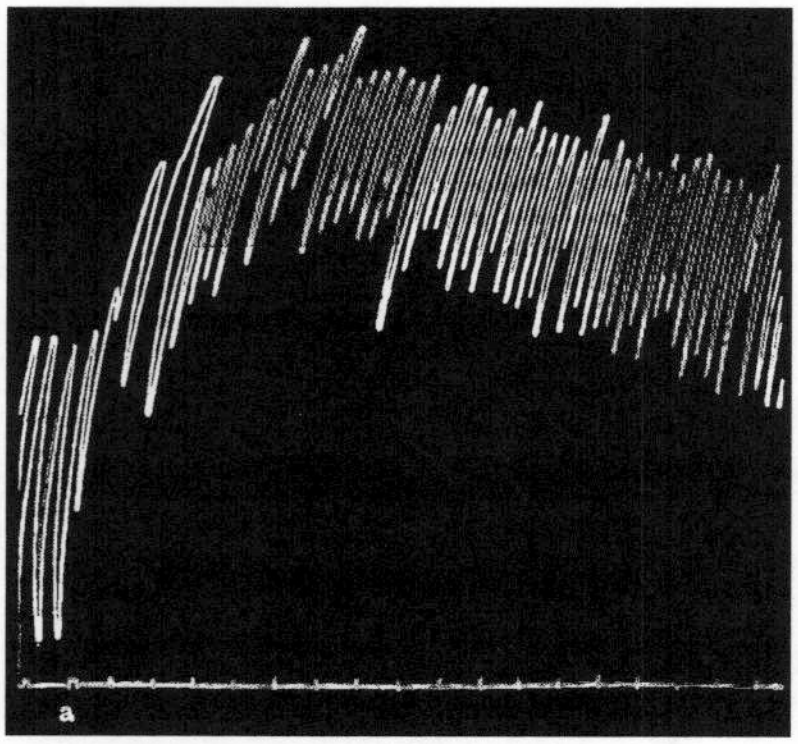

図 5　副腎を取り除いた後に興奮が起きた場合，下大静脈の血液を a で加えても抑制は起きなかった．その後，この筋肉が 100 万分の 1 の濃度で血中に含まれるアドレニンに反応することが確認された．

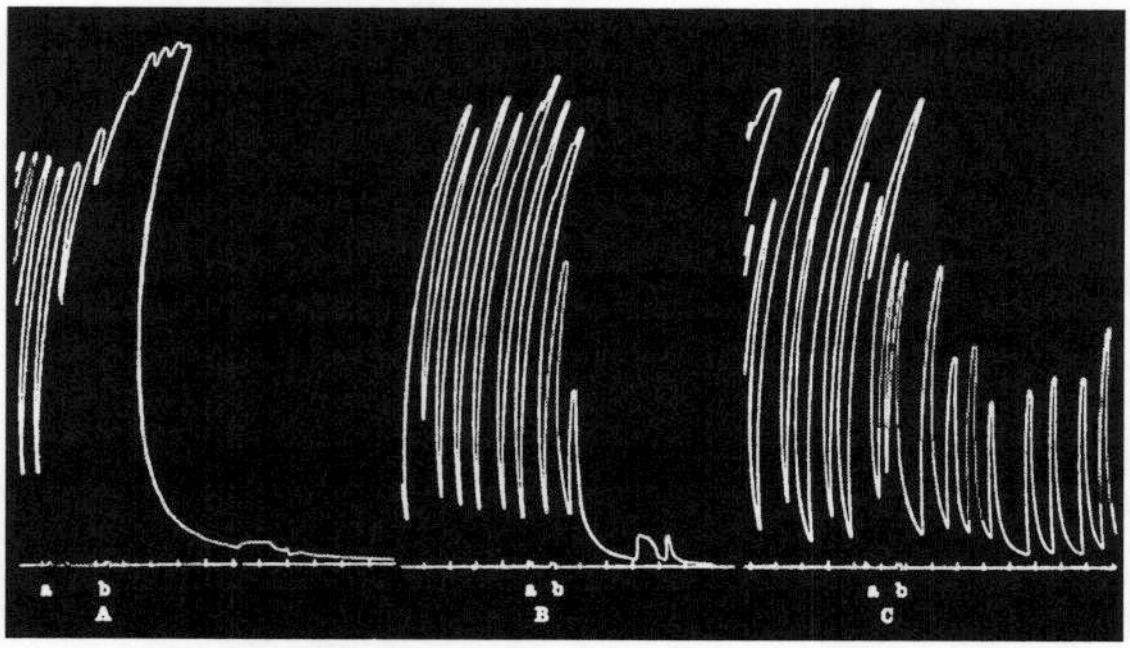

図 6　当初抑制作用がなかった血液に，100 万分の 1(A)，200 万分の 1(B)，300 万分の 1(C)の濃度のアドレニンを加えた際の作用．どの事例でも，a の時点で抑制作用のない血液を取り除き，b の時点でアドレニンを含んだ血液を加えた．

に、動物では目の瞳孔の拡張から尻尾の先の毛の逆立ちまで、体じゅうに交感神経の放電の兆候が見られる証拠とともに、あらゆる要素を勘案した結果、我々の実験でアドレニンが腸の筋肉に及ぼした特徴的な作用は副腎の分泌物によるものであり、その分泌物は大きな情動を経験したときに増えるとの結論が導かれた。

以上の研究は一九一一年に報告され、その翌年にはエリオットによって裏づけられた(Elliott 1912: 374)。エリオットの実験では、ネコの交感神経を除去した後にそのネコを怒らせると、瞳孔がふだんよりも大きく拡張したが、副腎を取り除くとその現象は起きなかった。エリオットの実験は一九一九年にケラウェイによって再現され、確認された(Kellaway 1919: 211)。一方で、スチュアートとロゴフはこれらの実験をまったく再現できず、アドレニンが情動を刺激する作用があるとの見方に疑問を投げかけている(Stewart and Rogoff 1916: 709; 1917b: 543)。

強い情動状態に伴う身体反応の重要性から、これまでとは異なる手法を用いて副腎髄質からの分泌を実証することが望ましいと考えられるようになった。一九二七年、ブリトンと筆者は強い情動が生じたときにアドレニンが放出されることを証明するために、心臓の神経の除去を生き延びた動物(ネコ)を用いて実験した(Cannon and Britton 1927: 433)。ネコがクッションの上で静かに休んでいるとき、その近くに攻撃的なイヌを連れてくると、そのネコは瞳孔を拡張させる、尾と背中の毛を逆立たせる、耳を縮める、歯をむき出しにする、シーッという声を出す、うなる、爪を立ててイヌを攻撃するといった反応を見せた。骨格の動きに目立った特徴はなく、毛の逆立ちに見られるように、内臓の乱れが広く認められた。こうした乱れは、神経を完全に除去した心臓の心拍数が一分間でおよそ一五～三〇回上昇したことと関連していた。四五回の実験で、心拍数の上昇の平均は二二回だった。心拍数の上昇値の違いは、情動反応を示すほかの兆候の違いに対応していた。副腎の活動を停止した後に、同じネコを用いて同じ条件で実験すると、心拍数の増加はごくわずかか、まったく見られなかった。三九回の実験で心拍数の増加の平均は二回だった(**図7**を見よ)。

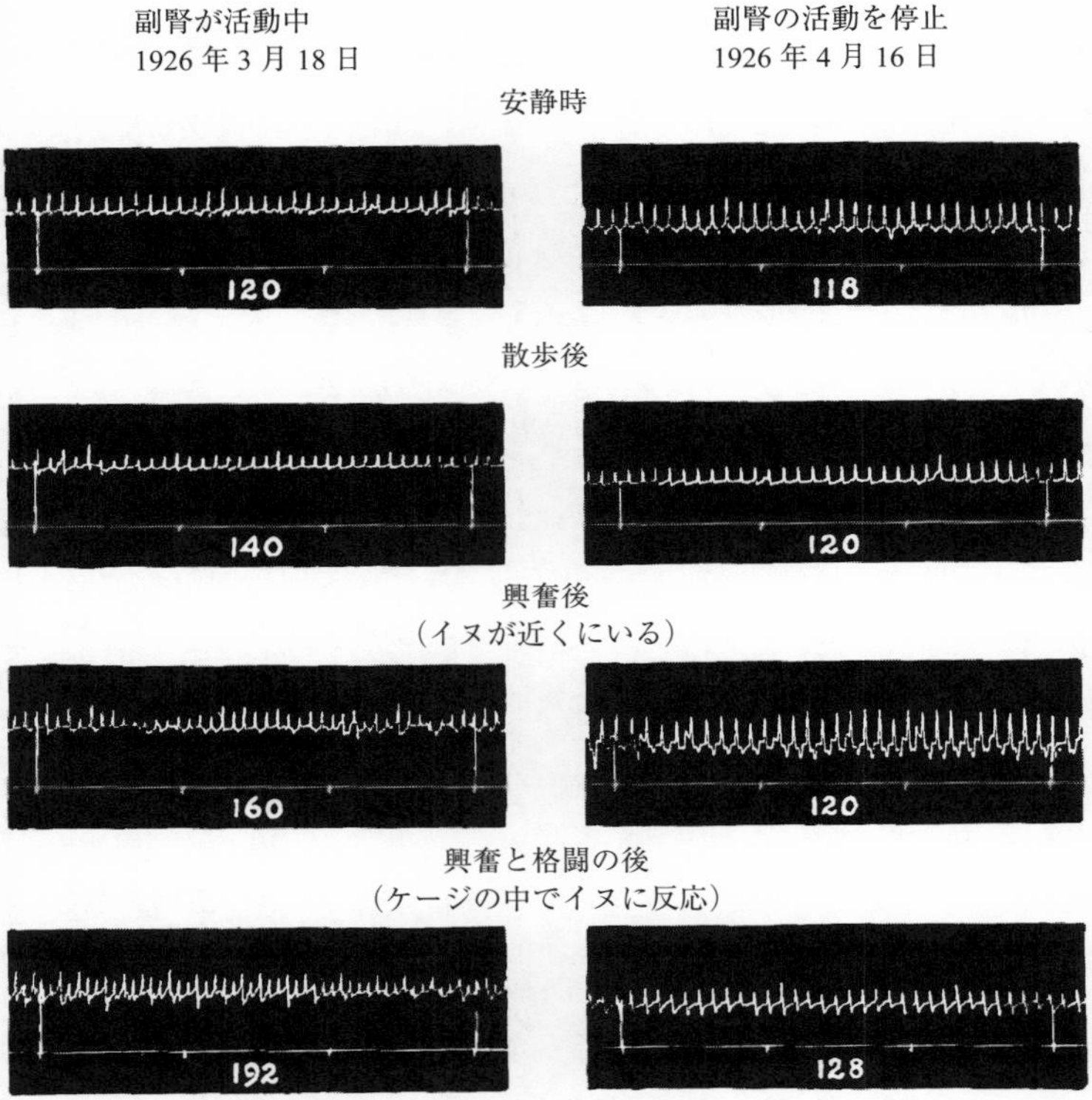

図7　ネコ27における，除神経術が施された心臓の心拍数の元の記録．4月6日に副腎の分泌作用を止める前(3月18日)と止めた後(4月16日)に測定した．時間の目盛りは5秒間隔．ネコが静かに休んでいるときの心拍数をベース値とし，散歩の後，近くにいるイヌに興奮した後，吠えるイヌにケージの中で反応した後の心拍数とそれぞれ比較した．

最も大きな影響が見られるのは、大きな興奮に激しい格闘が伴ったときである。その後、除神経術が施された心臓の心拍数の上昇は一〇〇回を超えることもある。

ここに示した結果は、佐武安太郎、渡邊政之助、菅原正という日本の研究者たちによって確認され (Sataké, Watanabé and Sugawara 1927:1)、大きな情動の乱れとアドレニンの過度の分泌との関連性にまつわる前述の実験結果を強く裏づけている。こうした乱れは消化作用の抑制、頭部から尾の先までの毛の逆立ち、発汗といった変化を伴い、これらはすべて交感神経インパルスの拡散放電を示す証拠だ。交感神経インパルスが副腎髄質だけを除いて、生物の身体の隅々にまで伝わるのだとすれば、それはまさに驚くべきことである。情動によるアドレニンの分泌を示す数多くの事実を考慮すれば、この驚くべき想定を信じる必要はない。

「痛み」の刺激によって副腎の分泌物が増える証拠

第1章で述べたように、大型の神経幹の一つにある知覚神経線維を刺激すると、交感神経の経路に沿って神経放電があり、消化作用に顕著な抑制を引き起こすことがわかっている。交感神経の支配を表わすその他の現象——細動脈の収縮、瞳孔の拡張、毛の逆立ち——も立証可能である。そして、副腎は交感神経インパルスによる作用に刺激されることから、交感神経線維に支配されているほかの構造と同様の影響を受け、知覚神経が刺激されたときに分泌物を大きく増やす可能性がある。

この可能性は、一九一一年にホスキンズと筆者によって検証された。麻酔された動物では、痛みの経験が伴わなくても、「痛み」の刺激に伴う身体変化のかなりの部分を引き起こせることから、きわめて簡潔に検証を実施できる。知覚刺激としては（誘導コイルで起こした）断続間隔がきわめて短い誘導電流を座骨神経に与えた。時間の経過とともに電流を強めて、瞳孔の拡張の持続が示す刺激の強度を保った。麻酔をかけられていなかったら、動物はこうした刺激でかなり激しい痛みを感じたに違いない。確かに、ここで加えた刺激は、麻酔（ウレタン）なしで明確な結果を得るために必要な刺激よりも、おそらくはるかに強かっただろう。麻酔によって、内臓神経線維の被刺激性が明らかに弱まっていた（Elliott 1905：448）。さまざまな事例で、刺激は三〜六分続いた。その間、呼吸の速さと深さが顕著に高まった。

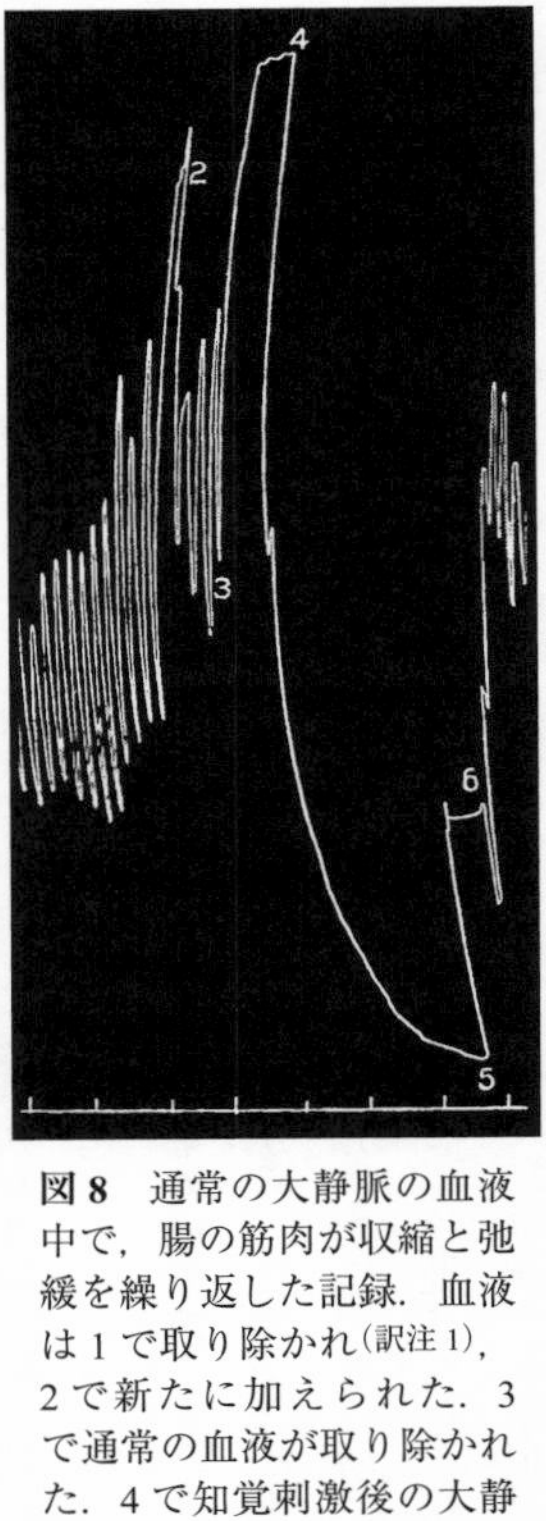

図 8　通常の大静脈の血液中で，腸の筋肉が収縮と弛緩を繰り返した記録．血液は 1 で取り除かれ（訳注 1），2 で新たに加えられた．3 で通常の血液が取り除かれた．4 で知覚刺激後の大静脈の血液によって収縮が抑制された．5 で血液が取り除かれ，6 でリンゲル液に置き換えられた．

図 8 に示したように、刺激の前に採取した大静脈の通常の血液は、筋肉の運動を抑制しなかったが、刺激後に採取した血液は筋肉に大きな弛緩を引き起こした。ホスキンズと筆者の研究から、「痛み」の刺激に伴う呼吸の増加では副腎の活動が高まらないことがわかった。したがって、知覚神経が激しく興奮すると、副腎は反射的に刺激されて、副腎から血流に入るアドレニンの量が増えると我々は結

論づけた。

ほかの研究者による我々の結果の確認

腸の小片を指標として用いた我々の実験と、そこから導かれた結論は一九一一年に報告された。それ以降、我々の研究は数多くのほかの研究者によってさまざまな手法で確認されてきた。そうした研究者の大半が観察したのは、中枢神経系の支配を受けなくなった器官がその後、循環するアドレニンの増加に対応する特有の反応を示した事例である。一九一二年にアンレップが報告したのは、知覚神経を刺激すると神経を除去した四肢または腎臓が**収縮**する事例で、副腎または内臓神経の一部分を切除すると、この作用は見られなくなった(Anrep 1912: 307)。神経を除去した四肢または腎臓と身体のほかの部分との機能的なつながりは血流だけであること、知覚神経の刺激による血圧の上昇が、神経を除去した器官の**膨張**を自然に引き起こすこと、そして、実際のところそうした器官の収縮が副腎の摘出後に膨張に変化することから、アンレップは、求心神経を刺激すると、反射的に分泌されたアドレニンが、神経を除去した血管の収縮を引き起こし、その結果、器官が縮小すると推論した。神経を除去した四肢に関するアンレップの観察結果は一九一九年にパールマンとヴィンセントによって裏づけられた(Pearlman and Vincent 1919: 121)。この観察結果はさらに何人かの研究者にも確認された。一九一三年には、除神経術が施された心臓が反射的に鼓動を速める現象をリーヴィが確認し(Levy 1913: 342)、一九一七年にはフロロフスキーが(Florovsky 1917: 119)、一九二三年にはバシュマコフが神経を除去したネコの唾液腺で反射的に分泌量が増えることを確認したほか(Baschmakoff 1923: 379)、一九二四～二五年にはウーサイとモリネッリが（Houssay and Molinelli 1924: 328; 1925a: 125）、一九二五年にはトゥルナードとシャブロルが動物Ａの副腎静脈から採取した血液を動物Ｂに注射する実験を行い、動物Ａの知覚神経を興奮させるとアドレニン特有の作用が表われることを確認した（Tournade and Chabrol 1925: 418）。さらに、一九二三年には小玉作治が（Kodama 1923: 166）、一九二六年には菅原正、渡邊政之助、齋藤靜がスチュアートとロゴフの「大静脈ポケット」の手法を用いて確認した（Sugawara, Watanabé and Saito 1926: 1）。

一九一七年にスチュアートとロゴフが副腎の活動に対する知覚刺激の作用をまったく実証できなかったと報告したことから（Stewart and Rogoff 1917c: 637）、ラポートと筆者は一九二一年に（Cannon and Rapport 1921: 308）、その後カラスコ＝フォルミゲーラと筆者は一九二二年に、除神経術が施された心臓を用いて決定実験を実施した（Cannon and Carrasco-Formiguera 1922: 215）。スチュアートとロゴフは、除神経術が施された心臓の心拍数増加の原因を、アドレニンの分泌量の増加ではなく、知覚刺激が引き起こした体内の血液の再配分と血圧の上昇であるとした。それに対してラポートと筆者は、体内の血液の再配分の可能性を最小に抑えたときに、心拍数の増加が以前と同程度になるのを示したほか、血圧の上昇は、除神経術が施された心臓には何の影響も及ぼさないことを既存の証拠に付け加えた。さらに、カラスコ＝フォルミゲーラと筆者は、スチュアートとロゴフが副腎髄質からの分泌が内臓神経の直接の刺激によって増加する証拠をもたらすために求めた条件を、反射刺激について再現した。すなわち、刺激を受けているあいだに副腎からの血液が通常の血液循環への流入を阻まれた場合に、除神経術が施された心臓の心拍数が上昇しないこと、閉じ込められていた血液が開放された場合に心拍数が上昇

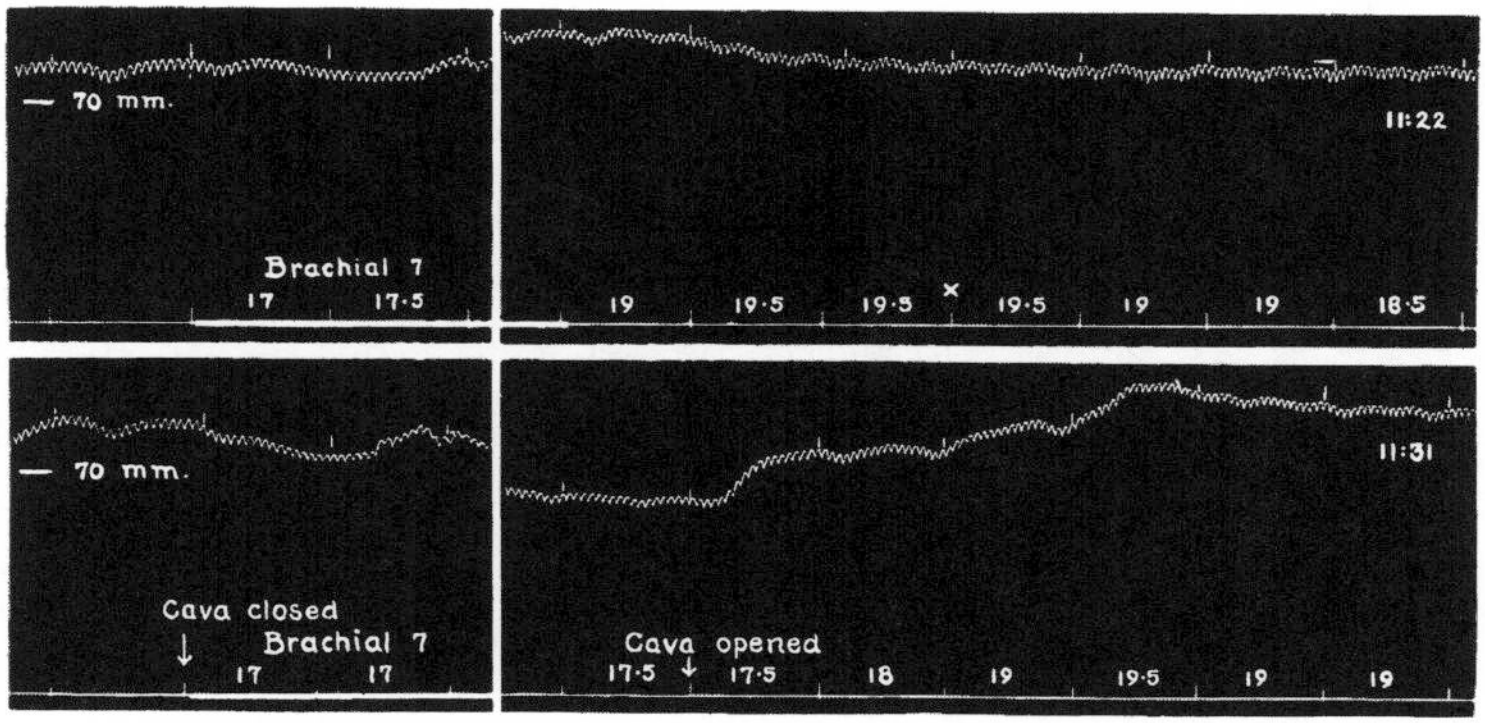

図 9　知覚神経(右上腕)を 30 秒間刺激したときの，除神経術が施された心臓の心拍数の 2 つの記録．いずれも始まりと終わりの部分を示し，最初の心拍数は 1 分間に 204 回(12×17)．11：22 では，刺激が開始されてから 10 秒以内に心拍数が上昇し始めた．開始から 45 秒後の X で，1 分間の心拍数は 234 回となった．点 X は 11：31 の記録で下大静脈を開放した時間に対応する．11：31 では，副腎の上で下大静脈を閉塞しているあいだに上腕部を刺激(30 秒間)した．開始から 45 秒後に下大静脈を開放した時点で，心拍数は 210 回．その後 10 秒以内に心拍数が上昇し始め，234 回まで上がった．

すること、そして、閉じ込められていた血液の開放から心拍数上昇までの時間と、知覚刺激の開始から心臓に影響が出るまでの時間がおおむね同じことである(**図 9**)。したがってスチュアートとロゴフは、副腎の分泌物が神経を直接支配しているとの彼らの証拠を取り下げ、我々が示した反射作用による制御の証拠を受け入れなければならなかった。彼らはまだこのジレンマを解決していない。その後、日本の研究者たちがスチュアートとロゴフの手法を用いて我々の結果を確認した。これで、アドレニンの分泌は常に一定で、知覚刺激の影響をまったく受けないとの彼らの主張はすべて、証拠を失った。

以上すべての実験の論理を簡単にまとめるとこうなる。副腎が内臓神経から直接影響を受けるということは、解剖学的にも、内臓神経を人為的に刺激した後のその分泌の生理的な効果によっても実証された。生物の自然の状況では、恐れや怒り、痛みを感じるなど、動物が大きく興奮したとき、通常はこれらの神経に沿ってインパルスが送られる。したがって、このようなときには副腎が刺激されて分泌が増える可能性は十分にある。きわめて精密な生物学的試験(腸の筋肉および神経を除去された器官)と副腎自体の検査により、痛みや深い情動のもとでは、実際に副腎が過剰なアドレニンを血流に放出する明確な証拠が得られた。

これらはじつに注目すべき現象群である。強い興奮が起きたとき、そして内臓における甚大な変化に伴って生じる神経インパルスによって、一対の副腎が刺激されて活動する。また、副腎から血流に放出された分泌物は内臓での変化そのものを引き起こすことや、生じた神経の影響を増幅することができ、それには苦痛や大きな情動が伴う。痛みや大きな興奮——多種多様な動物に共通する経験であり、遠い過去に生きたそれらの祖先もおそらく経験しただろう——が身体機能を握り、本能的反応を決定するときに生じるこうした変化の重要性とは何だろうか?

アドレニンを血液に注射したときの顕著な効果はすでに何年も前から、多かれ少なかれ知られている。いくつか例を挙げると、アドレニンを血液に注射すると肝臓から糖が血流に放出される、細気管支の平滑筋が弛緩するといった現象だ。古い実験では、筋肉疲労を解消する役割が示された。アドレニンは体内の血液の分布を変え、腹部内臓から心臓や肺、中枢神経系、四肢へ血液を移す。さらに、血液の凝固を速めるとの証拠もいくつかある。まだ発見されていないアドレニンの作用はほかにもあるだろう——内分泌にかかわるほかの腺の生成物と連携することもあるかもしれない。そうした腺は交感神経インパルスによって刺激されるとも考えられるが、我々はそうした可能性には関心がない。知りたいのは、痛みや情動の興奮に伴って放出されたアドレニンが、注射されたアドレニンと同じ作用をもたらすのか、あるいは、もたらす一助となるのかということである。我々はその後の研究で、この疑問に対する答えを探した。

（訳注1）原書の図中に1はない。

第5章　痛みや大きな情動に伴う血糖の増加

糖は生物の体内で炭水化物が運ばれるときの形態で、デンプンは保存時の形態である。栄養を十分にとっている動物の体内ではグリコーゲン、いわゆる「動物デンプン」が肝臓に豊富に蓄えられ、必要に応じて利用される。必要なときが来るとグリコーゲンは変化し、糖として血液中に放出される。通常、血液中の糖の濃度は〇・〇六〜〇・一パーセントと低い。糖の濃度がこの程度に収まっているときには、腎臓は顕著な量の糖が体外に排出されないようにできる。しかし、糖の濃度が〇・一八パーセントほどまで上昇すると、血中の糖は腎臓に設けられた障壁を乗り越えて排出され、通常の尿検査で容易に検出できるようになる。したがって、「糖尿」と呼ばれるこの状態は、特定の状況下で血糖値が上昇した証拠と考えるのが順当だろう。アドレニンを注射したときに、糖尿と判定される程度まで肝臓から糖が放出されることがある。痛みや強い情動の興奮に伴って分泌されたアドレニンは、そうした状況下で糖尿を引き起こす一因となるのだろうか?

臨床に関する文献には、情動状態を生じる状況が多かれ少なかれ慢性的な糖尿の状況にもなる可能性を示唆する記述も散見される。重大な危機に直面したときに抱く深い悲しみや長引く不安は糖尿病の個別事例の原因とみなされてきたし、怒りや恐れの後には糖尿病患者で血糖値の上昇が認められてきた。クリーンは、普仏戦争で多大なストレスを経験したドイツの将校が武勲に対して鉄十字勲章を授与されたものの、糖尿病も患ってしまった事例を報告している(Kleen 1900: 22, 37–39)。一方、ナウニンは、妻の不倫を発見した直後に糖尿病を発症した男性の事例を記載しているほか、自分が担当した二つの症例も紹介している(Naunyn 1898: 72)。一人はストラスブールの砲撃(一八七〇年)のときに発症し、もう一人は仲間が銃で自殺を図った数日後に症状が現れた。また、精神病の事例では、鬱の状態になったときに尿に糖が検出される事例が記載されている。シュルツェは、そうした事例で糖尿の値が鬱の度合いによって変わること、そして、恐怖症の患者で糖の分泌が最大になると報告している(Schultze 1908: 358)。一方、ライマンの報告では、鬱病と躁病の両方で糖の同化作用の上限が低下することがあるという(Raimann 1902: 14, 19)。ミタ(Mita 1912: 159)およびフォリンとデニス(Folin, Denis and Smillie 1914: 519)も最近、精神障害における類似の結果を報告している。後者は一九二人の精神障害患者(大部分が鬱や不安、興奮の症状に苦しんでいる)の一二パーセントで糖尿を検出した。さらに、アルントは、アルコール依存症患者で譫妄《せんもう》の症状の有無に応じて糖尿の有無が変わるという観察結果を報告している(Arndt 1897: 436)。

以上のように、糖尿病や糖尿の症例のなかに情動に端を発するものがあるという臨床上の証拠はあるものの、人類の生存や病気の複雑さを考えた場合に、これらの証拠の価値にいくつかの疑問が生じる。ナウニンおよびヒルシュフェルトは、糖尿病の症例が情動の経験によって生じているように見えるとは述べているものの、そうした見解を疑う態度をとるように主張している(Naunyn 1898: 73; Hirschfeld 1902: 45)。したがって、より単純かつ制御可能な状況下で情動性糖尿の問題を検証することが望ましい。実験動物における「情動性糖尿」はワーターマンとスミットのほか(Waterman and Smit 1908: 205)、近年はヘンダーソンとアンダーヒルも実際に言及している(Henderson and Underhill 1911: 276)。

これらの言及はしかし、一八七八年に報告されたベームとホフマンの研究に基づいたものである(Böhm and Hoffmann 1878: 295)。

痛みに伴う糖尿

ベームとホフマンは、ネコを手術用の板に拘束し、麻酔なしで気管に管を挿入したうえで、場合によってはカテーテルを恥骨の上の開口部から尿道に挿入すると、およそ三〇分後に尿から大量の糖が検出されることを発見した。三回の測定で、糖尿が検出されているあいだは血中の糖が「通常」よりもわずかに高いが、糖尿が検出されなくなると「通常」に戻ることがわかった。この現象はネコをホルダーに拘束するだけで起きるため、彼らはこれを「拘束性糖尿」と呼んだ。

拘束された動物における糖尿の原因として彼らが考えたのは、気管の開放と寒さ、痛みである。最初の二つはすぐに除去したものの、それでも糖の分泌が確認された。痛みは防げなかったうえ、動物を拘束しなくても座骨神経を刺激するだけで糖尿が生じたことから、痛みを伴う拘束自体が十分な原因になったと彼らは結論づけた。一方、寒さや循環系の攪乱といったほかの要因は、おそらく痛みとともに作用して、この結果をもたらしたと、ベームとホフマンは考えた。彼らがネコで観察した結果はウサギにも当てはまることがわかったほか(Eckhard 1903: 408)、イヌでも手術に伴うある程度の痛みで血糖値が上昇することが最近明らかになった(Loewy and Rosenberg 1913: 114)。人間でも、強い痛みに伴って一時的に糖尿が検出されている。

ベームとホフマンはこの結果の議論で情動の要素を認識していないうえ、実験中に痛みを防げなかったと認めており、それが糖尿の原因であると証明していることから、彼らの言う「拘束性糖尿」を「情動性糖尿」と呼ぶ正当性を確認できたわけではない。

情動性糖尿

強い情動を経験しているときに副腎の分泌物が増えること、そして、アドレニンの注射で糖尿が生じる事実が見いだされたことから、糖尿は情動の興奮によって生じる可能性があり、ベームとホフマンの実験にあった痛みの要素がなくても糖尿が検出される可能性があることが示唆される。そこでシヨールとライト、筆者は一九一一年にこの可能性を検証した(Cannon, Shohl, and Wright 1911)。

我々はまず、痛みの要素を除去したうえで、ベームとホフマンの実験を行った。動物(ネコ)を心地よいホルダーに拘束したが、頭部は自由に動かせるようにした。このホルダーは消化に関するX線研究でさまざまな動物に対して何百回も使ってきたもので、動物たちは窮屈そうなそぶりさえも見せなかった。しかし、消化管の動きを観察するときと同様、今回の実験でも、拘束された動物たちが見せた反応はさまざまだった。若い雄はたいてい半狂乱の状態になり、目を見開き、瞳孔の拡張や心拍数の上昇、ある程度の毛の逆立ちが認められ、拘束から逃れようともがいたり、うなったりする。それとは対照的に、雌(とりわけ高齢の雌)は概して雄よりはるかにおとなしく、新しい状況をあきらめたように受け入れている。

動物たちをホルダーに拘束した時間は、反応の違いに応じて三〇分から五時間と幅がある。排尿を促すため、実験の初めに胃管を使って大量の水を与え、場合によってはのちにもう一度与えた。動物がホルダーに拘束されているときや、その後に金属製の代謝ケージに入れたときには、ガラス容器の中に排尿を促すように手はずを整えた。尿の発酵を防ぐため、ガラス容器にはクロロホルムを数滴入れた。すべての事例で、餌としてふだんと同じ生肉とミルクを与え、動物が興奮する前には尿に糖が検出されないことを確認した。

我々の一連の観察では一二匹のネコを使ったが、すべてのネコで糖尿が明確に検出された。効果が現れた拘束時間で最も短かったのは三〇分と四〇分だった。拘束時間は最長で五時間に及び、平均して一時間半足らずで糖尿が現れた。一二匹のうち七匹で、糖尿が現れるまでの平均時間は四〇分を下回った。興奮を経験した翌日には、すべてのネコで糖尿は検出されなかった。

これほど早く糖尿が現れたことには、動物の情動状態と直接の関連があった。恐れや怒りの兆候を早く見せた動物では糖が早く検出されたが、拘束の体験を穏やかに受け止めた動物では糖の検出がはるかに遅かった。

寒さで血糖値が上昇し、その後糖尿が検出された事例もあることから、直腸の温度をときどき測定した結果、これらの実験ではばらつきがほとんどなく、完全に無視できる要因であることがわかった。あるネコは拘束された状態で寒い部屋（室温およそ二℃）に五〇分間置かれ、直腸の温度が三六℃まで下がったが、糖尿は現れなかった。

糖尿の出現が情動の興奮だけで起きるさらなる証拠が、三匹のネコから得られた。この三匹はホルダーに最長で四時間拘束されたものの結果が陰性だったネコで、拘束中には抵抗することなく穏やかに過ごしていた。しかし、ワイヤーでできた小さなケージに個別に入った状態で元気な子犬に吠えられ、飛びかかられるなどの攻撃を受けると、ネコは興奮し、歯を見せ、背中を丸くし、対抗するようにうなり声をあげた。三匹のネコそれぞれについて、このけんかごっこを三〇分間続けた。すると、四時間拘束しても糖尿を示さなかったネコが、一様に糖尿を示した。これらの実験では痛みや寒さ、拘束は要因ではなかった。ネコは吠えるイヌに恐れや怒りを覚え、その興奮に伴って糖尿を示したのである。

興奮した時間を含めて二四時間に分泌された糖の量をベルトラン法で求めたところ、二四時間の量に換算すると〇・〇二四〜一・九三グラム、体重一キログラム当たりでは〇・〇〇八〜〇・六二グラムだった(Abderhalden 1910: 181 を見よ)。

前述したように、糖尿の存在は血糖値の上昇を示す指標として利用できる可能性がある。腎臓の細胞を傷つけた場合を除いて、糖は血中の濃度が相当高くならないと腎臓から排出されないからだ。したがって、尿検査では血糖値が上昇した事例はわかるものの、血液自体の検査をしたときのように血糖値の変動を詳しく知ることはできない。一九一四年、スコットはネコにおける血糖値の変動を広範囲に調べた詳細な研究の結果を報告した(Scott 1914: 283)。それによると、鳴き声をあげるなど、興奮がわずかしか生じないような偶発的な状況であっても、血糖値が顕著に上昇することがわかったという。糖を放出する機構は反応があまりにも敏感なので、初期の研究で麻酔せずに動脈や静脈から採取した血液中の「通常」とされる血糖値は、その正当性がきわめて疑わしい。おとなしくしている動物から配慮のうえで突然採血した場合、血糖値はスコットの研究で〇・〇六九パーセント、パヴィの研究で〇・〇八八パーセントだった。この値は、麻酔なしで採血した場合(〇・一五、ベームとホフマン)

あるいは軽い麻酔だけで採血した場合(〇・二八二、ロナとタカハシ)よりもはるかに低い(Scott 1914: 296で引用)。

我々がネコで観察した結果はその後、ウサギにも当てはまることがわかった。ローリーとオッパーマン、ヤーコプセン、およびヒルシュとラインバッハの最近の報告によれば、手術に先立ってウサギを手で扱っただけで、その血糖値が上昇したという(〇・一〇から〇・一三や〇・二七パーセントに上がったケースもあった)(Rolly and Oppermann 1913 : 201 ; Jacobsen 1913 : 449; Hirsch and Reinbach 1913 : 122)。イヌはウサギやネコと比べて周囲の状況にはるかに影響されにくいといわれている。とはいえ、痛みと興奮は動物の経験であまりにも根本的なものだから、こうした経験が起きたときにすべての動物で同じ機構が働くはずである。ギープの報告によれば、閉じ込められた雌イヌが大きく動揺し、そうした強制的な監禁の後には例外なく、尿に少量の糖が検出されたという(Kleen 1900 : 37で引用)。また、ヒルシュとラインバッハは、テーブルに縛りつけられたイヌが「精神性高血糖」になったと報告している(Hirsch and Reinbach 1914 : 292)。ある事例では血糖値が〇・一一から〇・一四パーセントに、別の事例では〇・〇九から〇・一六パーセントに上昇した。

このように下等動物で見られた結果は、人間でも確認されてきた。筆者の教え子であるW・G・スマイリーの実験では、ふだん糖尿をもっていない九人の医学生の四人でつらい実験の後に糖尿が検出され、九人のうち一人でより楽な実験の後に糖尿が検出された。検査は実験後に最初に採取した尿で実施され、フェーリング液とニーランデル試薬、そしてフェニルヒドラジンを用いた検査で陽性だった。これ以外にも、C・H・フィスクと筆者がハーバード大学のアメリカンフットボール選手二五人から一九一三年のシーズンで興奮が最高潮に達した最終戦の直後に採尿したところ、一二例で糖が検出された。陽性の例のうち五例は、試合に出場しなかった控え選手のものだった。ハーバードの勝利に興奮していた観客の一人からも採尿したところ、やはり糖尿が検出され、翌日には検出されなくなった。

ほかにも、フォリンとデニス、スマイリーが重要な大学の試験の前後に学生たちの尿検査を実施している(Folin, Denis and Smillie 1914 : 520)。検査を受けた三四人の医学部二年生のうち一人は検査の前後とも糖尿をもっていたが、残りの三三人のうち六人、つまり一八パーセントで試験の直後に少量ながら糖尿がはっきりと検出された。同様の研究は女子大学の二年生に対しても実施された。試験の前日に糖尿がなかった三六人の学生のうち六人、つまり一七パーセントで試験の直後に糖尿が検出された。以上の結果から、ネコやイヌ、ウサギだけでなく、人間でも情動の興奮が一時的に血糖値の上昇を引き起こすと結論づけるのが妥当である。

情動性糖尿における副腎の役割

内臓神経の人為的な刺激によって糖尿が生じ(Macleod 1907 : 405 などを見よ)、怒りや恐れなどの大きな情動に伴って内臓神経の経路沿いに神経放電があることから、情動の興奮に付随して糖尿が生じることは当然ながら予期される。興奮に刺激されて副腎の分泌物が増加することはすでに述べたが、副腎がこの過程でどの程度の役割を果たしているかについては論争が繰り広げられてきた。何人かの研究者によれば(Meyer 1906 : 1123 ; Nishi 1909 : 416 を見よ)、副腎を切除するか、副腎を支配する神経線維を切断すると、脳の第四脳室の穿刺《せんし》(通常、糖尿を引き起こす「糖穿刺」)後および内臓神経の刺激後に糖尿が生じないという(Gautrelet and Thomas 1909 : 233 ; Macleod, et al. 1911 : 110, 左の副腎と左の内臓神経に当てはまる)。一方、ヴェルトハイマーとバテは、ネコでは副腎の切除で糖穿刺の影響をなくせないと述べている(Wertheimer and Battez 1910 : 392)。このため、副腎の切除が情動性糖尿に影響するかどうかには疑問が残っていた。

筆者はショールとライトとともに、麻酔下で副腎を切除した三匹の動物でこの点に関する証拠を観察した。選んだ動物たちはいずれもホルダーに拘束されてまもなく興奮し始め、およそ一時間の拘束後に糖尿を示した。手術では、手で取り扱うことによるアドレニンの放出を防ぐために、副腎静脈を結紮したうえで、できるだけ時間と手技をかけずに副腎を切り離した。あるネコでは二〇分で手術全体を終えた。三匹のうち二匹には切開した部分を通じて尿道に小さなカテーテルを挿入して、いつでも膀胱を空にできるようにした。

三つのケースすべてで、手術後すぐに採尿したところ糖は検出されなかった。副腎を切除された動物たちは全体的に筋肉の緊張が少なくなったものの、拘束されたときのような怒りや興奮の大部分は見せた。実際のところ、一匹は副腎が切除された後のほうが興奮の度合いが大きかった。動物たちは覆いや電気の温熱パッドでずっと温められていたので、体が極端に冷えることはなかっただろう。以前の実験で糖尿が生じるまでにかかった時間の二~三倍も拘束されたにもかかわらず、どのネコでも糖尿は検出されなかった。したがって、ここで得られた証拠は、副腎が内臓神経の刺激に伴う糖尿の発生に重要な役割を果たしているとの見解を裏づける一助となる。

その後、前述の結果を裏づける証拠がもたらされた。ハーバード大学の生理学研究室で研究するグリフィスは、知覚神経の刺激による血糖の反射性増加が、肝臓の神経を切断した後も実質的に通常の動物と同じくらい大きいことを見いだした(Griffith 1923 : 618)。こうした状況でも、アドレニンの分泌が肝細胞に影響を及ぼして、糖の放出が促されるのである。一方、肝臓の神経を正常に保ちながら副腎を切除するか不活発にした場合、反射性高血糖は顕著ではあるが、平均して通常の動物よりは低かった。これらに対応する観察はブラタオと筆者によって、大脳皮質を切除されて見かけの怒りを示す動物(「疑似感情標本」)で行われた(Bulatao and Cannon 1925 : 309)。副腎が切除あるいは不活発にされた場合、疑似感情状態での当初の高血糖はさらに上昇することも高い状態を維持することもなく、逆に低下した。一方で、副腎を正常に保ったまま肝臓の神経を切断した場合、当初の高血糖は疑似情動的な活動の最中に上昇した。この結果とかなり符合する実験結果をブリトンが示している(Britton 1928 : 340)。イヌに吠えられたネコで通常見られる情動性高血糖は、肝臓の神経の切断のみを行った後には通常とほとんど変わらなかったが、副腎髄質を切除した後には、興奮した時間が同じだったにもかかわらず血糖値が低下したという。さらに、オルムステッドの報告によれば、副腎を結紮するかその神経を切断すると、それらが存在したときに生じた窒息性高血糖が生じなかったという(Olmsted 1926 : 487)。したがって、分泌されたアドレニンは交感神経インパルスと同じ作用をもたらすことによって血中の糖分を増やす主要な力となることに、疑いの余地はほとんどないように見える。

痛みの刺激の後に観察される糖尿の一因として情動的な要素もあるかもしれないが、痛みを引き起こす状況だけでそれを無理なく説明できるだろう。これまで見てきたように、知覚神経線維への強い刺激で内臓神経に沿ってインパルスが放電され、それに付随して副腎の分泌物が増加する。痛みの刺激で生じた糖尿では、情動性糖尿と同様に、副腎が不可欠な要素であるようだ。

この後は、糖が筋肉の最適なエネルギー源である証拠を示す〔本邦訳未収録の原書第6章で言及〕。ちなみに、生物で筋肉を激しく動かす必要が生じたようなときに糖が放出されるのは、生物の適応を示すきわめて興味深い事例と解釈してもよい。

第11章　情動に伴う赤血球の増加

情動の興奮に伴って血管の収縮と心拍数の上昇が起き、その結果、動脈圧が上昇する現象については、これまでの章で繰り返し述べてきた。血圧が高くなると、弛緩した(収縮していない)血管の血流が速くなる。このため、肺から心臓や脳、活動中の筋肉へ酸素を運ぶ赤血球が一定の時間に通過する数は増加し、それとともに運ばれる酸素も増える。しかし、興奮の結果として酸素の運び屋である赤血球の利用が増えるだけでなく、赤血球の数自体も増える。

情動の興奮が赤血球の数にもたらす影響を直接研究した最初の人物は、フェラーリであるようだ(Ferrari 1897: 306)。彼の研究によれば、試験を受けた直後の学生では、同じ学生の試験前よりも赤血球の数が一立方ミリメートル当たり平均で四五万七〇〇〇個多かったという——増加数が多い学生は興奮の度合いが最も高く、増加数が最も低い学生はグループでも「無頓着で冷静な」人物だった。ラムソンによる観察結果にも同様の傾向がある(Lamson 1915: 169)。彼は吠えるイヌでネコを怖がらせる実験をしたところ、ネコの赤血球の数が大幅に上昇したという。ある実験では一立方ミリメートル当たり一〇七二万個だった赤血球が五分間で一四九二万個に、別の実験では一一五七万六〇〇〇個が五分間で一四四六万四〇〇〇個に増えた。この増加率(それぞれ三九パーセントと二五パーセント)は情動性赤血球増加の明らかな証拠であると考えられた。ラムソンは観察したこの急性の赤血球増加では肝臓が重要な役割を果たしていると考えた。肝臓に貯蔵されていた赤血球が放出されたため、あるいは肝臓の毛細管を通じて血液の液状成分（血漿《けっしょう》）が漏出したために赤血球が濃縮したのではないかと、ラムソンは推測した。

近年、脾臓に関する知識が蓄積されるにつれて、ラムソンのデータに新たな光が当てられてきた。長年、脾臓は筋肉のように収縮と伸張を繰り返すことが知られており（Krumbhaar, 1926 : 160 ; Barcroft 1926 : 544を見よ）、赤血球の貯蔵庫であるとの見解も唱えられてきたものの、脾臓が循環する赤血球の数を急速に増やし、かつ赤血球を再び貯蔵する役割を果たしていることが明確に認識されてきたのは、ここ数年である。一九二三年から一九二七年にかけて、バークロフトの研究チームをはじめとする数多くの研究者たちがさまざまな手法を用いて脾臓の役割を数多く解き明かした（Barcroft and Barcroft 1923 : 138 ; Barcroft, Harris, et al. 1925 : 443 ; Barcroft, Murray, et al. 1925 : 79）。それは、脾臓は生前のほうが死後よりもはるかに大きいこと、脾臓は生物に影響を及ぼすさまざまな状況によって収縮すること、そして、脾臓が収縮すると予備の赤血球が血流に放出されることである。脾臓が収縮する状況には、一酸化炭素中毒、出血、酸素分圧の低下（さまざまな窒息）、筋肉の運動、アドレニンとピツイトリンの注射などがある。また、ハーギスとマンの報告によれば、イヌに軽い感情を起こす刺激（手を叩く、皮膚をつねる、食べ物を見せるなど）を与えると脾臓が収縮するという（Hargis and Mann 1925 : 180）。さらに、バークロフトとスティーヴンズは、不安や嫉妬の兆候が脾臓の縮小に関連していると述べている（Barcroft and Stephens 1927 : 1）。情動状態が脾臓の大きさに及ぼす影響にまつわるこれらの観察結果から、肝臓ではなく脾臓こそが情動性赤血球増加の原因であると考えられないだろうか。この疑問に対する答えを探るため、J・J・イスキエルドと筆者が研究に取り組んだ（Izquierdo and Cannon 1928 :

545)。

原則として、実験には元気のよい若いネコを用いた。吠えるイヌに対して激しい反応を見せる(毛を逆立てる、背中を丸める、瞳孔が拡張する、シーッという声を出す、つばを吐くなど)という理由からあらかじめ選んだネコたちである。

我々の実験の大半は、耳の縁を小さく切開して採取した血液に対して行われた。初期値として用いる実験前の赤血球数を測定するためには、ネコをできるだけ興奮させないように落ち着かせなければならない。だから、ネコが研究者やその助手、周囲の環境に慣れていることが望ましい。この段階でネコが興奮してしまうと、初期値があまりにも高くなり、実験後に測定した値とほとんど変わらなくなるおそれもある。最初の測定を終えたら、ネコをワイヤー製の小さなケージに閉じ込める。けがをしないように配慮されたケージであり、動ける範囲が限られているので、筋肉の活動(もがく動作)が最小限に抑えられる。ここで、元気いっぱいのイヌを近くに連れてきて、一分間ネコに対して吠えさせる。イヌを連れ去ったら、できるだけ早くネコの耳から二度目の採血を実施する。場合によっては、赤血球増加の経過を見るために、興奮した時間帯から五〜三〇分後までにさらに三回か四回の採血を実施した。採血を繰り返す場合、ネコは採血のたびに興奮しない慣れた環境にそっと戻される。

血液はすべての検査において同じピペットで希釈され(〇・五%のハイエム液を使用)、同じトーマ＝ツァイス計算盤でカウントされた。すべての手術で痛みができるだけ均一になるように心がけた。

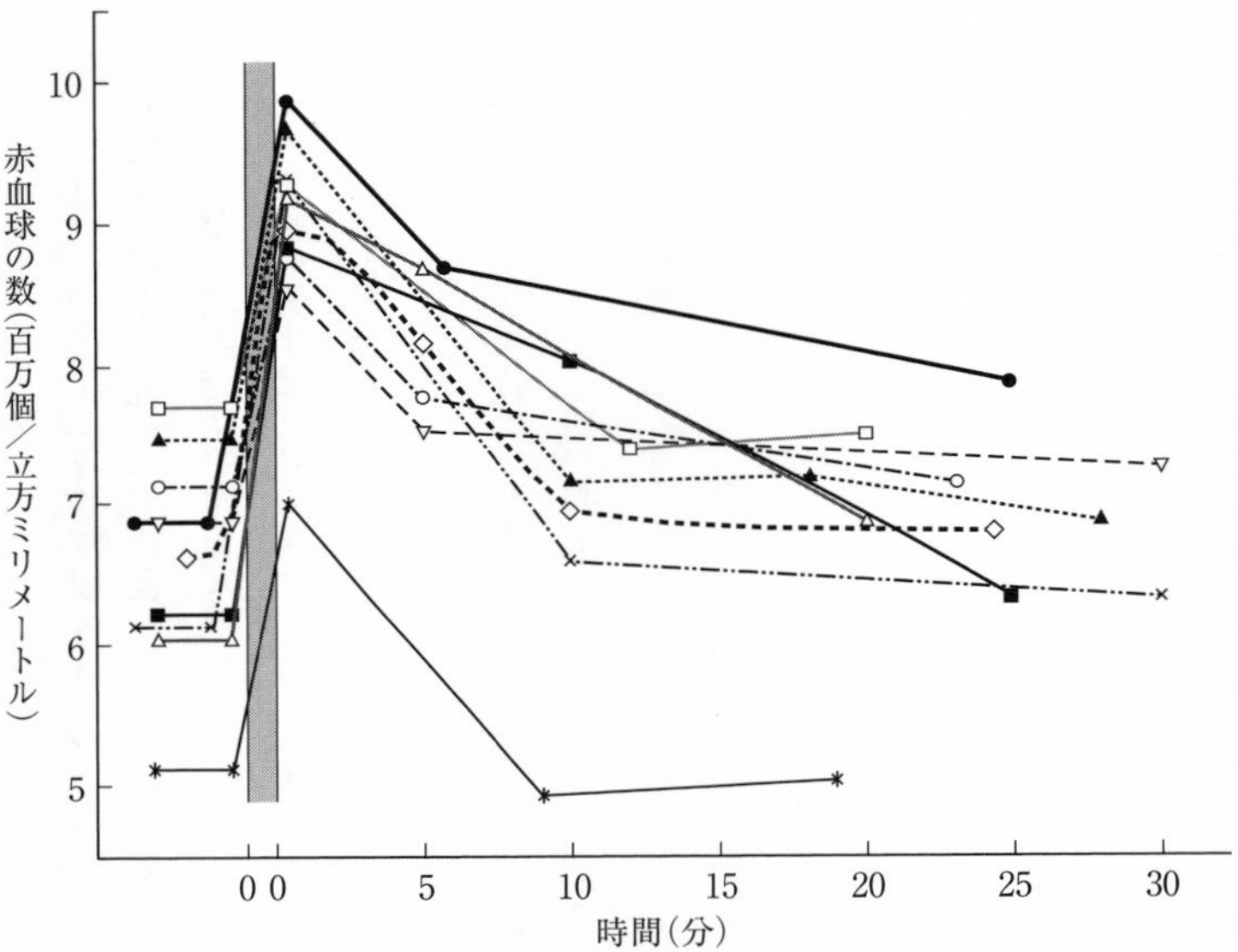

図 36　情動性赤血球増加の経過．影付きの縦の帯は，情動の興奮が生じた 1 分間を示す．太い破線- -◇- -は 9 回の実験の平均．

情動の興奮が赤血球数に及ぼす影響

一八匹の動物から採取した末梢血を合計二一例観察した結果、興奮直後の赤血球数は決まって興奮前よりも大幅に増えた（**図36**を見よ）。観察した一五例で初期値からの増加率が一〇～三〇パーセントの範囲にあり、残りの六例では増加率が三〇～五〇パーセントの範囲にあった。増加率の全体平均は二七パーセント。増加率が三〇パーセント以下だった一五例に限ると、平均値は二〇パーセントだった。

図37からは、これらの増加率がふだんどおり落ち着いた動物における変動幅をはるかに超えていることがわかる。縦の太線は、五匹の動物で一立方ミリ

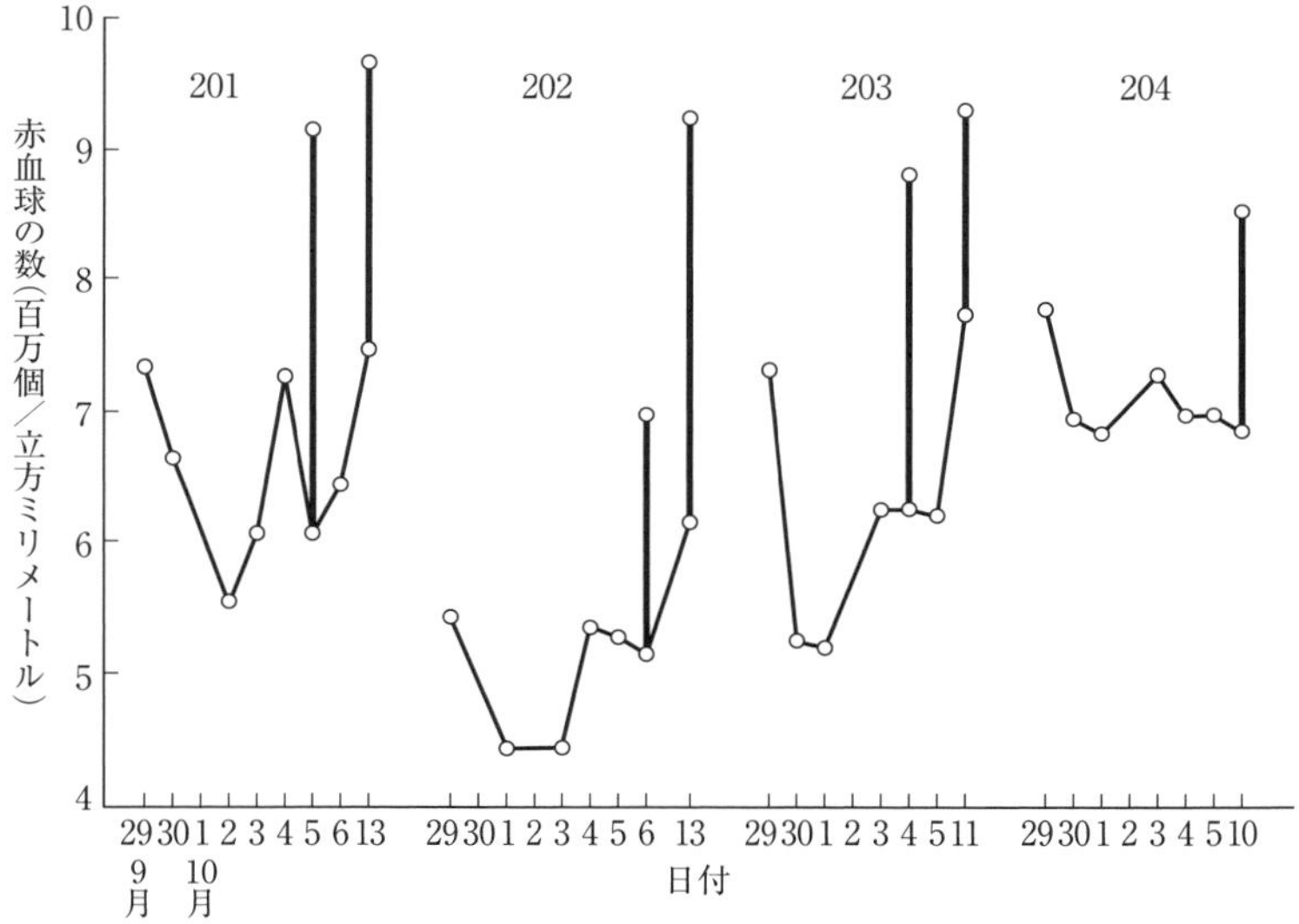

図 37　5 匹のネコにおける日常の赤血球数の変動と，1 分間の興奮による増加数（縦の太線）をグラフに示した．203 で 10 月 11 日にふだんの値が高いのは，怒りの反応に関係している．なお，初日の赤血球数はネコが検査手順に慣れていない状況で測定しているので，概して高かった．

メートル当たりの赤血球数が興奮後にどれだけ増えたかを示している。細い折れ線グラフは、同じ動物が興奮していないときに約一週間にわたって繰り返し採取した血液の赤血球数である。合計二七の測定値のうちの一つ（ネコ203の最初の値）を除いて、測定期間中に赤血球数の変動幅が一〇〇万個を超えることはまずなかった。一方、一分間の興奮後、赤血球数は通常二〇〇万〜三〇〇万個も一気に増えた。

　興奮後にさまざまな間隔を置いて測定した値を見ると、情動性赤血球増加の最大値は興奮後のできるだけ早い時点で採取した血液にあることがわかる。興奮から五分が経つと数の減少は顕著になり、三〇分後までに赤血球数は元の値に戻った(**図36**を見よ)。

興奮を繰り返し与えると、安全なケージに入っているネコは外で吠えるイヌにだんだん興味を示さなくなることがある。このため、高齢の雌ネコである207の場合、一〇月二二日には興奮後に赤血球数が一〇三〇万八〇〇〇個に達したが、イヌにだんだん無関心になり、拘束しても興奮しなくなった――自由な動きを阻害する処置で、相当激しい抵抗が見られることもあるのだが。一一月一日にはホルダーに一〇分間拘束されたが、もがくことはなく、赤血球数は五七三万二〇〇〇個から六二三万二〇〇〇個にわずかに上昇しただけで、その増加率は八・七パーセントにすぎなかった。ここで思い出すのは、胃腸の動きをX線で観察する対象に高齢の雌ネコが選ばれたのは、革ひもで仰向けに拘束されても落ち着いていたからだったことだ。興奮したときに赤血球数が増加したネコで、興奮がないときに赤血球増加が見られなかったことは、赤血球増加の原因が情動にあったことのさらなる証拠である。

さまざまな直径の赤血球の割合
(ネコ207, 1927年10月22日)

直径(ミクロン)	赤血球100個のうちの数	
	麻酔下	興奮後
3-4	—	5
4-5	10	25
5-6	30	47
6-7	60	23
合計	100	100

赤血球増加中に小型の赤血球が放出される証拠

多量の血液を採取した事例では赤血球の数だけでなく、体積を測定できる場合もあった。興奮後の赤血球の数の増加率と体積の増加率を比較することによって、はっきりした違いが浮かび上がった。体積は数ほどは増加しないということだ。ヘモグロビンの増加率を観察したところ、その値が赤血球の数よりも体積のほうに密接に関連していることがわかった。これらの結果に関する矛盾はあまりにも大きく、この現象を説明するには、興奮後に小型の赤血球の数が前より増えたと考えるしかない。こうした考えから、数の増加に伴って小型の赤血球が現れるかどうかを顕微鏡で調べ、興奮の前後に採取した赤血球の大きさをいくつか測定してみることにした。ここに示した表に、心臓の血液に含まれていた赤血球一〇〇個の大きさの分布を示した。これらは血漿に入れたまま、薄いカバーガラスで覆って観察した。ネコにおける大きさの上限はハイエムの研究では五～七ミクロン(Hayem 1889: 172)、ベーテの研究では四～七・一ミクロンとされている(Bethe 1891: 209)。ラムソンの研究によれば、二匹のイヌそれぞれにアドレナリンを与えて赤血球数をおよそ二〇〇万個増やしたところ、赤血球増加のあいだに赤血球の体積が平均で一三・四パーセント減少したという(Lamson 1915: 169)。彼は、ヘモグロビンの相対的な増加が赤血球の相対的な増加ほど大きくないとする既出の研究結果を数多く引用している。我々の研究結果はこうした既出の研究結果と一致している。

上腹部の内臓に対する交感神経の支配を取り除いた後に、情動の興奮の影響が見られなくなる

この試験に用いた動物はすべて体調がすぐれていた。六匹の動物に対して一二例の観察を行ったところ、上腹部の内臓に対する交感神経の支配を取り除くと、通常の情動の興奮が起きた後、赤血球数に顕著な変化が見られなかった。赤血球数の平均は興奮前で六七〇万一〇〇〇個、イヌのそばに一分間置いた直後は六一〇万一〇〇〇個、五～一〇分後には六四一万二〇〇〇個だった。

この条件下でのさらなる試験として、ネコたちを犬小屋へ連れていき、複数のイヌに吠えられる体験をさせてみた。二〜三分にわたって興奮させた後、ネコをホルダーに拘束してさらに五〜一〇分間、興奮させた。このように刺激を追加しても、通常の影響は見られず、赤血球数は減少した。一例として、ネコ302の値を示す。

興奮前	七〇六万四〇〇〇個
イヌによる興奮後	六三二万〇〇〇〇個
五分間の拘束後	五七二万八〇〇〇個

肝臓の神経支配のみを残した場合の影響

この一連の実験では、左の内臓神経と脾臓の神経を断ち切り、右の副腎と上腹部の交感神経を切除した。この手術によって、脾臓への活動で生じうる神経と体液(アドレニン)の作用を排除しながら、神経系が右の内臓神経を通じて肝臓とつながった状態になる。動物が手術から完全に回復して元気になった後、前回と同じように一分間興奮させた。

七例観察したうちの三例で興奮後に赤血球数の増加が見られず、ほかの四例では比較的小さな増加にとどまった。当然ながら、交感神経と**左**の内臓神経が断ち切られていなければ、肝臓に対する神経支配が強まり、異なる結果が出ただろう。しかし、得られた結果からは肝臓が重要な役割を果たしている証拠はほとんど認められず、左の副腎髄質を摘出して左の内臓神経を残す実験まではしなかった。

以上のデータから、神経支配が残った肝臓やその他の内臓が情動性赤血球増加を引き起こすうえで特筆すべき重要性をもっているとの見解は裏づけられなかった。脾臓の神経を切断しても赤血球数が増えない事例は数多くある。このことが前述の結論を立証している。実験で観察した動物では、内臓神経と肝臓の神経に手は加えられていなかった。赤血球数が情動によって増加する現象で肝臓が大きな役割を果たしているならば、興奮後の赤血球数の増加が常にもっと大きくなるはずである。しかし、そうはならなかった。

脾臓の神経を切断した影響

少量のアドレナリンが脾臓の収縮を引き起こすことは、数多くの研究者によって示されてきた(Hoskins and Gunning 1917: 298; Tournade and Chabrol 1924: 835; 1925: 418)。この物質はまた、下等動物(Lamson 1915: 169)と人間(Schneider and Havens 1915: 239, 380)の両方で赤血球数を増やすことも観察されてきた。したがって、脾臓の神経を切断すると、副腎髄質から放出されたアドレニンが、神経インパルスと同様に脾臓の収縮を引き起こし、赤血球の割合を上げる可能性は依然として残る。脾臓の神経を切断するには、腹壁の正中線または左側を切開し、脾動脈を隔離して、動脈が分岐する手前で神経を切り離す。そこにはっきり見える大きめの神経の束を、完全に取り除くことができる。考えられるすべての神経の接続を確実に断ち切るため、脾静脈および胃脾間の血管と膵臓と脾臓のあいだの動脈を露出させ、それぞれ短い区間を取り除き、フェノールを施しておく。

こうした事例における情動の興奮の結果(一例を除き、観察は手術から六週間以内に行った)から、特筆すべき二つの特徴が明らかになった。一つは、短めの興奮(一分間)では目立った影響がほとんど見られなかったことだ。これは、脾臓が通常どおりに神経支配を受けているときに得られる結果と明らかに異なる。もう一つは、もがく行動を伴って五〜一〇分続く長めの興奮では、赤血球数が多くて一六〜二〇パーセント増加する場合もあれば、ほぼ同程度の減少が見られる場合もあったことだ。影響はかなりばらつきがあり、不規則である。二匹の動物213と216では、興奮がきわめて明確に長く続いたにもかかわらず、その影響は見られなかった。興奮がそれほど激しくなくても、こうした行動に伴って副腎の分泌物が増加することは十分に証明されている。したがって、情動状態で正常な脾臓が収縮すると、血中のアドレニン濃度の増加と交感神経インパルスの放電という二つの作用が生じ、両方が働いている可能性がある。実験から、神経インパルスがない状況下では、分泌されたアドレニンが赤血球増加を明確には引き起こさないことがわかった。しかし、これはアドレニンが脾臓の収縮を引き起こせないことが原因というわけではなく、多かれ少なかれ、神経を切断された脾臓がその内部に集めた血液を濃縮できないことが原因とも考えられる。バークロフトとプールの報告によれば、脾臓の神経を切断された部分から得られる血液には濃縮の兆候がほとんど見られないという(Barcroft and Poole 1927 : 23)。濃縮はおそらく血液から血漿が周期的にしぼり出されることによって起きる作用で、神経の接続が正常でなければ起きない。神経支配を受けている部分はすぐにその血球を濃縮する。脾臓の血液が濃縮されない場合、脾臓が収縮しても、循環する血液の量が増えるだけで、血球の割合が高まるわけではない。この一連の実験では、大半の事例でその可能性と整合した結果が得られた。一方、もがきや興奮が長引いた場合に赤血球数の増加が生じた事例も少しあった。増加はたいていわずかだったものの、二〇パーセント増加した事例も一つあった。こうした事例から、血液が脾臓で濃縮されていた可能性のほか、このような条件下では情動的ストレスを受けているときに神経インパルスが伝達されなくてもアドレニン分泌量の増加によって脾臓の収縮が起きる可能性も示唆される。

脾臓の神経が切断され、副腎が活動している場合に得られた結果にばらつきがあることの説明がどのようなものであるにしろ、脾臓と副腎が通常どおり神経支配を受けている自然の条件下で得られた通常の結果は、興奮で赤血球数が増加することを明確に示している。脾臓は血液の濃縮と蓄積を行う器官だ。脾臓が収縮すると、そこに蓄えられていた血液が放出されて通常の血液循環に加わる。脾臓の平滑筋を支配する交感神経インパルスは、情動に大きな乱れがあったときに生じる。この後に詳述する実験で、情動性赤血球増加は脾臓の神経支配に左右されることが証明される。この機能の重要性について、次章で考察しよう。

興奮が血液に及ぼすもう一つの作用として、単球(単核白血球)が相対的に増加する現象がある。メンキンの研究で、情動が短時間乱れた後に単球の数が平均で一三パーセント増加することがあるほか、情動性赤血球増加と同様に、単球の数がおよそ三〇分で元に戻ることがわかった(Menkin 1928: 489)。一方、脾臓が取り除かれるか、中枢神経系から切断された場合には、興奮後に単球数の増加が見られなかった。この場合も、強い情動状態の結果としてわずかな変化が認められる。この変化の重要性はまだ明らかでない。

第12章　痛みや大きな情動に伴う身体変化の有用性

ここからは実験で得られたデータの考察から、データの解釈へと移る。経験から得られる最も重要な教訓の一つは、観察した事実と、それらの事実から引き出される推論の区別を学ぶことである。事実には疑問の余地がないだろうが、説明は新たな事実やより広い視点の影響で変わることがある。こうした点に気をつけながら、これまでの章で示した結果の意味を議論していきたい。

これまでの我々の問いによって、ストレスを受けているときに分泌されるアドレニンが、注射されたアドレニンによって身体で引き起こされるあらゆる作用をもっていることがわかった。アドレニンは交感神経インパルスと連動して肝臓に蓄えられた炭水化物を引き出し、血中に糖を放出するほか、血液を心臓や肺、中枢神経系、四肢に分配する一役も担い、活動が抑制された腹部の器官から血液を取り除き、筋肉の疲労の影響をすみやかに解消し、血液を凝固しやすくする役割も果たす。さらに、こうした目を見張る事実は、高等生物の生活のなかで最も原始的な経験のいくつかとも関係している。それは人間と動物すべてに共通する経験——緊急事態に直面したときに突然生じる痛みや恐れ、怒りといった根本的な経験だ。こうした重大な身体変化にどういった意味があるのか？　そして、交感神経・副腎系にはどのような**緊急対応機能**が備わっているのだろうか？

痛みや大きな情動に伴う身体反応の反射的な性質と、反射作用の有用な特徴

痛みや、情動を引き起こすものの存在に伴う身体反応で最も重要な特徴は、それが反射作用の性質をもっていることである。意志による動作ではなく、たいてい意志ではどうすることもできない。ほかの反射も含め、こうした反応様式は神経系の動作に深く結びついており、適切な状況になると、生物として典型的な反応が生得的な自動性を通じて生じる。

反射で最も大きな特徴が「目的にかなう」性質、つまり、生物の健康維持やけがの防止に役立つ点にあるということは、長く知られてきた。吸い込む、のみ込む、吐く、咳をするといった反射作用は、生命の存続を助けるさまざまな反応のごく一例である。したがって、痛みや恐れ、怒りに伴うこうした自動反応――アドレニンや糖の分泌量の増加――を考察するときに、まずその有用性を調べるのは理にかなっている。

情動状態に伴う明確な変化――毛を逆立てたり、怒って歯をむき出しにしたりして示す**恐ろしい**様相――の原因として、これまで数多くの独創的な提案がなされてきた(Darwin 1905 : 101–117 を見よ)。こうした自発的な反応に最も広く当てはまる説明は、長きにわたる人類の経験のなかで、生存のための格闘において迅速な対応として築き上げられてきたというものだ。かつて生物の進化を論じた著者たちは、こうした反応が「先手を打つ」という特徴をもっている点を指摘している。スペンサーはこう述べている(Spencer 1855)。「強い恐れは、叫びや、隠れたり逃げたりする行動、動悸や震えとして表われる。これらは実際に悪を恐れる経験をしたときに伴う表出でしかない。筋肉系の全般的な緊張や、歯ぎしり、かぎ爪の突出、目や鼻の拡張、うなり声には、破壊的な感情が表われている。これらは獲物の殺害に伴う行動が弱まった形である」。マクドゥーガルはこの考え方を系統的に発展させ、特定の情動と特定の本能的反応のあいだに何らかの関係が築かれるという説を唱えた(McDougall 1908: 49, 59)。たとえば、恐れの情動は逃走を求める本能に関連し、怒りの情動は闘争や攻撃を求める本能に関連するといった具合である。クライルも最近これと同じ見解を示し、我々が神経構造に見いだした既存の経路を通じた反応を説明するに当たり、人類の長年の経験を通じて行われてきた適応と自然淘汰の重要性を強調している(Crile 1910: 893)。そして、「系統発生的な関連」の原理に基づき、進化の過程で被った無数の負傷から生まれた恐れが、負傷の可能性を前もって予期する行動へと発展し、その結果、個体の生存に役立つあらゆる攻撃的・防御的な活動を体内で引き起こせるようになったと、クライルは考えた。

痛みや強い情動体験に伴う血中のアドレニンと糖の濃度上昇に反射的な性質があり、かつ反射は概して有用な反応であることから、こうした状況では反射反応が有用であるのではないかとの推論は妥当だ。それならば、このような反応の重要性として何が考えられるだろうか?

これらの反応は**迅速に**起きなければ役立たないだろう。たとえば、カラスコ゠フォルミゲーラと筆者はアドレニンが反射的に分泌されてから一〇秒も経たないうちに、除神経術が施された心臓の鼓動が速くなることを示し(Cannon and Carrasco-Formiguera 1922: 215)、ブリトンは短時間の情動体験から三～六分以内に血糖が大幅に増加することがある——二〇～三〇パーセントの上昇も珍しくない——と報告している(Britton 1928: 340)。したがって、これら二種類の分泌物はほぼ即座に機能する状態にあるということだ。

アドレニンと血糖は連動して機能しているとも、それぞれ単独の機能をもっているとも考えられる。

ということは、アドレニンは神経インパルスと連動しながら機能して血糖を増やしている可能性もあるし、その機能に加えて、それとはかけ離れたほかの機能をもっている可能性もある。しかし、これらの可能性を考察するに当たっては、血糖増加の重要性そのものを議論しなければならない。

筋肉のエネルギー源としての血糖増加の有用性

我々が情動性糖尿について研究していたとき、血糖増加の重要性を示す手がかりが、マクドゥーガルの提唱した「逃走の本能」および「恐れの情動」と「闘争の本能」および「怒りの情動」の関係に見つかった。野生動物において恐れの情動と怒りの情動には活動(逃走、闘争)が伴う可能性が高く、きわめて激しく長い格闘では大きな筋肉の塊を収縮する必要があるため、血糖の動員は活動中の筋肉に対して通信機関の役割を果たしている可能性があるとの解釈が得られた。闘争には必ずと言っていいほど痛みが伴うので、もしかすると、痛みにはさらに大きな筋肉の活動が求められるだろう。「痛みの苦しみのなかで身体のほぼあらゆる筋肉が激しく活動する状態になる」とダーウィンは書いている(Darwin 1905：101–117)。これは「あらゆる動物は無数の世代を重ねるあいだに、大きな痛みに促されて最大級の多様かつ激しい活動を行うことによって苦痛の原因から逃れてきた」からである(1)。

筋肉の活動が炭素物質から供給されるエネルギーを利用して実行されることは、激しい筋肉の活動で二酸化炭素の排出量が大幅に増えることからわかる。その増加量は休息時の二〇倍を超えることもある。そして、筋肉にグリコーゲンが蓄積されていること、活動に刺激されて興奮した筋肉からグリコーゲンがなくなること(Nasse 1869：106；1877：483)、ストリキニーネの投与または長時間続く労働によって過剰な収縮が生じた後にグリコーゲンが減ること(Frentzel 1894 : 280)、グリコーゲンの蓄積量が減った場合(Zuntz 1911 : 841)や血糖値が低くなった場合(Mann and Magath 1923 : 403)に筋肉の活動能力が低下すること、そして、筋肉が収縮したときに出現する乳酸とグリコーゲンのあいだに単純な化学的関係があることはすべて、炭水化物(糖とグリコーゲン)が筋肉収縮の選択的なエネルギー源であることを示している。さらに、筋肉の活動の実行に脂肪を利用することはできるものの、活動の効率という点では炭水化物が脂肪を上回る(Krogh and Lindhard 1920 : 290)。そして、短時間の激しい活動のために特別な代謝、つまり身体の維持に要する以上の代謝が必要になった場合、炭水化物が代謝されることがわかっている(Furusawa 1925 : 65)。筋肉の活動を支えるうえでの血糖の重要性は明らかだ。

血流に乗って循環している糖が活動中の筋肉ですぐに利用されるかどうかは、これまで議論の対象となってきた。活動中の筋肉は休息時のおよそ三・五倍の血糖を使うというショヴォーとカウフマン(Chauveau and Kaufmann 1886 : 1062)の主張は、カンコー(Quinquaud 1886 : 410)およびモラとデュフール(Morat and Dufourt 1892 : 327)によって支持されているものの、パヴィ(Pavy 1894 : 166)には否定されている。パヴィは筋肉が収縮しているときに動脈と静脈の血糖値に相違を見いだすことができなかった。また、マグナス゠レヴィは、筋肉を通過する血糖値の変化はあまりにも小さくて誤差の範囲に収まると推定している(Magnus-Levy 1906 : 385)。一方、収縮している心筋に血液またはリンゲル液を繰り返し灌流させたとき、血中の糖が多かれ少なかれ消失する証拠は明確にある。ロックとローゼンハイムはウサギの心臓に八〜九時間にわたってリンゲル液を繰り返し循環させると、五〜一〇センチグラムのブドウ糖がリンゲル液から消失することを発見した(Locke and Rosenheim 1907 : 211)。また一九一三年には、パターソンとスターリングが、心肺の標本に血液を三～四時間にわたって繰り返し灌流させると、血中に加わったアドレニンによって心臓が絶えず刺激され、血中の糖が完全に消えることを示したほか、糖を供給し続けた場合、心筋一グラムが一時間に消費する糖は平常時のおよそ四倍の最大八ミリグラムに達することも明らかにした（Patterson and Starling 1913: 143）。内臓を摘出した動物は、血液が心臓によって体内に供給され、肺から酸素を受け取っているので、その動物自体を、正常な血液が筋肉に灌流される標本とみなすことができる。そのような状況下では、体内組織に利用された糖が肝臓から補完されないため、血糖の割合が低下し続ける（Macleod and Pearce 1913: 192; Pavy and Siau 1903: 375; Macleod 1909: 278 を見よ）。マンとマガトの実験も、これと同様の重要性をもっている（Mann and Magath 1923: 403）。彼らは肝臓を摘出して、その影響を調べた。摘出から一時間後の段階では動物はふだんどおりに見えたが、三～八時間経過すると筋肉は目に見えて虚弱になったうえ、血糖値も大幅に低下した。したがって、活動中の筋肉に短時間に出入りする血液中の糖を分析して、明確な違いを示せるほど正確な結果を出せるといっても疑念が生じるおそれがあるものの、前述のさまざまな実験で得られた証拠から、糖の供給が限られた状況で、筋肉質の器官に血液を繰り返し灌流させると、糖は多かれ少なかれ消失することがはっきりした。

血糖値の上昇が筋肉の効率の上昇に直結する証拠は数多くある。ロックは、取り出されたウサギの心臓に、酸素を加えた食塩水を灌流させた場合、心臓の鼓動が一～二時間後に弱まり始めることを示した。しかし、灌流させる液体に〇・一パーセントのブドウ糖を加えると、鼓動はすぐに目に見えて強くなり、徐々に弱まりながら最長で七時間続くこともあったという（Locke 1900: 671）。一方、シュンベルクは自身で通常の身体活動を大量に実施した後(したがって血糖を使い果たした後)、中指の屈曲をエルゴグラフで検査したところ、糖の溶液を飲んだ場合のほうが、それと同等の甘さのズルチン(人工甘味料)を飲んだ場合よりも、筋肉の能力が高かったという(Schumberg 1896: 537)。どちらの溶液を飲んだのか、実験中に彼は知らなかった。これらの実験結果はプラントナーとシュトーヴァッサーおよびフレンツェルによって確認されている(Frentzel 1899: 145)。リーとハロルドはネコを用いた実験で、フロリジンを使って動物から糖を取り除くと前脛骨筋がすぐに疲労することを発見した。しかし、フロリジンの投与後、動物に大量の糖を与えてから検査したところ、筋肉の活動能力は大幅に高まったという(Lee and Harrold 1900: ix)。証拠のなかでもとりわけ重要なのは、マンとマガトの研究であ(Mann and Magath 1923: 403)。肝臓を摘出したために死にかけていた動物が昏睡状態に陥り、意識を失って、横隔膜を除いて筋肉をまったく動かせなくなったように見えた。そこでグルコースを注射すると、一分もしないうちに、その動物は立ち上がり、歩き回り、尻尾を振り、水を飲むといったように、ほとんど正常な行動を見せるようになったという。当然ながら、これらすべての証拠は、血中の糖が収縮する筋肉によって迅速に利用されうるとの見解に合ったものである(2)。

前述の実験結果から、筋肉は炭水化物の形で保存されているエネルギーをなるべく利用することによって活動していること、筋肉の激しい活動ですぐに利用可能な炭水化物や蓄積されているグリコーゲン、血糖の量が大幅に減る可能性があること、そして、糖の量が少なくなった状況下では、血糖の増加によって筋肉が収縮を続ける能力が著しく高まることが明らかになった。したがって、大きな情動や痛みに伴う血糖の増加は、逃走や闘争、格闘にかかわる筋肉の激しい活動において、生物に直接恩恵をもたらすとの結論は正当であるように思える。

血中で増加したアドレニンが疲労の影響を緩和する効果

放出されたアドレニン自体がもつ機能で、筋肉の力強い収縮に役立つとみられるものは、疲労した筋肉の被刺激性の回復にアドレニンが果たす作用を説明した章ですでに触れている〔本邦訳未収録の原書第8章で言及〕。副腎の除去によって筋肉の力が弱まる、副腎の分泌物を注射すると元気が出るといった影響は、研究の最初期に得られた証拠で証明されている。こうした理由から、痛みや大きな情動の反射的な結果として増加した副腎の分泌物そのものが、筋肉の活動を実行するうえで運動発生的な要素の一つとして機能している可能性はありそうだ。そうした可能性にもとづき、ニス（Nice）と筆者は内臓神経を刺激した（その結果、副腎の分泌を引き起こした）場合や、アドレニンを注射した場合に、疲労した前脛骨筋の収縮にどのような影響が出るかを調べた。すでに述べたように、動脈の血圧が正常な状態で、内臓神経が刺激されているときに脚で血圧が上がらないようにした場合、疲労した筋肉の収縮が明確に高まることが、我々の研究でわかった。この結果から、血中に放出されたアドレニンが、大きな情動の際に生じる神経インパルスに対して疲労した筋肉がよりよく反応する状態をつくることによって、生物に有利に働いているのではないかと、我々は推論した。

この推論を基に実験を行ったのがグルーバーである。疲労した神経筋と筋肉器官の閾刺激に対する、ごくわずかな量のアドレニン（〇・一または〇・五立方センチメートル、一〇万倍希釈液）と内臓神経の刺激の影響を調べた。思い出してほしいのだが、疲労によってその閾値が一〇〇あるいは二〇〇パーセント上がることも珍しくなく、場合によっては六〇〇パーセントも上がることがある。以前の刺激の長さに応じて一五分から二時間の休息をとることで、閾値は正常に戻る。しかし、少量のアドレニンを与えた場合、三～五分で正常な閾値に戻ることがある。

前述の証拠から、アドレニンは血中に放出されると、肝臓に蓄積されたグリコーゲンから糖を引き出す作用を促すだけでなく、疲労して本来の被刺激性を失った筋肉を元気なときと同じ反応まですみやかに回復させるうえで、目を見張る影響をもたらすと結論づけられる。したがって、痛みや恐れ、怒りに伴って放出されたアドレニンは、身体の筋肉を無条件で神経系の支配下に置く。神経インパルスが筋肉を最大限の活動状態に高めるうえで遭遇しうる困難が、実質的に消え去るのである。アドレニンの供給は、血中に新しく放出されたエネルギー源である大量の糖とともに、こうした機構が最も効率的な動物に対して、筋肉が最大限の力を発揮するためにできる限り最高の条件を与えることになる(3)。

初期の研究者の何人かは、アドレナリンの注射で血糖が増加することに気づいていたものの、その条件が代謝で利用される糖の増加に関連している証拠を見つけられなかった。この現象は糖を直接注射したときに起きることから、アドレニンによって生物が炭水化物を消費する能力が低下するとの結論が導き出されていた(Wilenko 1912: 58)。しかし、こうした当初の結果や結論は後年の研究者に支持されてこなかった。ラスクとリシュはイヌにアドレニン(体重一キログラム当たり一ミリグラム)を皮下投与し、同時に五〇グラムのグルコースを経口投与したところ、それらは糖の利用にまったく影響しなかったと報告している――呼吸商は数時間にわたって一・〇のままだった(Lusk and Riche 1914: 68)。

これはグルコースのみで得られるであろう数値だ。トムキンズとスタージス、ウェアンは兵士におけるアドレニン注射の影響を研究した(Tompkins, Sturgis and Wearn 1919: 269)。入念に制御された三四回の実験で注射によって代謝が高まり、三四回のうち二七回で呼吸商が一・〇まで上昇した。サンディフォードは同様の研究を人間で実施した(Sandiford 1920: 407)。アドレナリンは常に代謝率の上昇を引き起こし、たいていは肺換気量の上昇や、呼吸数の増加、心拍数の増加、一回の心拍で出る血液量の増加、脈圧の増加、呼吸商が一定に向かう動きが伴う――これもまた、炭水化物の代謝に重点があることを示している。

したがって、我々は次のように結論づける。興奮の結果として血中のアドレニンと糖が増加した場合、糖の濃度が高くなったのは、アドレニンが体内組織による糖の利用を妨げているからではない。そして、興奮や内臓神経の刺激に伴ってアドレニンの放出が短時間増えたときに、エネルギー源としての糖の利用が何らかの有害な形で影響を受ける証拠は今のところない。実際のところ、アドレニンによって心臓で糖の利用が増えるという前述のパターソンとスターリングの観察結果は、アドレニンの生理的な放出が体内組織による糖の利用に悪い影響ではなく、よい影響を及ぼしうることを示しているとも考えられる。

筋肉の能力を最大限に発揮しやすくする、交感神経・副腎系による血管の変化

情動の興奮のあいだに血中に放出される糖とアドレニンが、生存を懸けて格闘する体の動きを効率化するという前述の主張とよく符合するのが、増加したアドレニンがおそらく交感神経の支配と連動

して引き起こす血管の変化である。オリヴァーとシェーファーらによる身体部位の体積変化の研究についてはすでに触れた〔本邦訳未収録の原書第7章104ページで言及〕。ここで思い出されるのは、彼らの観察結果やその他の新しい研究で、注射されたアドレニンが腹部内臓から緊急対応を求められた器官――中枢神経系、肺、心臓、活動中の骨格筋――へ血液を送り込むことが明らかになったことだ。脳と肺に効果的な血管収縮神経がないこと、および活動量が増加したときに心臓と骨格筋で血管床が大きくなることから、これらの器官への血液供給は全体的な動脈圧の高さに左右される。すでに述べたように、痛みや大きな興奮が生じると、動脈圧は大幅に上昇する可能性が高く、その結果、収縮していない血管や実際に拡張した血管を流れる血液がいっそう増えることになる。

アドレニンは取り出された心臓を刺激して、心拍数と心臓の収縮の度合いを高める作用をもつことがよく知られている。この作用は、アドレニンが交感神経インパルスの活動を刺激するという全般的な法則と一致している。しかし、心臓が体内で正常な関係を維持している場合、アドレニンが鼓動を遅くするともよくいわれている(Biedl 1913: 464を見よ)。この見解は明らかに、その研究で使用されたアドレニンの量が大量であることに起因する。その量は生理的な限界をはるかに上回り、動脈圧の大幅な上昇を引き起こして、心筋に対するアドレニンの自然の影響が、迅速な収縮を阻む機械的な障害や、中枢神経系からの抑制的なインパルスに打ち消される。ホスキンズとラヴレットは、副腎からの放出に似たやり方でアドレニンを血管に注射するように心がければ、血圧の上昇だけでなく、一般的に心拍数の増加も起きることを示している(Hoskins and Lovellette 1914: 317)。したがって、動脈圧の上昇に伴って心臓に求められる活動量が高まると同時に、心臓に送り込まれる血液の量も増え、筋肉がアドレニンと交感神経インパルスによって興奮して，心拍数が上昇し，鼓動が激しくなる。このように，心臓の鼓動の高まりは，緊急性の高い状況における副腎のほかの適応的な機能と連動している。

筋肉が活動するうえで心拍数の増加が最も重要であることは，心臓の神経が完全に切断されたイヌに対する実験からわかっている。カンポス，ランディン，ウォーカー，筆者によるこの実験で，イヌは毎分一一〇メートルのペースで一六七分間走り，二万キログラムメートルのエネルギーを消費して，毎分の心拍数が九六回から一五六回まで上がったところで，疲労困憊の兆候を見せた（Campos, et al. 1929: 680）。一〇月一一日には，アドレニンの影響下で毎分一四八メートルのペースで二〇三分間走り，三万三〇〇〇キログラムメートルのエネルギーを消費して，心拍数が八四回から一五六回に上がった。一一月一日に心臓の神経が切断された後，イヌが走らされたときに観察された最大の心拍数の増加は，毎分一二回だった。イヌは疲労の兆候が見られるまで走らせることはできなかった。比較的短い時間走った後，四本の脚で地面に踏ん張って，動こうとしなかったのである。しかし，アドレニンを投与すると，心拍数は基礎値（毎分九六回）から一二〇回まで上昇し，それとともに活動能力が大幅に高まった。たとえば一二月一日には，イヌは短時間の走りを何度か繰り返し（一三分間と一五分間が一回ずつ，その他は一回二～三分間だった），合計四四分間を毎分一二九メートルのペースで走って，六〇〇〇キログラムメートルのエネルギーを消費した。イヌはそれ以上の活動はせず，心拍数は九六回にとどまった。四日後〔原文ママ〕（一二月四日），イヌにはアドレニン（一キログラム当たり〇・〇三五ミリグラム）が開始時とその後二回与えられた。毎分一二三メートルのペースで一時間半にわたって走り――最初の三〇分は「着実な」走りだった――一万二〇〇〇キログラムメートルのエネルギーを消費した。心拍数は九六回から一二〇回まで上昇した。これらの結果は典型的だ。心臓が器官の調整に加わらない場合に走る能力が大幅に制限されることを、きわめて明確に示している。

赤血球数の増加の重要性

格闘や逃走が緊急に必要になると、筋肉の収縮の代謝産物を燃やすための酸素が大量に供給されるほか、その結果生じる二酸化炭素がすみやかに体外へ排出される。酸素も二酸化炭素も血液の赤血球によって運ばれる。内臓の血管が収縮し、鼓動が速くなったことによって血圧が高くなった場合、脳や脊髄の収縮していない血管や、活動中の筋肉の実際に拡張した血管で血流が速くなる。したがって、ふだん利用できる赤血球が肺と活動中の器官を往復する頻度が増して、より多く使用されるようになる。

呼吸ガスを大量に運ぶだけでなく、脾臓に濃縮されて蓄積されている予備の赤血球も放出される。すでに説明したように、短時間の興奮によって循環する赤血球が二〇パーセント以上増えることがある。こうした酸素や二酸化炭素の予備の運び屋は単純に血流に加わるわけではなく、心臓の鼓動が速くなったときや動脈圧が高いときに放出される。したがって、このような状況で赤血球の動きが速まることで、赤血球が生物に果たす役割は高まる。疲労は主に、活動中の筋肉における不揮発性の老廃物(乳酸)の蓄積によって生じる。興奮によって赤血球が増加すると、不揮発性の老廃物を燃やして揮発性の二酸化炭素をつくるための酸素の供給が増えるほか、二酸化炭素を肺まで運んで体外へ排出しやすくなり、その結果、筋肉の活動時間が延びる。

呼吸機能の変化は激しい運動を助ける

激しい運動が始まるとすぐ、肺の換気が徹底されるように呼吸が変化する。呼吸が深くかつ速くなるという現象は、痛みや情動の興奮を経験している動物において最も特徴的な反応の一つだ。苦痛や恐れ、怒りに伴って、あるいはそれらに続いて闘争や逃走といった激しい活動を行うに当たり、その生物に最も役立つのもまた反射反応である。そうした強制的な呼吸によって血中の二酸化炭素が大幅に減少して、一分間あるいはそれ以上も呼吸の必要性が生じないことがある（Haldane and Priestley 1905 : 255を見よ）。また、ダグラスとホールデーンは、筋肉を酷使する前にほどほどに強制した呼吸を三分間続けておくと、呼吸の苦しさが大幅に軽減されるほか、吸い込む空気の量と吐き出す二酸化炭素の量が減少することを発見した（Douglas and Haldane 1909 : 1）。さらに、活動の後に心臓の鼓動がそれほど速くならず、高まった心拍数が平常値に戻るまでの時間も短くなった。したがって、深い情動体験に伴う強制的な呼吸は、血中の二酸化炭素を先行して削減していると解釈できる。筋肉の酷使が始まってすぐに二酸化炭素の排出が増加するのに備えているのだ(4)。

呼吸をするたびに肺で空気が出入りするとき、空気は細気管支と呼ばれる気管の細い部分を通らなければならない。細気管支には平滑筋が備わっており、おそらく身体のほかの部分にある平滑筋と同じように、通常は緊張性収縮の状態にあると考えられる。喘息のときのように、緊張性収縮が大幅に強まると、呼吸が困難になり、体が休んでいる状態であっても、最低限必要な肺の換気を維持するために異例の努力が必要になる。激しい活動の最中には、一回呼吸するたびに空気が体積と速さを大幅に増した状態で細気管支を通り抜けなければならない。したがって、たとえば走って「息を切らした」健康な人でも、喘息患者の場合と同じように、入ってくる空気の流れに対して細気管支が**相対的に**小さすぎる状態になることがある。さらに、呼吸を十分な速さで無理やり繰り返して身体の要求を満たそうとして、エネルギーが余分に消費される。おそらく最も好都合な状態にあっても、激しい運動で無理に呼吸することには、呼吸ガスの流れを加速する活動がある程度伴うだろう。細気管支の壁にある環状筋の緊張性収縮が弱まって細管が拡張すると、この余分な活動も弱まるのは明らかだ。アドレニンを血流に注射すると、その確かな作用の一つとして細気管支が拡張することは、数多くの研究者がさまざまな方法で示してきた(Januschke and Pollak 1911 : 205 ; Trendelenburg 1912 : 1 ; Jackson 1912 : 59 を見よ)。情動の興奮に伴って放出されたアドレニンは、心臓を出て気管支動脈に入り、すぐにその領域へと運ばれる。したがって、アドレニンの最初の作用として、肺の平滑筋が弛緩することもあるだろう。これもまた、激しい格闘で酸素の大量供給と二酸化炭素のすみやかな排出が必要になったときに、生物の体の働きを効率化するまさに直接的な方法である。

痛みや興奮に伴う影響に似た、窒息による影響

これまでのところ、痛みや情動の興奮に伴って起きるあらゆる身体変化は、その後に自然に起きる本能的行動を**見越したもの**であると考えられている。そしてこれまで見てきたように、そうした反応は生物に要求される激しい活動への準備であると解釈するのが妥当だろう。この事実に対する解釈を裏づけているのは、情動の興奮によって先を見越した形で生じた変化が激しい活動そのものによって

持続するか、あるいはひょっとしたら増大するような機構の発見である。

逃走や闘争が伴うような激しい活動では、必要な量の酸素が十分に供給されないこともある。その場合、情動に伴って呼吸器や循環器に変化が起きて体が激しい活動に備えていても、活動中の部位の効率を高く保つ準備が効果を発揮し続けないことや、足りなくなることがある。激しい活動が長引くなかで息苦しくなってあえいだ場合、あるいは、活動を終えた後に息苦しい状態がかなりの時間続いた場合、それは部分的な窒息の状態が生じた証拠である。誰もが知っているように、この状態はそれ以上の活動にとって明らかに不利なのではあるが、窒息そのものは刺激として作用することもある(Hoskins and McClure 1912: 355 を見よ)。

ホスキンズと筆者は、さまざまな条件が副腎の分泌物に及ぼす影響を研究するなかで、窒息の影響を調べた(Cannon and Hoskins 1911: 275)。血液の活動を比較するに当たっては、腸のセグメントを指標として利用した。血液は窒息の前に副腎静脈の上に位置する下大静脈と大腿深静脈からできるだけ間を置かずに採取し、窒息が生じた後も同じ部分から採取した。したがって、脚の毛細血管を通過した後の大腿深静脈の血液は、副腎静脈からの流入を受けた後の同じ血液と比較するうえで基準の役割を果たす。窒息を起こす際には、気管カニューレを覆った状態を呼吸が困難かつ遅くなるまで続けた。呼吸できるようにすれば、元の状態に戻る。したがって、それほど極端な実験ではないと見なすことができる。

前述した度合いの窒息の結果を、**図38**にグラフの記録として示した。窒息の前に(平常時に)下大静脈と大腿深静脈から採取した血液はどちらも収縮の抑制を起こすことができなかった。窒息後に大腿

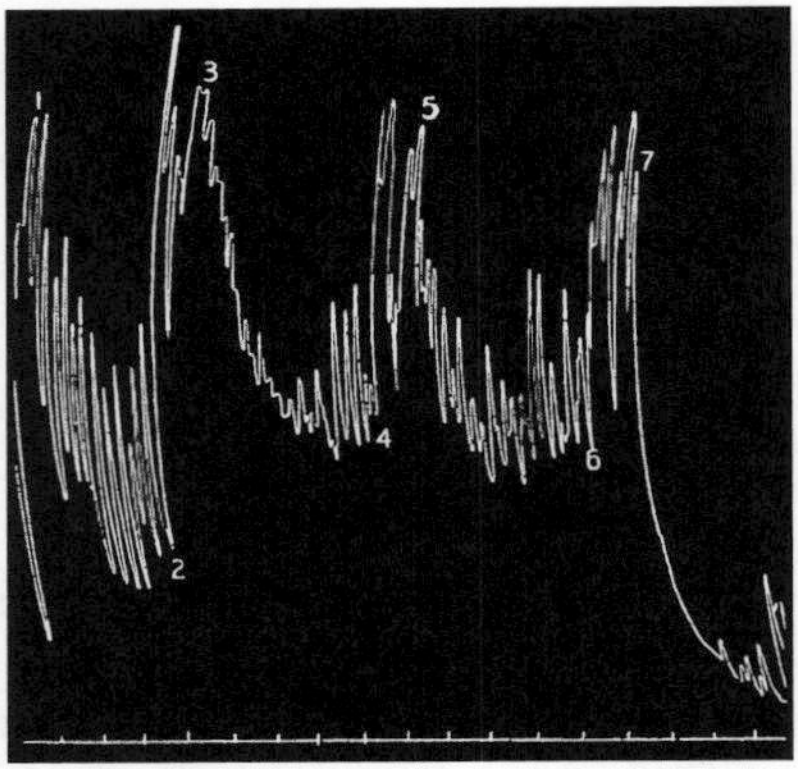

図 38　窒息によって生じた副腎の分泌．1 で平常時の下大静脈の血液を加え，2 で取り除いた．3 で平常時の大腿深静脈の血液を加え，4 で取り除いた．5 で窒息後の大腿深静脈の血液を加え，6 で取り除いた．7 で窒息後の下大静脈の血液を加えた．時間の目盛りは 0.5 分刻み．

深静脈から採取した血液では、窒息前に同じ血管から採取した血液とほぼ同じ影響が生じただけだった。したがって、窒息では全般的な静脈の流れに目立った変化は生じないということである。一方、窒息後に下大静脈から採取した血液には、窒息前に同じ領域で採取した血液とははっきりと異なる影響があった（**図38**で1の後と7の後の記録を比べてほしい）——副腎の分泌物の存在を示す典型的な抑制作用を引き起こしたのである。[5]

穏やかな窒息で得られた明確な結果が血中のアドレニン以外の物質に起因しないことは、窒息後の大腿深静脈の血液が抑制作用を引き起こさず、一方でほぼ同時に採取した下大静脈の血液がすぐに腸の筋肉の弛緩を引き起こしたことからわかる。したがって、窒息は副腎の分泌物を増やすという結論が導き出された。

以上の観察結果と結論は一九一二年にアンレップによって裏づけられた（Anrep 1912: 307）。神経を除去した肢と神経を除去した腎臓が窒息に伴って収縮するのを確認したのである。さらに一九一四年には、ガッサーとミークがイヌを三〇秒にわたって窒息状態にした後に、除神経術が施された心臓で明確な心拍数の増加を観察した(Gasser and Meek 1914: 63)。一九一九年には筆者(Cannon 1919: 399)が、一九二二年にはカラスコ＝フォルミゲーラと筆者(Cannon and Carrasco-Formiguera 1922: 215)が同様に、除神経術が施された心臓を用いて確認した。これらの実験すべてで、副腎の影響を取り除いた後にこの現象は起きなかった。さらに、カラスコ＝フォルミゲーラと筆者による実験では、窒息中に副腎からの血流の有無に応じて、心拍数の増加が起きたり起きなかったりした。裏づけはほかにもある。ケラウェイが一九一九年に(Kellaway 1919: 211)、ハルトマンとマコードック、ローダーが一九二三年に神経を切除した虹彩で確認したほか(Hartman, McCordock and Loder 1923: 1)、トゥルナードとシャブロルが一九二三年に(Tournade and Chabrol 1923: 1180)、ウーサイとモリネッリが一九二五年に窒息させた動物の副腎の分泌物を副腎静脈から別の動物の血流に直接入れてその効果を検証している(Houssay and Molinelli 1925b: 402)。これほど多数の肯定的な研究に異議を唱えたのが、一般的な窒息でアドレニンの増加がまったく認められなかったとするスチュアートとロゴフの研究である(Stewart and Rogoff 1917a: 49)。窒息がアドレニンの分泌に影響しないと主張するのは彼らだけだ。小玉はスチュアートとロゴフの手法を用いて我々の結果を確認している(Kodama 1924: 47)。交感神経・副腎系が窒息から刺激を受ける証拠は圧倒的である。しかも、ズヴェマーとニュートンが示したように、副腎に対する神経支配でさえも必須ではない(Zwemer and Newton 1928: 507)。副腎への血流を一〇秒にわたって完全に止めさえすれば、神経を切断した副腎もアドレニンを分泌するようにでき、除神経術が施された心臓の心拍数が高まるのである。したがって、窒息は脳や脊髄の交感神経中枢への活動のみならず、副腎髄質そのものに対する末梢の活動によっても効力を生じる。

痛みや興奮と同じく、窒息ではアドレニンの放出だけでなく、その事実から推察されうるように、糖の動員も起こる(証拠と参考文献はBang 1913: 104–108を見よ)。さらに、シュタルケンシュタインによる研究で、副腎が切除された場合、一酸化炭素中毒による窒息で血糖の増加が起きないこともわかっている(Starkenstein 1911: 94)。

したがって、強い情動の後に激しい活動があると、窒息の状態になる可能性が高い。これは情動の興奮や痛みとともに、あるいはひょっとしたらこうした状態の影響の続きとして働いて、さらなるアドレニンの放出や肝臓からの糖の生成を引き起こすだろう。そして、それらは前に述べたような形で活動中の筋肉に供給される。この考え方は、激しい身体的活動に伴う窒息によって多量の糖が動員され、活動中の筋肉で糖の使用量が増えるにもかかわらず糖尿が起きることがあるという、ツンツの主張と合致している(Zuntz 1911: 854)。

アドレニンが細気管支の平滑筋の弛緩を引き起こすという前述の証拠は、窒息時に副腎の分泌物が放出される証拠と合わせて、呼吸困難を緩和する措置が生物の体内で自動的にとられる可能性を示唆している。激しい活動を続けてきた人が「息切れ」にもかかわらず、ほとんど奇跡のように回復して元気を取り戻し、呼吸が楽になる現象はよく知られている。この現象についてはこれまで数多くの説明がなされてきたが、体を支える機構の作動によるものだとも考えられそうだ。これまで見てきたように、この機構は情動の興奮に伴って身体の活力を高めるうえで、きわめて重要な役割を果たしている。糖とアドレニンの放出、筋肉を通る大量の血流――エネルギーの供給と疲労の緩和――そして、細気管支の壁の弛緩はすべて、窒息の結果として生じた現象と考えるのが妥当であろう。この現象は、その原因となった苦痛そのものを解消するうえで大きな役割を果たすことは確かである。この説明に基づけば、激しい活動を続けた後に呼吸が楽になる現象は、痛みや興奮に伴って観察され、身体的な格闘の効率化につながる身体変化と同じグループに含まれるだろう。

血液の喪失を防ぐうえでの迅速な凝固の有用性

これまでの議論で、血糖の増加、アドレニンの分泌、血液循環の変化、そして痛みや情動の興奮に伴う赤血球増加は、闘争や逃走が必要になるなど、痛みや情動の興奮を伴う可能性が高い状況に対して野生動物の身体が適応した結果として解釈されてきた。これらと同じ状況下で血液の凝固がより迅速になることも、生物にとって有益な適応プロセスと見なせるかもしれない。とりわけ生死が懸かった闘争では、血液を維持することの重要性は議論するまでもない。局部的な傷を負った際に血餅ができて開いた血管をふさぐ作用は明らかに、出血に対して生物の体を保護するための適応である。しかし、血管を開放させるような傷が広範囲に及ぶと、おそらく痛みも伴うだろう。そしてこれまで見てきたように、痛みが生じる状況はアドレニンの分泌を増やし、血液の凝固を速める。したがって、大量の出血がある状況では、傷そのものが体内で引き起こす二つの作用によって、傷が生命に及ぼす危険が緩和される。それは、負傷箇所での局部的な血液凝固作用と、アドレニンの反射的な分泌が凝固の速さに及ぼす全般的な作用である。

ここに記した議論に従えば、恐れや怒りといった強い情動は、その後の活動で最も役立つであろう身体変化に付随するものだと解釈するのが妥当である。こうした身体変化は、痛みや激しい格闘に伴って起きる変化とあまりにもよく似ているため、進化に関する初期の文献に書かれているように、情動は実際の闘争の苦痛や激しさの前兆であるとも考えられる。したがって、この一般的な原則に基づくと、激しい情動状態に伴う身体変化は、闘争や考えられる負傷に対する生物の備えとして、痛みそのものが引き起こす作用を伴うのが自然だろう。そして、血糖の増加、アドレナリン分泌の増加、血液循環の調整、赤血球の増加、迅速な血液凝固はすべて、それらの効果を最大限に発揮できる生物の保護に役立つのである。

いくつかの批判に対する考察

先ほど述べた結論はデュマによって批判されている(Dumas 1922: 68; 1923: 606)。彼の論点のいくつかは、証拠とそこから導かれた推論に対する明らかな誤解に基づいている。その部分を引用してみよう。「アドレナリンは逃走だけでなく格闘にも役立つ」――しかし、アドレナリンが情動を区別すると見なされたことはない(245ページを見よ)。情動の興奮に伴う身体変化の象徴として、アドレナリンは準備を示すものであり、逃走も格闘も筋肉の激しい活動を伴うことから、両者に伴う身体変化がそうした活動での成功に役立つのだ。「アドレナリンは腸から血液をなくすが、脳や肺には何も作用を及ぼさない」――しかし、一九一五年に指摘されているように〔本邦訳未収録の原書第7章106ページで言及〕、まさにそれらの領域でも、活動中の筋肉と同じく、循環する血液の量は増える。「恐れや怒りに伴って蒼白が認められることがあり、これは末梢の血管拡張とは矛盾する」――しかし、一九二〇年に説明されているように〔原書第7章105ページで言及〕、アドレナリンは骨格筋の拡張と皮膚血管の収縮を引き起こす。「グレイとカンコーは、アドレニンは全体的な血液循環では希釈されるためにその特性が表われないことを示したようである」——しかし、それとは逆の証拠の存在が長年知られており、一九二五年にはグレイが効果的な「アドレナリン血症」の存在を認めた(Gley 1925: 102)。「スチュアートとロゴフは、副腎を不活発にされたネコが通常のネコと同じ怒りと恐れの反応を見せることを示した」——しかし、動物の情動表現が分泌されたアドレニンに左右されるとの主張はこれまでにない。「身動きがとれなくなる恐れの度合いは、逃走にスピードをもたらす恐れと同じである」——正しいが、適切さを欠く。活動に対する体内の準備を利用し損ねることは、利用されたときの有用性を否定する議論として妥当ではない。

強い情動の興奮に伴って見られる眉間のしわや鼻孔の拡張といった顔の細かな表情に対して実用的な説明を考える際に想像力を自由に働かせる行為を、デュマが嘲笑しているのは正しい。スペンサーとダーウィンはこうした顔の表面上の変化の大半について説明したが、我々が関心を寄せてきたもっと深い体内の変化については何も知らなかった。デュマの著作からの引用のいくつかがほのめかしているような形で、我々が、恐れや怒りがそうした変化に左右されることを示そうとしてきた、という事実はない。これまで我々は一組の事実と向き合って、それを理解しようとしてきた。これらの事実は、生存への奮闘と関連づけて考察すれば、ただちに重要性を帯びてくる。これまで長い歳月をかけて、この奮闘は磨き上げられ、最も効率のよい形質が容赦なく選択されてきた。恐れを抱いたときに常に身動きがとれなくなるとすれば、身を滅ぼす危険しか生まれなくなる。しかし、危機的な状況を予期する反応としての恐れや攻撃的な感情は行動への備えであり、したがって生存に大いに役立つ価値をもっている。こうした情動に伴って身体の力を動員する体内調整の見事なシステムもまた、生存に大いに役立つ価値をもっている。ここまでの議論で、身体変化に対して筋の通った解釈が導かれたのではないだろうか。とはいえ、さらに妥当な学説が提示されるのならば歓迎したい。

注

(1) 痛みも大きな情動も、時に作用を刺激するのではなく抑制することが知られている。たとえば、マーティンとレーシーは痛みを引き起こすような刺激で血圧が低下することを示し、痛みを経験したときによく観察される血圧の上昇は同時に生じた精神の乱れによるものだと考えた(Martin and Lacey 1914: 212)。おそらく、逃走の可能性の認識(その可能性によってもたらされる精神状態も含む)と刺激の影響の度合いには何らかの関係があるのだろう。したがって、体内に起因する痛み、あるいは活動によって痛みが増しそうな負傷に起因する痛みは、活動につながらない可能性が高い。一方、ウマに使う鞭や拍車は外部の痛み刺激がもつよく知られた効果を示す。

同様に、強い情動と関連して、**実行すべき明確な行為**が出てくるまでの影響が麻痺であることもある。したがって、恐れはあらゆる情動のなかで最も抑制効果が大きいとみられるが、ダーウィン(Darwin 1905: 81)が指摘しているように「恐れから自暴自棄へと駆り立てられた人間または動物は目を見張るような力を備え、何よりも危険であることが知られている」。

人間における情動の興奮の事例を詳述した研究の結果、ストラットンは最近、次のような結論を導き出した(Stratton 1928: 363)。「**興奮と情動は全般的に不適合性の主因でもよくある原因でもなく、人の適合性を低下させる反応でもない。それらは通常、人の適合性を高める反応であり、その時点で不適合に見える日常の決まりきった反応様式を補完する。**穏やかな活動が不適合に**見える**とき、あるいは実際に不適合で**あると**

きに生じることもある。しかし、情動そのものは通常、少なくとも昂進の段階にあるときには、その場面によりふさわしい状態へ向かう一助となる。情動は成功の見込みがある何か、生得的かどうかにかかわらず人の資質全体で見込みのある何かを使いやすくし、万全の状態に近づけることによって緊急事態への対応を助ける。その何かは知覚、運動、知力、快楽、あるいは神経インパルスにかかわるものであり、本能的あるいは習慣的なものである。情動によって活気づけられた目的の背後にあり、その目的を支えているのは、じつに多種多様な特徴をもつ力の数々だ。したがって、こうした経験を研究することにより、興奮がもつ機能や、並外れた困難に立ち向かう精巧な装置として特殊化した情動それぞれの全容解明が進む」。

（2）コリとコリは最近の研究で、アドレニンは「血糖の利用量の減少」および乳酸（肝臓でグリコーゲンに戻る）への変化を通じた「筋肉のグリコーゲンの動員」によって高血糖を引き起こすと結論づけた（Cori and Cori 1928）。しかし、彼らはきわめて大量のアドレニン――体重七〇キログラムの男性で一四立方センチメートルに相当――を使用していることから、彼らの結果は生理学ではなく病理学と見なすべきである。血流に糖として「筋肉のグリコーゲンを動員」する**生理的な**機構は存在しない。生理的には、筋肉のグリコーゲンは筋肉が収縮したときに乳酸に変わる。活動なしにグリコーゲンを「動員」して肝臓へ戻すというのは、生理的な作用の曲解だ。そうした「動員」は、前線から兵力を引き上げて兵舎に落ち着かせるようなものである。

（3）情動や痛みに伴うこうした結果が行動によって「解消」されなかった場合、血中の過剰なアドレニンと糖が病理的な影響をもたらす可能性があると考えられる（Cannon 1911 : 742 を見よ）。

（4）筋肉の活動で余分な熱が生じると汗が出る。その汗が蒸発することによって、激しい活動による熱で体温が急激に上がるのを防いでいる。強い情動や痛みに伴って皮膚に「冷や汗」が出る現象もまた、その後に始まるであろう筋肉の激しい動きに備えた反応であると考えることもできる。

（5）この明確な結果は、それぞれの状況下で下大静脈と大腿深静脈の血液を比較する必要はなく、下大静脈の窒息前後の血液だけを比較するだけで十分であることを示唆しているのかもしれない。このように明確な結果は得られたものの、この現象は副腎を注意深く切除したうえで極度の窒息(呼吸の停止など)を起こした場合にも生じた。極度の窒息では腸の収縮を抑制する物質が血液に含まれる可能性があることが、これで示された。ある事例で、血液にアドレニンが含まれていないことを確認した後、横隔膜のすぐ下で大動脈と大静脈を結紮し、首の中ほどで頸動脈も結紮して、極度の窒息を起こした(五分間続いた)。すると、心臓から採取した血液が、腸のセグメントの脈動をはっきりと抑制した。したがって、**極度の**窒息を経験した動物から採取した血液の抑制作用はおそらくアドレニンだけに起因するものではないのだろう。

第13章　情動の興奮が活力をもたらす作用

情動と筋肉の活動が密接に関係していることは長年知られてきた。シェリントンはこのように指摘している(Sherrington 1906: 265)。「情動(emotion)は我々を「動かす(moves)」から、そう呼ばれている。情動は強くなると、体を活発な動きへと駆り立てる。体の活発な動きの一つひとつは……気づきにくいものの、循環器や呼吸器をはじめとする内臓との連携で成り立っている。体を動かす筋肉に特別な要求がもたらされると、エネルギーとなる物質を筋肉に供給する栄養器官の活動が活発になる」。本書で取り上げた数々の研究で、内臓が情動に乱されることによって筋肉の活動が効率化される意外な事例が数多く明らかになった。これまでに述べた内臓の変化には、次のようなものがある。消化管における作用が停止する(その結果ほかの部位にエネルギーが供給される)、血液が腹部内臓から筋肉の活動にただちに必要な器官へ移動する、心臓の収縮が活発になる、呼吸が深くなる、細気管支が拡張する、筋肉疲労の影響がすみやかに解消される、血液循環に糖が動員される——これらの変化は、**時に恐れや怒り、痛みを伴うエネルギーの激しい表出において、生物の活動を効率化するうえで直接役に立つものである。**

「力の貯蔵庫」

大きな情動に活力をもたらす効果があることは広く知られてきた。[1] ダーウィンは「怒りが興奮をもたらす性質をもつことの証拠として、極度に疲労した人物が自分自身を元気づけるために、不快な場面を想像して、無意識に怒り出すことがある」との話を聞いたという。そして、ダーウィンはこう続ける(Darwin 1905: 79)。「この話を聞いて以降、私はこれがまったくの真実であると認識することが時折あった」。また、人間は恐れの衝動に駆られると、並外れた走りや跳躍を見せることが知られてきた。マクドゥーガルはこのようなアスリートの事例を紹介している(McDougall 1908: 50)。その人物は子どもの頃、獰猛な動物に追いかけられたときに壁を飛び越えたのだが、その壁を再び「クリア」できたのは、背が伸びきって十分な体力を獲得してからだったそうだ。大きな興奮を抱いたときに活力がもたらされる効果を鮮烈に表わしている例が、アメリカの探検家ジョン・コルターの偉業である。同時代の人物の報告によれば、コルターは一八〇八年にモンタナ州で一人の仲間とともに先住民に捕らえられた。コルターは素っ裸にされ、抵抗した仲間は殺されてずたずたにされた。その後コルターは、プレーリーを横切って逃げるように部族の長から身振りで促された。すると、少し進んだところで、若い連中が何もかもを置き、武器だけを持って追跡の準備を整えるのが見えたのである。「そこで彼らの魂胆がわかった。これから競争が始まる。戦利品は彼の命と頭皮だ。彼が全力疾走で逃げ始めるとすぐ、鬨《とき》の声が上がった。振り返ると、槍を持った若い戦士たちの大軍が猛スピードで追いかけてくる。興奮は最高潮に達し、力を振り絞って全力で逃げた。恐れと希望が彼の手足に超人的な活力を与えたのか、逃げ足の速さに自分でも驚いた」。三マイル(約四・八キロメートル)近く走ると、疲れが出始めた。立ち止まって振り返る。近くにいる追っ手は一人だけだ。その先住民は彼に向かって疾走し、槍を投げようとしたところで頭から地面に倒れ込んだ。コルターは奪った槍で敵を殺し、逃走を再開した。「体力が回復し、まるで一マイルも走っていないような感覚がした」という(James 1926)。ストレスを受けたときに体力と精神力の両面で非凡な能力が発揮される現象については、ウィリアム・ジェームズが晩年のエッセイで心理学的な側面から論じている(James 1911a: 227)。誰もが「力の貯蔵庫」を持っていて、それはふだん必要になることはないが、特別な状況になったときにだけエネルギーを放出する準備を整えているのだと、ジェームズは考えた。心理学者によるこうした比喩的表現には、力の身体的な表出に関する限り、これまでの章で述べたようなきわめて有用な身体変化として、明確かつ具体的な実例がもたらされた。

当然ながら、大きな興奮を抱いている最中に生じることがある体力の増強や疲れ知らずの持久力を説明しようとするとき、筋肉の収縮のために供給される大量の物質と、疲労による抑制作用の影響を打ち消す特別な分泌物だけに基づくのは正しくない。体の震え、筋肉の痙攣、想定される特徴的な態度はすべて、著しく増強された神経系の活動があることを示している――この活動では、格闘に直接関係する部位だけでなく、特殊な叫び声や警告を発する声の筋肉、耳を引っ込めたりそばだてたりする筋肉、そして、唇をかたく閉じたり歯をむきだしにしたりする小さな筋肉などにも強力な放電がある。恐れや怒りといった心をかき乱す激しい情動にとらわれたときに、人類や下等動物が見せる典型的な外観は、あまりにも認識しやすいことから、その生物にもたらされた経験の性質を判断する原始的かつ共通の方法となる。情動を呼び起こす対象や状況に対する神経系のこの「様式的な」反応はおそらく、意志による最上級の活動に関与するとみられるニューロンよりも、はるかに多くの中枢神経系のニューロンを働かせることができるだろう。さらに、筋肉に伝達される神経インパルスは、エネルギーを生む物質が十分に供給され、迅速な血液循環と分泌されたアドレニンで老廃物の蓄積による急速な力の損失が防がれている器官に作用する。こうした興奮の状況下で、並外れた体力や持久力が自然に発揮されるのである。(2)

強い情動には運動発生価があるとの考えに関連して興味深いのは、特別な活動の最中に神経筋系に多大な要求がなされるようなときに、情動の興奮の付随が珍しくないことである。これまで展開された議論のポイントを強調するために、情動の興奮と、体力や疲労に対する並外れた抵抗力の発揮の関係を示す事例をいくつか紹介したい。

競争を伴うスポーツの興奮とエネルギー

すでに述べた話題のなかで(165ページを見よ)、シーズン最大の興奮をもたらした試合後に大学のアメリカンフットボール選手の一団に対して検査を実施したところ、およそ半数の選手で糖尿が検出されたという事例を紹介した。十分に理解できることだが、こうした試合は幅広く注目され、対戦するそれぞれの大学の熱心なサポーターが何百マイルも旅して観戦しにくる。それぞれの大学で学部生が熱のこもったミーティングを開いて、チームへの深い愛情とその活躍を信じる思いを披露する――勝利を求める激励、歌、応援に選手たちは心をかき乱されるので、試合のときに緊張しすぎないように大学の周辺に近づかない措置をとることも珍しくない。

試合の当日、興奮は何倍にもなる。大学は実質的に休みになるし、だいたいにおいて街全体でもそうなってしまう。両チームの熱心なサポーターが街路を埋め尽くし、フィールドに大勢の人々が集まり始める。観客は最大で七万人にのぼり、その一人ひとりが緊迫した面持ちの筋金入りのファンだ。学生バンドが歌い始めると、それに合わせて何千人もの大合唱となり、大学チームに全力を尽くすように求める歌が響き渡る。期待が先走り、勝利を祝う歌も聞かれる。

応援や叫び声、歌、たなびく旗が入り混じった大歓声の群集に囲まれて、中央のフィールドには選手たちが熱気を帯びた特別な雰囲気のなかに迎えられる。まもなく試合開始。選手一人ひとりのポジションは知られている。それは事前に知っているからではなく、ポジション表にその情報が書かれているからだ。重要なプレーの一つひとつが大勢の観客に目撃され、それを成し遂げた選手がすぐに紹介され、たくさんの大学の仲間たちに大声援でたたえられ、締めくくりに名前を呼ばれる。反則やミスを犯してチームの形勢を不利にした選手も知られてしまう。チームの勝利のために全力を尽くして「疲れ果て」、フィールドを去らざるを得なくなった選手は、偉大なヒーローにふさわしい喝采を浴びながらサイドラインへ導かれる。つまり、一人ひとりのメンバーに個人、そしてチームの一員としての責任をはっきりと認識させるために、厳しい非難や派手な賞賛といった形であらゆる努力が行われる。それはすべて、何よりも重要な最高の結果——勝利を大学にもたらすためだ。

この重責が選手たちの情動にとんでもなく大きな作用を及ぼす。重要な試合の前の更衣室で筆者が目にした一人の「アメフト戦士」は、ユニフォームとスパイクシューズ、革のヘルメットを身にまとい、厳しい顔つきでベンチに座って、拳を硬く握り、口を真一文字に結んで、顔面を粘土のように灰色にしていた。試合が始まると彼はすばらしい活躍を見せ、試合後に尿を調べるとかなりのパーセンテージの糖尿が検出された！　アメリカンフットボールほど極端な神経筋の活動を長く持続させなければならないスポーツは、おそらくほかにないだろう。そして、前述のような試合の状況を見れば、こうした状況は、試合に求められる激しい格闘のために体内に蓄えられたものをきわめて効率的に引き出す興奮を選手にもたらすのだということに、すんなり気づく。

アメリカンフットボールで確認できた事実は、ランニングやボート競技といった競争を伴うスポーツにも、度合いは低いかもしれないが当てはまるだろう。やはり大勢の観客が競技を見にきて、最初から最後までじっくり観戦する。ゴールが近づくにつれて、勝利を求める声援や叫び声が、手に汗握るクライマックスを演出しているかのようにだんだん盛り上がって大きくなる。最後の力を振りしぼる瞬間が近づくにつれて、こうした状況全体が、興奮の絶頂を劇的に築くうえで大いに役に立つ。

儀式などの舞踏における狂乱状態と持久力

原始的な儀式で重要な特徴の一つである舞踏は、常に興奮した状態を伴い、目を見張る持久力が見られることも珍しくない。箱舟をシオンに運ぶ際には行進や生け贄の儀式があり、「主の御前でダビデは力のかぎり踊った」〔サムエル記下 6 : 14。新共同訳〕。ムーニーが残したアメリカ先住民の舞踏の記録によれば、ある儀式で若い男性が三日三晩、飲み食いはおろか睡眠もとらずに踊り続けたという(Mooney 1892–93 : 924)。こうした厳しい試練では、集団活動を通じて興奮と活動の両方を促す他者の存在が、踊り手の活動を持続させるうえで重要な要素の一つとなるに違いない。

宗教的熱狂の歴史のなかには、大勢の人々が極度の興奮状態に陥り、舞踏中に驚異的な持久力を発揮する事例が数多くある(Schaff 1909 : 346)。一三七四年、ドイツとオランダ、フランスでそうした事例が勃発し、被害者の証言によれば、聖ヨハネをたたえるダンスを踊ることになったという。路上や教会の中、自宅などあらゆる場所で、手を取り合った男女がペア、あるいは輪になって何時間も休みなく踊り続ける。踊りには歌や叫び声、幻覚が伴った。狂乱状態に陥った群衆が公共の道路で踊り、街中へとなだれ込んだが、最後には制止された。

一七四〇年にはウェールズで「ジャンパーズ」と呼ばれる異端の分派が誕生した。イギリスの聖職者ジョン・ウェスリーが残した記録によれば、彼らの行為はアメリカ先住民のあいだで見られる、特定の狂乱の行為と似ていないこともないという。ウェスリーはこう書いている(Southey 1820 : 164)。「説教が終わった後、満足した誰もが賛美歌の一節を歌った。彼らはありったけの声を張り上げて三〇回か四〇回繰り返し歌い、そのうち酔っ払ったような、あるいは狂気に陥ったような振る舞いを見せる者が現れた。そして、激しく動揺したようにさまざまな格好でいっしょに何時間にもわたって何度も跳びはねた」。ジャンパーズの会合には一度に何千人も集まることもあり、誰もが興奮の声を上げげ、歓喜の跳躍を見せる瞬間を今か今かと待った(Southey 1820 : 240)。ウェスリーはまた、メソジスト派の会合でとてつもない情動が解き放たれた場面も描写している。「なかには体のあらゆる部分が痙攣したような動きを見せて苦しむ者もいて、その動きはあまりにも激しかったので、四、五人かかっても押さえ込めなかった。ヒステリーやてんかんの発作は何度も見たことがあったが、多くの点でそれとはまったく違うものだった」。

イスラム教のダルウィーシュと呼ばれる修行者の場合、舞踏には強い興奮といつまでも続きそうな動きが伴う(Brown 1868 : 218–222, 260)。

「ヤ・アッラー！」の叫び声が二倍に大きくなると、ダルウィーシュたちが踊りながら発する「ヤ・フー！」という耳障りなわめき声も聞こえてくる……踊りに規則的な動きはないのだが、それぞれが狂人を演じているかのように見える。体を上下に動かしたと思ったら、次の瞬間には体の向きを変え、両腕で奇妙な身振りを見せては、ぴょんぴょん跳びはね、ときどき金切り声を上げる……すっかり疲れ果てて動きを止めたように見えると、教主は決まって彼らのあいだを歩き、みずから目いっぱいの激しい動きを見せて、もうひと頑張りするよう彼らを鼓舞する。すると今度は、代わって二人の長老がやってきて、ステップの速さや体の動きを倍にする。さらに彼らはときどき背筋をぴんと伸ばし、力が尽きるまで踊り続ける驚異的な動きを見せる。ほかの人々はそれを見て羨望の念を抱いたり、見習おうとしたりするのだ。

このように築き上げられた狂乱の舞踏では、踊り手が激しい苦痛に襲われることもあるだろうが、見せるのは高揚感だけである。

こうした舞踏全体で特筆すべき特徴は、参加者が抱く強い興奮と、彼らが見せる驚異的な身体の持久力の二つだ。狂信的な行為のなかで神経筋の酷使に役立つ身体変化は生じるのか。アメリカンフットボール選手に対する調査で得たような直接の証拠はないものの、身体変化はあまりにもはっきりと生じていることから、舞踏で発揮された不屈の精神力は情動の興奮を通じた「力の貯蔵庫の利用」に基づいてかなりの部分を説明できる可能性が高い。

戦いにおける激しい情動と格闘

痛みや大きな情動に伴う身体変化で考えられる重要性の議論全体を通じて、戦いでの格闘や逃走時の身体変化の重要性が強調された。人間だけでなく下等動物でも、戦いの必要が緊急に生じた場合にきわめて荒々しい感情が生じる。戦争の歴史を少し振り返っただけでわかるように、怒りや憎悪といった原始的な情動が解き放たれると、仲間やその権利に対して理解のあった思慮深い人物が、怒り狂った野蛮人のごとく、何の罪もない女性や子どもを殺害し、負傷者の手足を切断し、放火や破壊行為、略奪に及び、悪魔としか言いようがないような残虐な人物に変貌する。長時間続く激しい活動や驚くべき持久力といった驚異的な事例が見られるのは、こうした過度な情動の攪乱の最中である。

これまでに記録された人間どうしの争いのなかでもおそらく最も壮絶なのは、有罪か無罪かを決定するための戦いだろう。決闘の場として選ばれた場所には、生死を懸けた戦いを象徴するものとして、当事者それぞれに合わせた棺台が用意される。それぞれの側の親戚や信奉者、そして聴罪師として父親が出席する(Majer 1796: 258–261)。両者がこれから始まる戦いでの神のご加護を祈り終えると、武器選び、秘跡を経て、戦いが始まる。両者が最後まで容赦なく残虐な戦いを続ける様子は、野生動物に必死で対抗する場面にも似ている。こうした戦いがよくわかる事例の一つが、一一二七年にフランドル伯のシャルル一世が暗殺された後に起きた事件だ。共犯者の一人でギイという名の騎士が、ヘルマンという名の別の騎士に共犯の疑いをかけられた。二人とも著名な戦士である。ギイはすぐさまヘルマンを馬から引きずり下ろすと、馬に戻ろうとするヘルマンのあらゆる動きを槍で阻んだ。その後、ヘルマンがギイの馬を負傷させて動けなくすると、今度は地上で剣による決闘が始まった。二人の剣術の腕は互角で、一歩も譲らないまま戦いは続き、そのうち疲れて剣と盾を手放すと、勝利を懸けて取っ組み合いの格闘が始まった。ギイが相手を投げ飛ばし、襲いかかると、彼が動かなくなるまで甲冑の籠手で顔を殴り続けた。しかし、ヘルマンは相手の鎧の下にそっと手をすべり込ませ、睾丸をつかむと、力いっぱいねじってもぎ取った。ギイはあっという間に卒倒して事切れたのだった(Lea 1892: 178)。怒りや憎悪の極致で行われるこうした壮絶な戦いでは、格闘で最も重要な身体の部位を増強する機構が十分に機能するようになり、勝利を手にするうえで何よりも役に立つ。

目撃者や音楽による刺激の影響

これまでに紹介したすべての事例——大事な試合、舞踏、決闘——には、情動の十分な発達や異例の筋肉活動の実行に伴って、身体能力を高める効果がよく知られた二つの要素がある。その一つは目撃者や参加者が大勢いることであり、個人が自分の判断や注意深さによって設けた限界を超える活動を実行しがちになる「群集心理」の形成にかかわる。もう一つの要素は、音楽の影響だ。かつてダーウィンが指摘したように、音楽は強い情動を曖昧かつ漠然とした形で呼び覚ます驚くべき力をもっていて、遠い昔の我々の祖先たちもそうした情動を抱いた。これがとりわけ当てはまるのが軍楽だ。戦争という残酷な目的には、木管楽器やリュートはこっけいなほど適していない。男たちを奮い立たせるために、甲高く鳴り響く金管楽器と騒々しい音を立てる打楽器が惜しみなく使われる。人によっては軍楽からあまりにも大きな影響を受けて、筋肉を震わし、涙を流すこともある——どちらも体内で深い情動反応が生じた証しだ。不屈の精神と激しい活動を伴う行為に及ぶ際、攻撃的な情動を呼び覚ます軍楽の効果は遠い昔から認識されてきた。ローマ人はらっぱや角笛が鳴り響くなかで敵を攻撃し、古代のゲルマン人の軍隊は太鼓と笛、シンバル、クラリオンの演奏に駆り立てられて戦場へ突撃した。また、ある言い伝えによれば、ハンガリーの軍隊はヨーロッパで最低だったのだが、楽団の演奏を取り入れたところ、最高の軍隊になったそうだ！　ロシアの故リネウィッチ将軍はこんな言葉を残している。「音楽はロシア軍で何よりも欠かせない弾薬である。音楽がなければ、ロシア兵はのろまで臆病、ただ乱暴なだけの役立たずになるだろう。兵士は音楽から魔法のような忍耐力を吸収し、苦痛や死の運命を忘れ去る。音楽は天与のダイナマイトである」。さらに、ナポレオンが証言したと伝えられるところによれば、コサック隊は奇妙で野蛮な楽曲に鼓舞されて激高し、ナポレオン軍の精鋭たちを一掃したという(Narodny 1914)。戦争で軍楽を利用する行為を入念に考察することによって、好戦的な情動に伴う身体変化を強める機能が音楽にある興味深い証拠が、さらに得られるかもしれない。

ここまで、極度の苦痛や怒り、恐れ、あるいは興奮と驚異的な筋力の組み合わせを示す事例をいくつか紹介したが、これらはごく一部にすぎない。二つの現象が同時に起こる状況は間違いなくほかにも数多くある。消防士や警察官の仕事のほか、脱獄した囚人や沈没した船の水兵の体験、開拓者と先住民との戦い、進軍や退却を余儀なくされた兵士たちの話など、もっと探せば、これまでの章で紹介してきたような筋肉活動の効率を高める身体変化の事例、そして明らかに並外れた体力や持久力が発揮される事例はいくつも見つかるだろう。実験に適した条件が整えば、激しい情動の乱れに伴って身体活動の原動力が強まることを実証できるだけでなく、ひょっとしたらその度合いを測定できるかもしれない。そう考える根拠は十分にある。

力の感覚

これに関連して、強い興奮を経験している最中に、圧倒的な力がどっと押し寄せて、能力が一段階上がる感覚を抱くという証言が聞かれることも珍しくない。筆者の友人で、やや怒りっぽい性格の男性から聞いた話では、彼は怒りに駆られたとき、自分が敵意を抱いた相手を木っ端微塵に破壊できるとの強い確信にとらわれるのだという。また、あるアメリカンフットボール選手が打ち明けてくれた話では、最終戦の直前にそうした力が得られたように感じ、身をかがめてスタートの合図で飛び出せば、普通のドアならどんなものでも突き破って突進できそうな感覚を抱くそうである。身体能力が絶頂に達したとき、こうした最上級の高揚感を抱いた瞬間には強い満足感がある。そして、人が大きな危険を伴う冒険に魅了されるのは、恐怖にはスリルがあり、体に備わったあらゆる資源を投入して困難に立ち向かえる態勢を整え、苦境から脱することで、達成の喜びの多くが得られるからだろう。だからこそ、屈強な男たちが危険を求めて旅立ち、大けがを負いかねないリスクを冒すのだ。「危険に直面すると人は生き生きする。人間は努力が大好きであるから、争う力をくれる恐怖が大好きになった。恐怖はそこから安全な場所や状況へ逃げるためのものというだけでなく、増強された力の貯蔵庫として歓迎されもする」(Hall 1914: 154)。このように、危険を伴うスポーツや登山、大型動物の狩猟、すさまじい危険を伴う戦争では、危険と興奮、力の感覚が同時に湧き上がり、思いがけないエネルギーが解き放たれて、偉業を成し遂げる可能性が新たにもたらされたことを鮮烈に意識させる。

注

（1）ラッセルは、先住民が子どもたちに伝える一つの物語を紹介している（Russell 1908 : 243）。負傷したコヨーテが数羽のウズラを追っているというストーリーだ。「ウズラたちはついに疲れ果てたが、コヨーテのほうは違った。怒っていて、疲労を感じなかったからだ」。

（2）個々のニューロンは最大限の活動か不活動かの法則、言ってみれば「全か無かの法則」に従う。段階的な反応を得る唯一の方法は活動に参加するニューロンの**数**を変動させることである――数が多いほど、大きな力が発揮される。

第14章　情動による身体機能の攪乱

これまでの章では、提示された事実と提唱された解釈から、恐れや怒りといった強い情動に伴う反応の**有用性**に焦点を当ててきた。しかしながら、こうした情動が生物にもたらす有用性よりも、身体機能に及ぼす攪乱のほうに関心を抱く心理学者たちもいる。たとえば、ピエロンは情動を「異常に強い神経エネルギーの感情的な放出と関連している」と述べている(Piéron 1928: 289)。ピエロンはエネルギーの一部が適応で獲得した有用な反応——必要なときに力が増し、走るスピードが上がる——に充てられることは認めているものの、それと同じぐらいのエネルギーが無用な顔のゆがみに使われているほか、「植物性器官にも利用されている」と断言する。さらに、そうした器官では「刺激を受けた系が興奮と抑制のどちらを起こすかに応じてさまざまな反応が生じ、有害な作用、さらには病原性の作用も引き起こされる」と、分析することなく付け加えている。ピエロンはまた、先行した大きな情動的ストレスがおそらく重要な役割を果たしている病気の事例、さらには死亡例も取り上げている。強い感情状態に伴う身体変化が「一つの限界としての病気に向かう」傾向を考慮して、ピエロンは「目的論的な」実用本位の解釈の価値には懐疑的な見方を示している。

筆者はまず、これまでの章で述べてきた現象の説明が目的論を意図したものとのあらゆる固定観念を否定する。観察された事実の研究からその意味の探求へと移った際に、学説が一時的なものである可能性を指摘し(180ページを見よ)、それらの事実に対して提唱した学説よりも妥当な学説があれば歓迎するとの意向を強調している（202ページを見よ）。さらに、我々は最初から「情動の興奮の機能に関する研究」、つまりその病理学ではなく生理学的な研究に取り組んできたことを、ここで改めて伝えておいてもよいだろう。体内には、乱用や不運がもとで身体全体に対する機能が変化して実際に害をもたらしうる系が数多くある。したがって、死につながるような原因の悪い連鎖が形成されてしまう。たとえば、腎臓は不揮発性の老廃物を体外へ排出する役割を果たしているが、正常に機能しなくなると、血中に老廃物が蓄積して、腎臓自体だけでなく体全体に害をもたらす。一つの系における病理的な機能の発達は、正常な機能の日常的な実行ときわめて調和している。正常な機能が異常になることがあるからと言って正常な機能の存在を否定する根拠を、我々は持ち合わせていない。問題はこの変化が起きる状況を探ろうとするなかで出てくる。強い情動を特徴づける身体変化を研究するなかで、行動への準備としての変化がもつ共通の有用性を認めることもあれば、そうした変化が長く持続して恩恵ではなく脅威になると認めることもあるだろう。あるいは、この対比に刺激を受けて、それが生じる仕組みを理解しようとすることもあるかもしれない。

典型としての怒りの反応の特徴

情動の興奮の病理を理解しようとするに当たり、まずこれまでに考察したいくつかの要点を整理しよう。生理的に見ると、情動とは一つの典型的な反応様式である。怒りを例にとって考えてみると、その表われのなかでも極端な形には、身をかがめる、涙ぐむ、眉をひそめる、唇をかたく閉じる、歯を食いしばる、歯ぎしりする、脅しや呪いの言葉を発する、攻撃に備えて拳を握ったり武器をつかんだりするといった行動がある。これは学習する必要のない複雑な行動——親から受け継いだ本能の一部だ。適切な刺激を受けるとすぐさま起きる。それは一定かつ均一の種類の行動であり、人類だけでなく下等動物にも広く共通する特徴をもっていて、言葉で説明しなくてもその行動の性質がすぐにわかる。それは反応の不変の様式であり、怒りの反応の見た目の特徴は一生を通じて非常に精巧な形で突然呼び覚まされるとみられ、年齢による違いはわずかなものでしかない。それはまた、まずまず明瞭な刺激に対する反応である——活動を妨げられたり、何らかの主要な衝動を妨害されたりすると現れる。イヌや人間を自由に動けなくすると、歯がむき出しになるだろう。一方で、怒りの反応は有用であると解釈されることもある。これまでの章で、怒りに伴って起きる身体のさまざまな調整作用を見てきたが、それらはすべて、相手を圧倒し、生まれつきの衝動を優先させなければならないような格闘において、生物の活動を効率化するとみるのが妥当だろう。怒りの爆発の特徴——一定の種類の刺激に対する反応がもつ生得的、即座、一定、均一、不変、有用といった性質——を典型的な情動として研究するなかで、それらがくしゃみや咳といった**単純な反射作用の特徴**であることに、我々は気づいた。性質に違いはなく、複雑さが異なるのである。

人間が下等動物よりも優れているのは主に、大脳半球が広く発達しているからだ。比較解剖学が示すところによれば、こうした構造は進化の過程で脳幹の上に重なったのだという。脳幹は高等な脊椎動物では相対的にほとんど変わらない。また、生理学的な研究から、大脳皮質がかかわる反応は複雑で、遅延があり、予測不可能かつ一時的で、簡単に変化しやすいことがある一方で、下位脳と脊髄がかかわる反応は通常の反射作用に似て迅速かつ均一で、型にはまっていることが証明されている。したがって、正常な大脳半球をもつ人間が複雑な行動をし、大脳半球が不完全な下等動物が比較的単純な行動をするのである。このことから、さまざまな情動表出をつかさどる神経の機構がどこにあるのかを知る研究に関心が集まっている。こうした機構は新しく発達した大脳皮質にあるのか、それとも、もっと古い脳の部位にあるのだろうか？

情動表出の中枢支配

大脳皮質のない下等動物では、獲物の捕獲や敵からの逃走といった、生存を維持する原始的な機能をつかさどる中枢が脳幹にある。こうした活動は人間では攻撃や危機からの脱出と関連し、怒りや恐れの情動が伴う。これらの機能は、高等動物では優勢な皮質によってふだん抑制されているものの、執拗な行動を要する緊急事態が発生したときに精力的な反応を実行することができる。したがって、大脳皮質を取り除いた場合に脳幹の中枢の典型的な活動が現れると予想するのは、理にかなっていると考えられそうだ。皮質を取り除くと感覚を得られなくなり、したがって、憂鬱や不快感をもたらす麻酔を省略できる。そこでブリトンと筆者は、実験対象としてネコを用い、大脳皮質の除去による直接の効果をいくつか調べてみた(Cannon and Britton 1925: 283)。その際、脳の基底部にある灰白質はほぼすべてそのまま残した。ネコが麻酔から回復すると、通常は激高した動物で見られるような驚くべき一組の行動が申し分なく見られた――見かけの怒りのようなものだ。こうした疑似的な情動現象には、尻尾を振り回す、胴体をアーチ状に曲げる、拘束された脚を前後に動かそうとする、爪を出す、爪でひっかく動きを見せる、うなって噛もうとするといった行動があった。これらはすべて骨格筋に起因

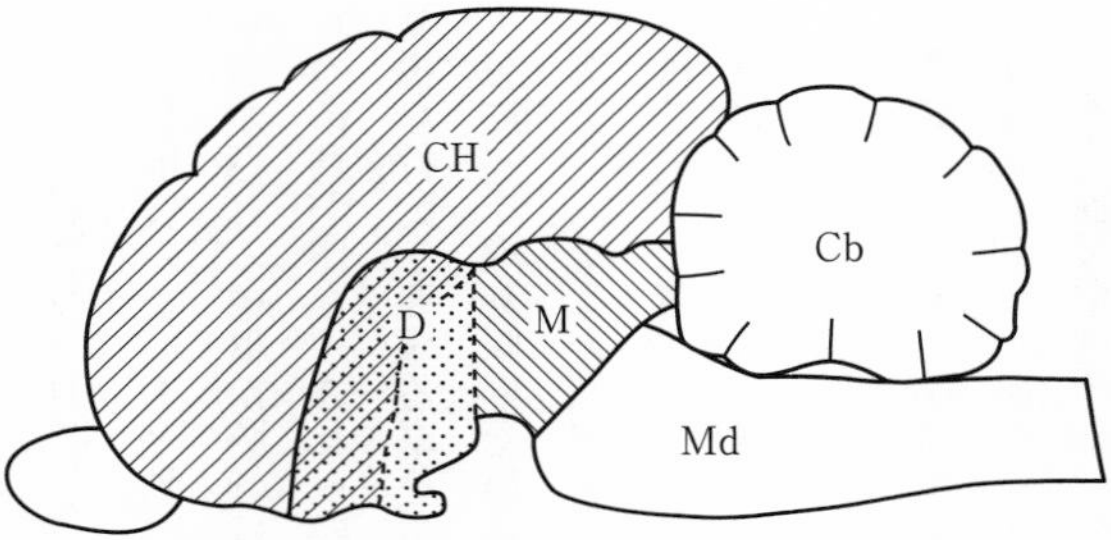

図39　脳の中央部の断面，CHは大脳半球，Dは間脳(点で示した部分)，Mは中脳，Cbは小脳，Mdは脊髄，右上から左下へ引いた斜線の部分は，怒りの情動表出に影響を与えることなく切除できる脳の部分を示す．

する活動である。加えて、より典型的かつ恒常的なのは、交感神経線維に放電されたインパルスによって生じる内臓への影響だ。尻尾の毛が逆立つ、足の肉球から汗が出る、瞳孔が拡張する、排尿する、血圧が上がる、心拍数が急増する、アドレニンが大量に放出される、血糖値が最大で通常の五倍になるといった現象である(Bulatao and Cannon 1925: 295)。この「疑似感情」状態あるいは見かけの怒りの表出は二〜三時間続くことがある。

先ほど述べたように、ブリトンと筆者は脳幹の前方にある基底部の灰白質をほぼすべて手つかずのまま残した。こうした大脳基底核のなかで、怒りの反応に関するニューロンの様式をつかさどる領域はどこにあるのだろうか。この疑問はバードによって解明された(Bard 1928: 490)。バードはエーテル麻酔のもとで大脳皮質とさまざまな量の脳幹を切除して、標本の行動を調べた。その結果、両半球、線条体および間脳の前半分(図**39**で斜線を引いたCHとDの一部)を完全に隔離したときに、交感神経インパルスの活発な放電を伴う典型的な見かけの怒りが生じることを、バードは発見した。さらに間脳の後ろ半分も摘出すると、自発的活動がぱたりと見られなくなった。さらに実験した結果、中枢はこの領域の腹側に位置する脳の小さな領域にあることがわかった。

ここで強調しておきたい重要な事実がある――身体的な態度と内臓の変化の両方に関して、怒りの表出に関する神経機構は視床に位置しているということだ。この領域は脳の原始的な部分の一つで、間脳の一部であり、外界に合わせた調整や変更が常に行われている大脳皮質とは性質が異なる。それよりも似ているのは脊髄だ。脊髄は秩序ある動きにかかわる、より単純な機構を備え、刺激を受けて一定かつ均一な反射反応を引き起こす領域である。視床の活動の結果として生じる典型的な態度や内臓の変化は、膝蓋腱《しつがいけん》反射などの脊髄反射よりは複雑だが、本質的には違わない。

怒りの反射的な表出にかかわる生理的な機構が存在する場所をここで強調したのは、それがほかの原始的な情動反応のモデルになる可能性があるからだ。恐れや喜び、悲しみの表出は、怒りと性質が似ている。本質的な特徴を見ると、これらの情動反応は学習するものではなく(すなわち生まれもったものであり)、即座に生じ、一定かつ均一で、適切な刺激に対して完全に確立された反応様式をもっている。言い換えれば、これらは単純な反射作用に似ていて、大脳皮質がつかさどる複雑な調整作用には似ていない。こうした情動の表出をつかさどる中枢が、怒りと同じく視床の領域に位置していることを示す有力な証拠はある。たとえば、ベヒテレフの報告によれば、大脳半球を切除したばかりの動物をなでる実験をすると、ネコは喉をごろごろ鳴らし、イヌは尻尾を振るといった、喜びの行動が見られることがあるという(Bechterev 1887 : 345)。

情動表出にかかわる神経機構が視床の近くにあることを示すために筆者が提示した根拠は、下等動物での実験にのみ基づいている。とはいえ、その根拠は、人間においても情動表出が脳の皮質の下に位置する部位、具体的には視床かその近くにある中枢で制御されている兆候と整合性がとれている。確かに、ダーウィンが十分に実証したように、人間と下等動物で情動反応によくある特徴は、両者の発達の度合いが大きく異なるにもかかわらず共通している。これは、情動反応をつかさどる脳の部位が人間と下等動物で類似している脳幹であり、両者で大きく異なる大脳半球ではないからだ。人間の情動表出にかかわる神経機構が視床に確立されている詳しい根拠は、後ほど紹介する(260ページを見よ)。ここでは、ある種の半身不随の患者は顔の麻痺した側を動かすことができないが、情動(悲しみや喜び)の状況が形成された場合、随意的な制御(大脳皮質による制御)に反応しにくい筋肉が急に活動し、顔の**両側**で悲しみや喜びの表情が現れると述べておけば十分だろう(Roussy 1907 : 31)。これら

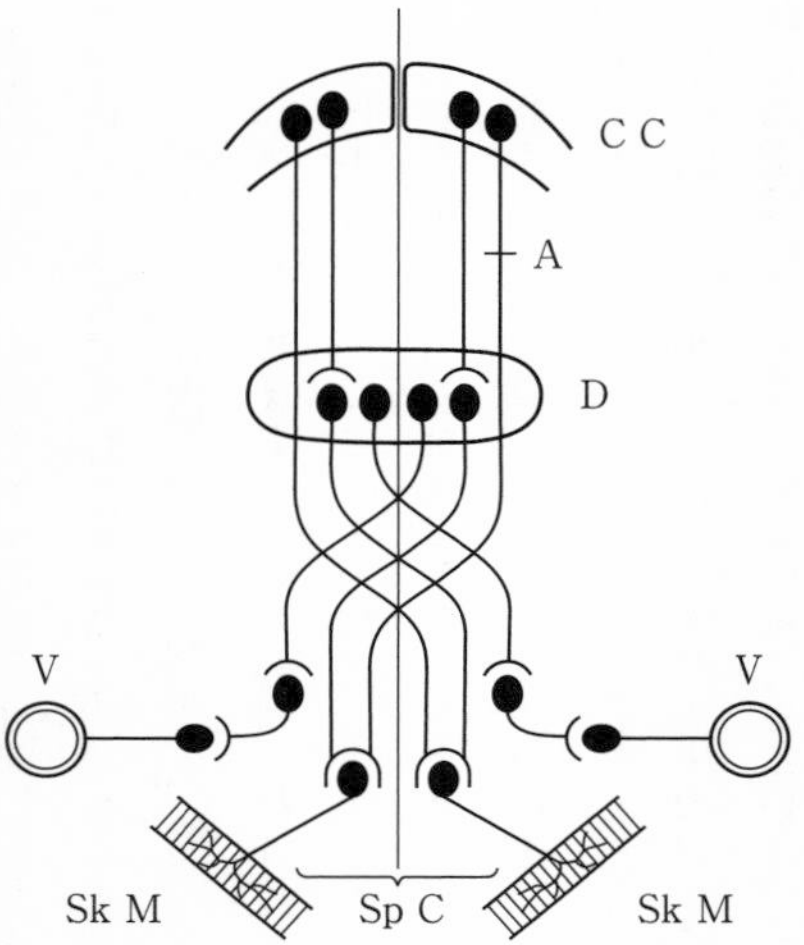

図 40 大脳皮質(C C)および間脳(D)の視床部分と，内臓(V)および骨格筋(Sk M)の一部のニューロンについて，考えられる関係を示した．Sp C は脊髄．皮質視床路は抑制的と見なされる．知覚線維は図示していない．皮質脊髄路が A で損傷すると，大脳皮質が片側の特定の骨格筋を制御する機能が阻害されるが，間脳の中枢が両側の骨格筋を制御する機能は阻害されない．間脳の中枢が片側だけ損傷した場合，皮質による両側の制御は阻害されない可能性がある．

は皮質下の運動路（図40のA）が阻害される一方で、正常な視床が存在する事例だ。これとは逆の状態が、視床の片側のニューロンだけが損傷した事例に見られる（図40）。この場合、患者は顔の両側を左右対称に意のままに動かすことができるが、笑ったり泣いたりしたときに、情動表出が片側だけになる。人間においてほかにも多くの観察事例が、さまざまな情動表出にかかわる神経機構が視床に位置することを一様に示唆している。

骨格筋と内臓の制御に関する大脳皮質と視床の違い

ここまでは、視床領域のニューロンが筋肉や内臓に向けて外方向および下方向に放電して情動表出の典型的な身体変化を引き起こす証拠を考察した。ニューロンが上の大脳皮質に放電して単純な感覚に豊かさや温かさを加える証拠についてはのちほど考える。ここでは、ほかの重要な二点について考察してみたい。

一点目は、身体の活動を制御するうえでの皮質と視床の関係について。**一部の骨格筋が皮質と視床の両方のレベルで制御されていること**は明らかである（図40を見よ）。笑いを例にとると、滑稽な状況を見て自然に笑うこともあれば（視床がかかわる笑い）、随意的な行動として笑うこともある（皮質がかかわる笑い）。一方で、**内臓が視床によってのみ制御されている**のも明らかだ。人間は血糖値の増加や心拍数の上昇、消化作用の停止を自分の意志で直接制御することはできない。皮質と視床の両方が制御している場合、通常は皮質のニューロンが優勢であり、視床で放電したニューロンは伝達されないこともある（とはいえ「思わず」泣いたり笑ったりしてしまうことはある）。さらに、身体機能の高次と低次の制御が衝突することもある。それには相反する影響があり、混乱が伴う。**しかし、皮質が抑制できるのは、通常随意的な制御下にある身体機能だけだ。**その点を強調しておきたい。皮質は血糖値の増加や心拍数の上昇、消化作用の停止を引き起こせないのと同じように、それらを防ぐこともできないし、大きな興奮に特有のほかの攪乱も起こせない。したがって、情動が抑制されたときには、外部への表出が抑制されるだけである。外部への表出が最大のときには体内の攪乱も最大になるという証拠は確かにあるし(Cannon and Britton 1925: 283)、興奮の外部への表出を皮質が制御することにより、体内の攪乱は制御がない表出に比べておそらく小さくなるだろう。とはいえ、皮質による制御と視床の中枢の活動のあいだで衝突が起きると、制御できない体内の表出が強まる可能性はある。

二点目は、意識の状態が皮質のニューロンにのみ関連している証拠に関係している。もちろん、身体の姿勢や瞳孔の大きさを決定づける数多くの複雑な反射作用は脳幹で調整されているが、我々がそれに気づくことはない。したがって、大脳基底核で生じる原始的な情動に関する神経機構は、おそらく意識と直接関連しているわけではない。このように考えることによって情動体験の主要な特徴のいくつかを説明できると、筆者は考えている。意識外の部分における攪乱は意識の領域へと影響を及ぼす。だから我々は情動性の「発作」や、「抑えがたい」笑いや泣き、怒りを経験することもあるし、「取りつかれた」ような感覚を抱くこともある。興奮のストレスを受けた行動は「驚き」あるいは「衝撃的」だ――何かが「自分の中で湧き上がり」自分の行動が自分のものではないように思えてくる。こうしたよくある表現は、皮質下のニューロン、つまり意識状態を直接伴わずに活動するニューロンが身体の力を突然強く支配すると考えることで説明できる。通常の抑制作用が瞬間的に解除されやすい状況下では、これらの下位のニューロンによって行動の機構が支配され、多様な様式の一つへと激しく導かれる。

情動が身体機能を乱す実例

これまでの内容を整理すると、視床領域は皮質による制御を離れたときに典型的な特徴をもつ独立した複雑な活動ができること、そして、それが活動すると、姿勢や表情、内臓の応答で、さまざまな強い情動を特徴づける典型的な反応様式が生じることを見てきた。ここで出てくるのは、こうした考察が病気の状態とどのように関係しているのかという疑問である。脳の奥深くにある原始的な領域で進行している作用が、身体の働きにどのような影響を及ぼしているのか？　いくつか実例を挙げて、視床で起きた現象が正常な生物の整然とした働きを大きく乱しうることを示していきたい。

まずは消化機能について。これまでの章で、情動的ストレスを受けて消化管の機械的な活動だけでなく、消化腺の働きまでもが完全に停止する例を紹介した。消化作用全体は交感神経系によって抑制されることがあり、不安や苦悩——恐れの小さな側面——によって大きく乱されることがある。マクレスターの推定では、消化管の障害をもつ患者の三分の一は、情動のバランスが欠けているために苦しんでいるという(McLester 1927 : 1019)。アルバレスから聞いた事例では、ある所得税の収税官から納税証明書の食い違いを説明しなければ処罰すると脅されたときに嘔吐を繰り返したという(Alvarez 私信)。アルバレスが治療の一環で収税官のもとへ赴き、問題を解決すると、その症状は消えた。消化管の自然な作用は身体のその他すべての機能に欠かせない。正常な蠕動や分節運動、消化液の分泌が乱されると、生物の身体の幅広い範囲に悪い影響が出ることがある。カボットは折れた脚の骨がくっつかない事例を記録した(Cabot 1925: 384)。調べてみると、その患者は自分が入院して家にいないあいだ家族が苦しんでいるのではないかと心配して、食欲をなくし(胃の飢餓収縮がなくなり)、栄養不足に陥った結果、回復作用に障害が生じて骨がくっつかなくなっていたことが判明した。家族が元気で楽しく過ごし、世話されていることがわかると、患者の状態はすぐに変わった。心配をやめ、食事もたっぷりとるようになり、栄養状態も改善して、骨もくっつき始めた。

心血管系も消化系と同様に交感神経の影響下にあるが、それによって活動が抑制されるのではなく、刺激を受ける。胃の消化作用を止める興奮によって心拍数が高まり、血管が収縮することによって血圧も上昇する。戦時中には「心臓の無秩序な活動」の事例が少なからず見られた。「兵士の心臓」とも呼ばれ、ごくわずかな興奮や動揺で心拍数が高まる(毎分一三〇〜一五〇回)。この障害を患った兵士の身体や神経の全般的な状態——不安げな顔、困ったような目つき、口の周囲がやつれてできたしわ、震え——から、戦争のストレスに耐えられなくなった結果、交感神経による心臓の制御が過敏になり、軽い刺激でも過大な影響が出るようになったと考えるのが妥当だとされた(Cohn 1919: 453)。このように、情動によって交感神経が過敏になりうる機構は、フォスターが報告した次の事例からわかる(Foster 1927: 1018)。

心疾患がまったくない妻が、彼女の夫が見知らぬ女性と仲よさそうに腕を組んで歩いているのを見て、嫉妬と疑念を抱いた。妻はこの出来事に激しく心を乱され、急いで帰宅し、数日にわたって家に閉じこもった。そして、外出すれば夫が彼女のライバルと会っている場面を目撃するかもしれないと不安に思うようになる。何日もみじめな思いで過ごした後、妻は友人の一人に説得され、思い切って外出した。「おそらく絶望的な恐怖を抱いた状態にあった」とフォスターは述べている。しかし、たいして遠くまで行かないうちに家へ引き返したのだった。その後、妻の証言によると、彼女は心臓が激しく高鳴って、胸が圧迫されているような感覚と息苦しさを経験したという。それからというもの、外出すると同じように不安な症状が出た。彼女は外出すれば、路上で死んでしまうかもしれないと感じるようになった。心臓に器質性の疾患はなかったが、家から少しでも出ようとしただけで、激しい苦痛を感じた。

興奮が動脈圧に及ぼす影響についてはすでに述べた〔本邦訳未収録の原書第7章93ページで言及〕。血圧は血液が動脈に流入するエネルギーと、流出するときの抵抗力によって生み出される。交感神経インパルスは心拍数の上昇と細動脈の収縮を引き起こし、その両方の要素の相乗効果で血圧を上げる。高血圧や老年期の循環系の障害を抱えている患者は明らかに、興奮を生じやすい状況や仕事を避けるべきだ。さらに言えば、強い情動に起因する突然死の事例はおそらく、障害をもった心臓や血管に対して大きな負荷がかかった結果として説明できるだろう。

情動の激しい乱れが甲状腺に影響を及ぼすことで生物の身体に多大な作用を生じうる証拠がある。マラニョンは、第一次世界大戦中にストレスの多い体験をしたことによって発症した甲状腺機能亢進症の症例を数多く収集した(Marañon 1921 : 81)。最近ではエマーソンが、生活のなかで強い感情をもたらす場面に遭遇した後に甲状腺機能亢進症を発症した顕著な事例をいくつか報告している(Emerson 1927 : 346)。

一つ目は既婚女性の事例。二人の非嫡出子をもち、彼女の生き方を非難するために夫が目の前で自殺を図った。その後、彼女は床に倒れ込み、疲れ果てるまで金切り声を上げ続けた。すると彼女は喉元が締めつけられる感覚を抱き、ものをうまくのみ込めなくなった。甲状腺が腫れ、出来事から六週間後には代謝量が正常値より六五パーセントも上昇した。その後に生じた厄介な問題には血糖値の上昇と動脈圧の上昇が関係していた。

二つ目の事例は、婚約者と口論した二〇歳の男性。婚約者が自殺を図ったように見せかけて、彼の目前で錠剤をいくつかのみ込み、悲鳴を上げて倒れた。それを見た男性は慌ててその場を去った。それから一週間経たないうちに、男性は喉元が腫れ、神経過敏に苦しむようになった。四カ月後に病院を訪れたとき、男性は体重が減少し、震えをはっきり感じられるほど大きな甲状腺腫が見られた。基礎代謝量は正常値を二四パーセント上回っていた。

三つ目の事例は、夫が二人の兄弟を殺す場面を目撃した既婚女性。裁判で夫の弁護のために出廷しなかったことを、夫に厳しく非難された。裁判から一週間後、女性に甲状腺腫が認められるようになり、何日か後には大きくなった。数カ月後に病院を訪れた頃には、甲状腺腫は脈動が目に見えるほど巨大になり、その震えは触診可能で、女性は息苦しい感覚を抱いていた。眼球突出が顕著に見られ、震えと情緒不安定も明確だった。基礎代謝量の正常値からの上昇は四〇パーセントから一一七パーセントと幅があった。

情動による身体機能の乱れには、月経(Mayer 1925: 298)や排尿(Schwarz 1925: 273)、母乳の分泌(Greving 1924: 226)などの障害も挙げられる。しかし、交感神経系に支配されている器官——外分泌と内分泌にかかわる腺、そして平滑筋を備えた部位——に働く作用のなかでも、二頭筋を使って重い物を持ち上げたときに生じる作用と同じくらいはっきりした作用の存在を示す事例は十分に提示されてきた。これら二つの作用の神経支配のレベルには大きな違いがある。二頭筋はたいてい皮質によって支配されるが、内臓は間脳によって支配される。二頭筋は「随意的な」支配下にあるが、内臓はその支配下にはなく、好むと好まざるとにかかわらず感情や情動に関連した作用に影響される。情動表出の神経の中枢は皮質下——実際には下の脳幹——にあるものの、強い感情を呼び起こす状況に対する全体の反応には皮質の作用もかかわっている。本物のクマを見たら怖いと感じるだろうが、剝製のクマを見ても怖くない。両者の区別は皮質で行われているのだ。皮質と視床のこの関係は生理学の観点でどのように解釈できるだろうか?

情動による身体機能の乱れを説明する

情動反応は反射的な応答の特徴の多くをもっていると、少し前に述べた。反射作用を呼び起こすには、適切な刺激を与えなければならない。喉頭を刺激すると咳が出るし、食べ物を口に入れると唾液が分泌される。それは情動表出についても同様だ。ワトソンは新生児に関する研究で、人間は生まれたときから、大きな音や保護者がいなくなった気配が、恐れの反応をもたらす生得的な刺激であるこ生得的な刺激であることを発見したとを発見した（Watson 1925 : 114）。また、身体の自由な動きを制限あるいは阻止するのは、怒りをもたらすらす生得的な刺激である。

反射的な活動を起こす適切な刺激が持続すると、それが十分な原因となって活動が持続するのは明らかである。目に刺激が加われば、涙が出る。涙が刺激物を洗い流せば涙は止まり、洗い流せなかったら涙は出続ける。この条件は、強烈な情動体験に伴うより複雑な反射反応においても類似しているようだ。それは激しい活動を行うきわめて強力な刺激となる。それが効果を発揮すれば、勝利や敗北、危険からの逃走、不成就といった結果が出て、効果的な刺激物の作用が終わる。結果は即座に明確な形で表われ、ほかの刺激がすぐに行動を制御する。この効果が、情動を呼び起こす事象の**生理的な働き**を示している。一方で、家族が苦しんでいるのではないかと心配した骨折患者の男性のように、十分な刺激が持続することもある。心配が続いたことによって病理的な状態が生じ、心配が持続する原因が取り除かれると、病理的な状態も解消された。

繰り返すが、強力な感情を呼び起こす刺激は、その持続を妨げるものがないために持続することがある。自分を非難するために夫が自殺を図る場面を見た女性、婚約者が自殺を図る振りをした場面を見た男性、夫が二人の兄弟を殺す場面を見た妻。先ほど挙げたこれらの人々はすべて、甚大な精神的ショックに苦しんだ。**もはやどうしようもない**。**過去の出来事は変えられない**。**決して忘れられない**。**出来事を連想させるものがたくさんある**。出来事を思い出すたびに、もともとの刺激が新たに生じ、その強さは弱まっても、敏感に反応する一組のニューロンに作用する。

さらに、生得的な刺激以外の刺激も、生得的な刺激と密接に関連していれば、反射作用を容易に引き起こすことがある。たとえば、食べ物を口に入れたと同時に赤い光が点灯する現象が何度も起きたら、赤い光そのものが食べ物と同じ効果を発揮して、唾液の分泌を引き起こすようになる。この場合、赤い光のような無関係の刺激は条件刺激、こうした状況での反射的な唾液の分泌は条件反射と呼ばれる。あらゆる種類の平凡で無関係な外部刺激——光だけでなく、音や形、接触、においなど、感覚器に影響する**あらゆるもの**——は、ふだん効果的な刺激に合わせて密接に関連づけられれば、効果的な刺激になりうる。このように、周りの世界にある物体や事象が、人の反応にとっての新たな重要性を絶えず獲得しているのだ。条件付けのすべての過程は大脳皮質で行われる。この事実についてはパヴロフによって非常に詳細かつ示唆に富んだ研究がなされており、情動に伴う行動の説明にふさわしい(Pavlov 1927)。

情動の反射作用は、前述した唾液の反射作用と同じように、無関係な刺激の条件付けによって複雑になる。たとえば、白いネズミを見せると、赤ちゃんはそれに手を伸ばして遊ぼうとする。怖さは感じていない。次に、ネズミを見せるたびに鉄の棒で大きな音を立てることを繰り返す。すると、ネズミは大きな音で生じる怖さの反応の条件刺激となり、それ以降、ネズミを見せると、赤ちゃんは泣いてそっぽを向くようになる。赤ちゃんがネズミを怖がっているのは、それがネズミだからではなく、ネズミが何か怖いもの——大きな音——の合図や象徴となったからだ。このように、情動の乱れに無関係な状況が条件刺激、つまり乱れを再び起こす合図となる。夫が路上で見知らぬ女性に興味を示しているのを見た妻は、強い情動体験をした結果、不実な夫と自分を悩ませる女性の姿を見るのではなく、路上に出ただけでその体験が繰り返されるようになった！ したがって、情動反応は関係が拡張されることによって、さらに入り組んだ条件刺激にさらされるようになり、やがて感情に伴う行動はきわめて複雑になる。

ここまでの内容をまとめると、強い情動反応に伴う身体機能の継続的な乱れは、その反応を引き起こす刺激の持続に起因すると解釈できる。刺激が持続する原因としては、情動の衝動が収まっても自然に解消されない、状況によって衝動が収まらなくなった（もともとの刺激［記憶］が再発し、情動に付随するもの［恐怖、自責の念］を抱いて、反応が継続する）、刺激が日常的に繰り返し出くわすものと関連づけられて条件刺激になった、といったことが考えられる。

情動の乱れの説明で生理的な側面を強調する理由

ここからの議論では、情動の乱れに関する生理的な機構を意図的に強調しながら説明していきたい。それには二つの理由がある。一つは、こうした目を見張る乱れがニューロンの作用の観点で説明できることを示したいからだ。そしてもう一つは、こうした興味深い現象を「精神」の領域で起きている神秘的な現象として議論から除外する必要がないことを示したいからである。生理的な特徴を強調することによって、とりわけ医師が情動の病気を無視する二つの重要な理由に目が向けられるのではないだろうか。

医師は情動に起因する機能障害の症例を観察することが珍しくないにもかかわらず、情動の影響を軽視する傾向があり、そうした問題を気にかけることが患者に対する医師の仕事の一部であると認めないこともある。牧師のところにでも行って慰めてもらい、大きな不安を解決するにはどうすればよいか相談してきなさいと患者に言うのである。病気における情動の要素を真剣に考えたがらない医師が世の中に多いのは、ひょっとしたら二つの極端な態度と専門分野が目に見えない影響を及ぼしているからかもしれない。一つは、病気になった器官を死後に観察する研究である形態病理学の影響が強いこと。顕微鏡で観察すると、機能の変化に伴う構造の変化はあまりにも顕著かつ普通に見られるので、明確な「病状」のない状態は非現実的で、重要性が低く見えるのだ。恐れ、心配、怒りや憤りの状態は脳にはっきりした痕跡を残さない。それならば、何が医師に関係あるのかという話になる。もう一つは、未知の領域から湧き上がってくる謎めいた主要な感情は「精神」の動揺でしかないのではないかと考える態度だ。これもまた、医師には関係がないと受け取ることにつながる。しかし、医師がこうした無関心な態度をとるならば、情動的ストレスに悩む男性や女性が医師のもとを離れて、不安な状態の現実をわかってくれる信仰治療師などに助けを求めるのは驚くべきことだろうか？

病気の構造的な証拠に強くこだわる病理学者や、心の治療師の曖昧さと神秘性から脱却する方法は、強い情動の乱れに伴う生理的な作用を理解すれば見つけられる。生理学者が明確な構造の変化とは関係なく脳の神経経路で何が起きているかを考察するのは当然であり、理にかなっている。実際のところ、生物では習慣の反応がきわめて明確かつ悲惨な結果を引き起こすことがあるが、そうした反応の性質はふだんの行動と何ら変わりがないと見なされることもあるのだ。生理学者はまた、中枢神経系に支配されている器官の突然の機能変化が、その系から神経インパルスが伝達された結果として起きたと考えるのも当然であり、理にかなっている。したがって筆者は、大脳皮質の「運動野」から出たよって、神経インパルスの観点から情動を考察してきた。神経インパルスが骨格筋の動きを支配する様子を考察するように、生理学的な視点を活用することに

いくつかの実用的な提言

ここまで述べてきた内容には、情動体験によって心を深くかき乱されている人、あるいはその経験がある人を看護するうえで実用的な意義をもつ生理学上の含蓄がある。まず、早期治療の重要性が挙げられる。誰もが知っていることだろうが、一つの行動を頻繁に繰り返すことによって習慣が神経系で確立され、その行動を即座に起こせるようになる。神経インパルスが決まった経路を伝達するたびに、後のインパルスがその経路を通りやすくなるのだ。このため、水泳やスケート、自転車の練習を繰り返すことによってその複雑な動きが後天的に身につくように、顔や内臓における習慣的な情動表出が神経構造に組み込まれ、しっかり定着することがある。習慣になった情動的な反応はできるだけ即座に治療して防ぐべきなのは、明らかである。

これまで見てきたように、大脳皮質は内臓の機能を直接支配することができない。したがって、冷徹な理屈だけで異なる行動を求めて心拍数を抑えようとしたり、高い血圧を下げようとしたり、抑制された消化系の活動を復活させようとしたりするのは意味がない。家族の健康を心配して骨折が治らなくなった男性は、**説得**しても不安が解消しなかった。不安がなくなったのは、家族が本当に快適に過ごしていると知ってからだった。したがって、外界の分析にかかわっている皮質を、治療を施す唯一の手段とすべきではない。視床の中枢に影響を及ぼす心配や不安、葛藤、憎悪、憤慨といった形の

恐れや怒りの**原因**を取り除かなければならない。つまり、状況全体で強い感情の源となる要素を発見し、それを説明して解消したり、取り除いたりしなければならないということだ。

大脳皮質は内臓を直接制御できないとはいえ、間接的に制御することはできる。危険な場所へ足を踏み入れてスリルを味わうことはできるが、スリルを味わおうと決心するだけではスリルを味わえない。同様に、恐れや怒り、嫌悪とそれに伴う内臓機能の乱れを引き起こす状況を避けることも多い。心をかき乱される場所に近寄らなければいい。

条件刺激は抑制できることが知られている。未知あるいは異常な刺激が介入した場合、条件刺激の通常の効果が働かないようになるのだ。新たな刺激を受けると、ほかの反応が始まる(パヴロフが記載した「探索行動」)。このため、心理学的に見ると注意がそれる。この方法は、害を及ぼす情動状態が維持される原因になっている状況の継続を妨げるためによく使われる。

繰り返すが、不安の原因がはっきりしない場合、念入りに質問や分析を行うことによって原因を見つけられることがある。興味深いのは、問題が起きている原因を完全に説明できても、問題がすぐには完全に解消されないことが往々にしてあることだ。

最後になるが、ここで一つ注意しておいたほうがいいだろう。患者の訴えの客観的な原因が見つからない場合、どうしても問題の原因が神経性の要素にあると考えがちだ。身体の安定を乱すものとして神経性の要素の重要性を強調すると、明確な病状を探す必要性を最小限にすればいいと理解する人が出てくるおそれがある。それは筆者の意図とはまったく違う。情動の作用が生物に悪影響を及ぼしていると想定するのは、最後の手段にすべきだ——ほかの説明を見つけるためにあらゆる努力を尽くした後にのみ提示すべき説明である。そして、恐れや怒りといった強い感情に原因を帰したときでさえも、その結論に対する証拠は問題の源と適切な治療の効果の両面で慎重に探るべきだ。多大な情動の乱れとともに器質的な損傷が発見される可能性を見過ごすべきではない。一部の器官の構造の変化と神経系の機能の変化という二つの状態は互いに因果関係があるかもしれないし、また、それらを一つの障害として扱わなければならないとも考えられる。両方の状態が一つの生物個体全体の動揺と見なされたときにのみ、それらは正しく理解され、効果的に治療されるのである。

第17章　情動の相互関係

情動は自律神経系のニューロンに沿った放電を通じて表出する。ここで読者は思い出すだろうが、自律神経系には脳部と仙骨部のほか、それらを隔てる交感部という合計三つの部分があり、中間にある交感部のニューロンが両端の脳部か仙骨部のニューロンといずれかの器官で出合うと、両者の影響は拮抗する。前に（131ページで）述べたように、こうした拮抗する部分の相反神経支配に関する構造が中枢神経系に存在する証拠がある。これは拮抗する骨格筋の相反神経支配と同じようなものだ。自律神経系の三つの部分の作用で表われる特徴的な感情状態についてはすでに述べた。当然ながら、これらの状態に対応する活動や抑制作用が中枢神経のニューロンにある。だとすれば、正反対の部分で表われた状態もまた対立するのだろうか？

自律神経系の交感部で表出された情動と脳部で表出された情動の拮抗作用

前に述べたように、自律神経系の脳部には身体の資源を蓄えたり、ストレスを受けたときに身体を強化したりする静かな役割がある。こうした機能に付随するのは、食べ物を見たり味わったり、そのにおいを嗅いだりしたときに生じる比較的穏やかな喜びだ。飲食に伴う穏やかな喜びや、その生理的な結果が生じる可能性は、交感部を発動させる情動が存在するとすぐに消える。人間でも下等動物でも痛みや恐れ、怒りといった強い興奮を抱くと、唾液や胃液、膵液、胆汁の分泌は止まり、胃腸の動きはぴたりとやむ。

こうした消化作用の乱れは「正常な」働きを阻害するものでしかないように見えるが、適応的な反応で果たしている役割を考慮すると、違った姿が見えてくる。交感部の働きに関する議論のなかで筆者は、恐れや怒りといった強い情動状態で起きるすべての身体変化が交感部での活動によって起きること、そして、身体変化はそうした情動が生じたときに陥ることが多い生存を懸けた格闘で、最大限の役割を果たす状態にあると指摘した。このような観点で見ると、こうした動揺は、平常時にはふだん脳部で制御されている器官を難なく支配してしまうのだが、生存にとっては最も重要ともいえる身体反応だ。同じように、濃縮された赤血球や蓄えられたアドレニン、蓄積された糖といった体内の蓄えも即時対応を求められ、血液は格闘の矢面に立たされるであろう神経や筋肉へと移り、心臓は血液循環を速めるために心拍数を上げ、そのあいだ消化器官の活動は停止する。国家どうしの戦争では、攻撃する側とされる側の両方が富や満足をもたらす技術や産業を深刻なまでに軽視したり完全に放置したりして、平和な時代に蓄えられた物資やエネルギーを目の前の戦争につぎ込まなければならない。それと同じように、平穏時に体内の蓄えの確立と維持をつかさどる機能は、ストレスを受けると即座に抑制（1）されるか完全に停止し、体内の蓄えがふんだんにつぎ込まれて、攻撃や防御、逃走に使う力を高める。

したがって、体内で起きている二つの作用——蓄積と消費、準備と利用、同化と異化——のあいだにもともと存在する対立と、それに関連する中枢神経系の支配の対立が、通常の活動に伴う情動状態の対立の根底にあるということである。食べ物や飲み物への欲求、飲み食いする楽しみ、食卓で味わうあらゆる喜びが、怒りや大きな不安を抱いたときにはすっかりなくなる。そして、二種類の情動状態のうち、自律神経系の優勢な部分で生じたほうが、意識でも幅を利かせることになる。

自律神経系の交感部で表出された情動と仙骨部で表出された情動の拮抗作用

勃起神経は自律神経系の仙骨部に含まれ、性行為独特の興奮を表わす。前に述べたように、これらの神経は主要な情動で特徴的に働く交感部からの分枝と対立する。

標準的な個体において、これら二つの拮抗する部分で表われる情動状態の対立はきわめて顕著だ。鳥類ほど下等な動物であっても、交尾は「状況と感情のあらゆる条件が満たされ、時と場所、相手がすべて整って初めて」実行される(James 1905 : 22)。人間では、恐れや一時的な不安、あるいは行動の抑制を引き起こす強い情動的な関心の影響は、臨床経験が豊富な医師が観察した症例によって裏づけられる。実際、プリンスはこのように述べている(Prince 1914 : 456)。「対立による性的な本能の抑制は、日常生活におけるこの種の経験のなかで最も悪名高い経験の一つだ。この本能は恐れや怒りを抱いているあいだは興奮できず、その興奮が起きているときであっても、別の強い情動にむしばまれると、性的な本能はすぐに抑制される。こうした状況では、ほかの本能と同じように、習慣的に刺激をもたらすものでも本能の作用を引き起こすことはできない」。

興奮の絶頂が近づくと、おそらく交感部も活動を求められる。実際のところ、この作用の完了——具体的には精嚢と前立腺の収縮および充血した組織の沈静化で、これらはすべて交感部の神経線維によって支配されている(129ページを見よ)――は交感神経の放電によって仙骨部の活動が抑えられた結果であるとも考えられる。この段階に達するとすぐ、もともとあった感情も消えてしまう。

膀胱や直腸の神経を支配する仙骨部のほかの部分は、通常の反射的な機能において情動状態の影響をほとんど受けないので、これ以上、情動の拮抗を考慮して考察する必要はない。心配や不安といった穏やかな感情状態が結腸の活動を抑制して便秘を引き起こすことがあるのは確かだ(Hertz 1909 : 81)。しかし、交感部の神経支配が強く、情動的ストレスがきわめて強いときに増強された部分の活動(膀胱や直腸の収縮)は、何らかの問題を示している。おそらくこうした状況では、破傷風毒素やストリキニーネ中毒の後と同じように、中枢が支配する整然とした状態が乱され、相反する神経支配が相互ではなく同時に放電するようになって、二つのうちの強いほうが優勢になる。現時点ではこのような論拠によってのみ、大きな恐怖などに伴って交感部の神経支配が生じたときの膀胱や遠位結腸の仙骨部による神経支配の活動と優位性について説明できる。

空腹や喉の渇きの機能

自律神経系のそれぞれの部分によってふだん実行されたり支えられたりする主要な機能について簡単にまとめておくと、脳部は体内の蓄えの構築や復元、仙骨部は種の存続の支援、交感部は個体の維持となるだろう。個体の維持は何よりも重要であり、不可欠だ。それがあってこそ、種を存続でき、体内のあらゆる資源を活用できるのである。同様に、交感部の神経支配が、脳部や仙骨部にも支配されている器官で競合した場合、ほぼ例外なしに交感部の神経支配のほうが優勢になる。そしてまた同様に、交感部に表われる情動状態は、ほかの部分で表われる情動状態よりはるかに強いという特徴があり、意識においてもすぐに優勢になる。

交感部が正常な消化作用や栄養摂取に役立つ脳部の影響を打ち消して拡大した活動が、それ自身の目的を無にすることもある。防御や攻撃を通じて自分自身を保護するために栄養摂取の活動を阻害するのは、一時的にのみ可能だ。阻害が長引くと、消費された体内の蓄えを補充できなくなり、生物の活力が深刻な危険にさらされかねない。しかし、消えた食欲が戻らなければ回復の必要性が生じないわけではない。飲食の必要性を表わすための副次的な方法はあり、それはきわめて執拗だ。空腹と喉の渇きを通じて表わす方法である。

ほかの多くの感覚とは異なり、空腹と喉の渇きは一本調子の感覚であるため、慣れることも、無視することもできない。著名な政治的冒険家であるフォン・トレンク男爵は、マクデブルクの要塞に監禁されているあいだ、一日に一ポンド半(約六八〇グラム)の軍隊向けのパンと水差し一杯の水しか与えられなかった(v. Trenck 1787: 195)。そのときのことを、彼はこう回想している。

私が一一カ月にわたって耐え抜いたすさまじい空腹による極度の拷問のような日々を、読者に伝えるのは不可能である。私は毎日六ポンド(約二七〇〇グラム)のパンを簡単に平らげることができる人間だった。二四時間ごとに、わずかな配給の食料を受け取って胃袋に収めても、空腹感は食べる前と変わらずに続く。しかし、次にまたわずかな食べ物を口にできるのは二四時間後だ……激しい苦痛で眠れず、行く末のことを想像すると、私の運命はさらに残酷さを増していくのではないかと思えた。このような苦しみが長く続くなど耐えられなかったからである。神は私が経験したような苦しみから、あらゆる正直者を守ってくれる！　その苦しみは、この上なく強情な悪党には耐えられなかっただろう。三日間の断食を耐えた人、あるいは一週間かそこらの困窮に苦しんだ経験をもつ人は多いだろうが、一一カ月にわたってこの極度の拷問に耐えた人間は私以外にまずいない。少食が習慣になると考える人もいるが、私が経験したのはそれとは逆の現象だ。空腹感は日に日に増し、一生分の忍耐力をつぎ込んだ。この一一カ月はどんな経験よりもつらかった。(2)

ヴィテルビは喉の渇きによる苦痛について同様の証言をしているが、それに関してはすでに本書で述べた〔本邦訳未収録の原書第16章300ページで言及〕。

したがって、大きな興奮を抱えているとき、食べ物や飲み物の摂取が中断され、体内の蓄えが総員されることがあるものの、生物が自己防衛のために機能を調整する段階は限られており、空腹や喉の渇きを通じて、枯渇した蓄えの回復が緊急に要求される。

恐れや怒りとほかの感情状態の関係

自律神経系の交感部で特徴的に表出される主要な情動として考察してきたのは、恐れと怒りである。これら二つの情動は似ていなくもない。ジェームズはこのように述べている（James 1905 : 415）。「恐怖は、凶暴性をかき立てるものと同じ対象によって引き起こされる反応である……我々は自分を殺すかもしれない何かを恐れるとともに、殺したいという欲求も抱く。これら二つの衝動のどちらに従うかは通常、その特定の事例に**付随する状況**の一つによって決まり、これに動かされることが高等な精神をもつ証拠である」。恐れを抱いてがむしゃらに逃げていた動物が窮地に追い込まれると突然、恐れを怒りに変え、逃走から一転して、死に物狂いで戦うことがある。

こうした主要な情動はまた、ふだん穏やかなほかの多くの感情状態が突然変化して生じる状態でもある。マクドゥーガルが指摘しているように、抵抗や妨害に遭ったときのあらゆる本能的な衝動は、妨害の源に向けられる戦闘的な衝動に取って代わられるか、それによって複雑になる(McDougall 1908 : 72)。イヌは餌を取り上げようとすると怒り、雄は性的な衝動を満たそうとしたときに邪魔されるような挑発を受けると猛烈な勢いで戦う。人間の男性は名誉を傷つけられるとしきたりを忘れ、かっとなって戦うし、すべての愛情を注いで子育てする母親は、自分の子どもを故意に傷つけられると一転して腹を立て、攻撃的な激しい態度をとる。妨害されたり邪魔されたりしたときに出るこうした本能的な行動の例では、食べ物や性的感情の満足、自負感情、親としての優しい愛情といった情動に付随するものが突然怒りに変わる。そして、一方が怒ると、そのとき強い敵対心の対象となっているもう一方に怒りや恐れが生じる。怒りは力の誇示にきわめて役立つ情動であり、恐れはその片割れとなることが多い。

恐れや怒りに伴う内臓の変化は、交感部のニューロンが放電した結果である。これらのニューロンは狭い範囲にのみ影響を及ぼすのではなく、広く拡散するように配置されている。恐れと怒りと(3)いうきわめて異なる情動に関する限り、現時点でわかっている生理的な証拠から、内臓で起きる変化の違いはそれほど注目すべきものではない——たとえば、恐れも怒りも胃液の分泌を止める(114、115ページを見よ)。実際のところ、恐れや怒りに伴う内臓の変化は**異なるはずがない**、というよりも、**類似するに違いない**明確な理由はある。すでに述べたように、これらの情動には行動に対する身体の備えが伴い、それらを引き起こす条件が逃走や闘争(どちらも最大限の努力を要することがある)につながることが多いので、どちらの反応でも身体が必要とするものはまったく同じなのである。

交感部の機能について議論するなかで、交感部は恐れや怒りだけでなく、痛みに伴っても活性化すると、筆者は指摘した。交感部の機構はまた、喜びや悲しみ、嫌悪感など、ふだんは穏やかな情動が**十分に強まったときにも**、全体的あるいは部分的に活動する。このため、こうしたさまざまな情動状態で通常の消化作用が止まったり正反対になったりすることがある。

ダーウィンが報告した症例では、運に見放されたことを聞いた若い男性が顔面蒼白になったかと思うと、その後陽気になり、さまざまな喜びの表現を見せた末に、半分消化された胃の内容物を吐き出した(Darwin 1905: 76)。一方、ミュラーは恋人に婚約を破棄された若い女性の事例を記載している(Müller 1907: 434)。女性は悲しみに暮れて泣き続けた数日間に、口にした食べ物という食べ物を吐き出してしまったという。さらに、バートンは『憂鬱の解剖』で嫌悪感の影響として次のような事例を挙げている(Burton 1621: 443)。

同じ街に住むある貴婦人が、まるまる太ったブタの解体を見たときのことである。腹が切り開かれて内臓が見えると、不快なにおいが漂ってきた。彼女はそれに激しい嫌悪感を抱き、それ以上耐えられなくなった。するとその場にいた医師がこんなことを言った。ブタもあなたと同じで、体の中に汚い排泄物が詰まっているのだと。結果、そのすてきな貴婦人はあまりにも深く思い詰めて、その場で嘔吐しただけでなく、心身に大きく異常をきたした。医師があらゆる方法で説得を試みたが、数カ月経っても彼女は元どおりに回復せず、あのときの光景を頭の中から振り払うことはできなかった。

極度の喜び、極度の悲しみ、極度の嫌悪というこれら三つの事例で、自律神経系の脳部の影響が抑えられて消化作用が止まり、横紋筋の反射作用で滞った胃の内容物が一気に逆流した。こうした状況で交感神経インパルスのほかの影響がどの程度の範囲まで表われるかは、筆者の知る限り、まだ確認されていない。

これらの証拠から、怒りや恐れ、痛み、不安、喜び、悲しみ、深い嫌悪として感じる中枢神経系での大きな興奮は、交感部の閾を超えて、この部分が支配するあらゆる器官の機能を阻害するとみられる。これらの大きく異なる情動状態が交感部で表出することには、即応性の面で利点があるのかもしれない。それは、先ほど示したように(245ページを見よ)、こうした比較的穏やかな情動が、ふだん交感部を活性化させるもともと強い種類の情動(恐れや怒り)に突然変わることがあるからだ。比較的穏やかな情動も交感部に影響するなら、変化の生理的な側面はすでに部分的に達成されていることになる。

注

(1) 対処しなければならないものが何もないときに恐れや心配、不安を抱いて消化作用を乱した人物は、戦うべき「戦争」や戦闘、闘争がないにもかかわらず身体を「戦時体制」にしたとでもいえそうだ。

(2) この継続的な空腹に苦しんだ経験の原因は、身体の要求を満たすにはあまりにも少量の食物を食べ続けたためかもしれない。一定の期間、食べ物を断った経験をした人たちの報告では、三～四日目を過ぎると不快な感情が和らぐという〔本邦訳未収録の原書第15章273ページで言及〕。

(3) 顔が蒼白になったり紅潮したりするような、目に見える血管の状態の違いもほとんど意味がない。血管収縮によって血圧が上昇した状況では、蒼白は顔の括約筋の働きによって生じた可能性がある。顔の紅潮は、腹部など、ほかの部位の括約筋が上げる血圧の程度が顔の括約筋をはるかにしのぐために生じるとも考えられる。これらはおそらく、前に述べたアドレニンの影響だ〔本邦訳未収録の原書第7章104ページで言及〕。あるいは、顔の紅潮は局所的な血管拡張によって生じているとも考えられる。大きく異なる情動状態が血管に同じ変化をもたらすことがある現象は、ダーウィンが指摘している(Darwin 1905)。同書には、怒りに伴う蒼白(74ページ)と恐怖に伴う蒼白(77ページ)が記述されている。

第18章　情動に関するジェームズ＝ランゲ説の論評

ジェームズとランゲの名前を冠した情動をめぐる有名な説は、もともと個別に提唱されたものだ。ジェームズが自説を最初に発表したのは一八八四年、ランゲの論文がデンマーク語で発表されたのは一八八五年のことである。情動の性質にまつわるそれぞれの説の要点はよく知られているので、ここでは簡単にまとめておくだけにする。ジェームズの説をほぼ彼の言葉に沿ってまとめると、次のようになる(James and Lange 1922)。対象が一つ以上の感覚器を刺激すると、求心性インパルスが皮質に伝達され、対象が感知される。その後、電気信号が筋肉や内臓に伝わり、複雑な変化を引き起こす。変化した器官から求心性インパルスが皮質へ戻ったところで、「感知しただけの対象」が「情動的に感じた対象」に変わったとわかる。言い換えれば、「身体変化が起きたときの感覚は情動である――一般的な感覚、連携、運動の要素ですべてを説明できる」ということだ。この説の主な根拠として挙げられているのは、我々は緊張や動悸、顔の紅潮、激痛、息苦しさに気づく、つまりこれらが起きた瞬間に感じるという点、そして、身体で起きるこれらの症状を想像上の情動から取り除いたとすると、何も残らないだろうという点である。

ランゲによると、血管運動神経の中枢の刺激は「感情がどのように形成されるにしろ、感情の原因の根本である」という(James and Lange 1922)。「喜びや悲しみ、幸福や不幸といった、精神生活のあらゆる情動的な側面は血管運動神経系に頼っている。感覚器で受け取った印象にそれを刺激する力がなければ、我々は共感も情熱もない人生をさまよい、外界から受けたあらゆる印象は我々の経験を豊かにし、知識を増やすだけで、喜びや怒りを引き起こすことはなく、心配や恐れをもたらすこともないだろう」。感情の源が中枢と末梢のどちらにあるかを主観的に区別することはできないから、主観的な証拠は当てにならない。ワインや特定のキノコ、ハシシ、アヘン、冷たいシャワーといったものが、変化した感情状態を伴う生理的な作用を引き起こすこと、そして、おびえた人物から身体の表出を除去すると、恐れを示すものは何もなくなることから、情動は身体における変化の知覚に過ぎないのである。ランゲは明らかにジェームズと同じ考えをもっていたものの、その考察の基礎にした範囲ははるかに狭く、循環系のみの変化だった。

インパルスが末梢から戻ってくる流れは、ジェームズがさまざまな情動的感情の説明の礎としたもので、筋肉や皮膚、内臓を含めて、生物のあらゆる部位から生じると見なされた。しかし、彼は内臓には大きな役割があると考える傾向にあった。「内臓や器官における表出はおそらく、感じられる情動の主要な部分を決定づけている」とジェームズは書いている。したがって、彼が言う求心神経の流れの源を二つに分けてもよいだろう。ここからは、内臓起源の流れを検証してみたい。それに関連して、血管運動神経の中枢が情動体験を説明できるとするランゲの説についても論評する。

内臓を中枢神経系から完全に切り離しても情動的な行動は変化しない

シェリントンはイヌの脊髄と迷走神経を切断して、脳と心臓や肺、胃腸、脾臓、肝臓といった腹部内臓との接続を断つ実験をした(Sherrington 1900 : 397)——かつて感情が宿るとされていたすべての構造を分離するためである。最近、ルイスとブリトン、筆者は、大きな興奮に伴って働く自律神経系の交感部全体を除去したネコを、何カ月も健康な状態で生かすことに成功した(Cannon, Lewis and Britton 1927 : 514)。この状態では、血管運動神経の中枢がつかさどるすべての血管の反応が停止した。副腎髄質からの分泌は起きず、胃腸の活動は抑制されず、毛が逆立つことはなく、肝臓は糖を血流へ放出する指令を受けられない状態である。こうした広範囲に影響を及ぼす手術でも、動物の情動的な反応にはほとんど影響が見られなかった。シェリントンが実験したイヌの一匹は「情動がひときわ激しい性分」で、感覚野を手術で部分的に除去しても、情動的な行動に明確な変化は見られなかった。「彼女の怒り、喜び、嫌悪、そして挑発されたときの恐れは以前と同じだった」という。また、交感神経を切除したネコは、そばでイヌに吠えられると、シーッという声を出す、うなる、耳を引っ込める、歯を見せる、足で叩こうとするといった、毛を逆立てる**以外の**表面的な怒りの表現をすべて見せた。どちらの実験でも、動物たちは脳と接続されていたすべての器官で完全に情動表出の行動を見せた。表出がなかったのは、脳とのつながりを断たれた器官だけである。内臓からの反響がなくなっても、適切な情動表出は何も変わらなかった。一つだけ表出がなかったのは、手術が原因だった。

シェリントンが自分の優秀なイヌたちを例に言及しているように、怒りの表出を始める知覚が、続いて怒りの行為をもたらしたにもかかわらず、「怒りの感情」を引き起こせなかったとは考えにくい。この点では解釈にばらつきがある。エンジェルの主張によれば、シェリントンの実験は内臓の感覚が情動性の精神障害で何の役割も果たしていない証拠を何も示しておらず、しかも「情動」という精神状態がその「表出」に先行することも証明していないという(Angell 1916 : 259)。ペリーは、手術で分離された器官からの感覚がない状態で情動が**感じられる**かどうかの問題は未解決であると言い切っている(Perry 1926: 298)。

もちろん、器官の一部を除去された動物における「感じられる情動」の存在を肯定あるいは否定する現実の根拠はないと、認めなければならない。しかし、それらとジェームズ＝ランゲ説との関連を判断できる根拠はある。ジェームズは感じられる情動の主要な部分が内臓からの感覚に起因すると考え、ランゲはそのすべてが循環系からの感覚に起因すると考えた。こうした内臓からの感覚を情動体験から取り除いたと**想像**すると何も残らないと、二人は認めている。シェリントンとハーバード大学の研究グループはこの手順に手を加えて、**外科的に**この感覚を除去した。実験に用いた動物では、交感神経の伝達経路――大きな興奮の神経放電が伝わる経路――を通じたあらゆる内臓の乱れが起こらないようにされた。これらの伝達経路、およびシェリントンの動物では迷走神経の経路を通じてインパルスが返ってくる可能性も同様にゼロにされた。ジェームズの説明によると感じられる情動の大部分は消え、ランゲの説明によると完全に消えるはずだという(血管運動神経系の刺激がないと、外界の印象が「喜びや怒りを引き起こすことはなく、心配や恐れをもたらすこともないだろう」という言葉が思い出される)。しかし、神経の接続がある限り、動物たちは情動表出を弱めることなく**行動**した。言い換えれば、この説の観点で情動的感情の大部分あるいはすべてをなくす手術を施しても、その動物は以前と同じく怒りや喜び、恐れの行動を見せるということである。

大きく異なる情動状態や情動のない状態で、同じ内臓の変化が起きる

これまで見てきたように、自律神経系の交感部の節前線維は遠部ニューロンと関係が深いので、身体全体の平滑筋や腺に対するその神経支配は個別ではなく、拡散的である。交感神経インパルスの拡散放電が起きると、それと同時にアドレニンが血液中に放出される。アドレニンは通常あらゆる部位に拡散し、その作用はどの部位でも交感神経インパルスと同じであることから、体液と神経が連携して拡散効果を生んでいる。こうした機構があるために、交感神経系は全体が一つになって機能する——発汗の有無など、小さなばらつきはあったとしても、主要な特徴でははっきりとした統合が見られる。

交感神経の刺激によって生じる内臓の変化には、心拍数の増加、細動脈の収縮、細気管支の拡張、血糖の増加、消化腺の活動の抑制、胃腸の蠕動の抑制、アドレニンの放出、瞳孔の拡張、毛の逆立ちといったものがある。これらの変化は、どのような状況でも大きな興奮に伴って見られる。恐れや怒りとしてすぐに区別できる情動状態に伴って生じるのだ。発熱(Cannon and Pereira 1924: 247)および寒さにさらされた状態(Cannon, Querido, Britton and Bright 1927: 466)では、そうした変化の大半が起きる——心拍数の増加、血管の収縮、血糖の増加、アドレニンの放出、毛の逆立ちは確実に起きる——ことが知られている。刺激を受ける段階で窒息があると、おそらく発汗を除いて、前述の変化がすべて起きる。インシュリンによって血糖が減少しすぎると「低血糖反応」が起きる——顔面の蒼白、心拍数の増加、瞳孔の拡張、アドレニンの放出、血糖の増加、そして大量の発汗が特徴的に見られる(Cannon, McIver and Bliss 1924: 46)。

交感神経の放電で典型的な内臓の変化に伴ってもたらされる状態には、恐れや怒りといった明確で強い情動や、寒さに伴う比較的穏やかな感情状態、低血糖および呼吸困難、発熱の始まりに伴うさまざまな体験がある。情動の主観的な性質はじつに多彩なのだが、内臓における反応はあまりにも画一的で、多種多様な情動を十分に区別することができない。さらに、情動が内臓からの求心性インパルスによって生まれるのだとすれば、恐れと怒りが同じように感じられるだけでなく、寒さや低血糖、窒息、発熱も似たように感じられるはずだ。だが、実際はそうではない。

ジェームズ゠ランゲ説に関するこの批評に対し、エンジェルは一部の情動についてはおおむね同じ内臓の興奮を生む相当な基盤がある可能性を認めながらも、骨格筋の緊張の違いをはじめ、内臓の外の乱れに見られる特徴には違いがあるのではないかと主張している(Angell 1916 : 259)。ペリーもまた、さまざまな感情状態に特有の要素を説明するために、自己受容(proprioceptive)の様式の構造、つまり表出の「運動のセット」に頼っている(Perry 1926 : 298)。感じられる情動の発生に骨格筋が関与している可能性についてはのちほど考察したい。ここでは、ランゲは情動性の精神障害の原因としてその要素をまったく挙げていないこと、そしてジェームズはその要素の役割は小さく、感じられる情動の大部分は内臓や器官での表出に左右されると考えているという事実を強調しておこう。

内臓は比較的鈍感な構造である

身体の奥に行けば行くほど感覚が鋭くなるという俗説があるが、それは事実ではない。おそらく脊髄の神経幹では感覚神経線維は運動神経よりも常に多いだろうが、内臓につながる神経では求心性(感覚)の神経線維は遠心性神経の五分の一しかない(Langley and Anderson 1894 : 185)。消化中の胃腸の伸縮や、胃が横隔膜にこすれていること、脾臓がねじれるような動き、肝臓の活動を我々が感じることはない――こうした臓器の活動は長きにわたる研究の結果ようやくわかったことである。麻酔をかけられていない人間が手術で消化管を切断されたり、ちぎられたり、つぶされたり、焼かれたりしても不快感を何も感じないことを、外科医はわかっている。我々が心臓の鼓動を感じるのは心臓が胸壁を押すからであり、血管の脈動を感じるのは感覚神経が豊富にある体内組織を通っているからであり、腹痛は壁側腹膜を引っ張られるから感じるとも考えられている(Lennander, et al. 1907 : 836; Martin 1907 : 1015)。通常、内臓の作用はきわめて気づきにくい。アドレナリンが作用するなど、内臓で最も明確な変化が起きたときでさえも、結果として感じるのは主に心血管系への影響に起因した感覚である。

内臓の変化は情動的感情の源としては遅すぎる

内臓は平滑筋と腺からなるが、心臓は例外で、変化した横紋筋(modified striate muscle)からなる。我々がよく知っている身体の動きは、反応がすばやい横紋筋によるものであり、その実際の反応時間は〇・〇〇一秒にも満たない。骨格筋の活動の観察で得られた身体活動の速さの概念を、ほかの構造に適用すべきではない。平滑筋や腺の反応は比較的遅いからだ。スチュアートの研究によるとネコの平滑筋の反応時間はおよそ〇・二五秒(Stewart 1900 : 192)、セルトリの研究によればイヌでは〇・八五秒、ウマでは〇・八秒だったという(Sertoli 1883 : 86)。ラングリーの報告では、下顎骨にある唾液腺を支配する鼓索《こさく》神経を刺激したときの反応時間は二〜四秒(Langley 1889 : 300)、パヴロフの報告では、胃腺の分泌神経である迷走神経を刺激したときの反応時間はおよそ六**分**だった(Pavlov and Schumowa-Simanowskaja 1895: 66）。さらに、ウェルズとフォーブズは、汗腺に起因する現象とみられる人間の精神電流反射の反応時間はおよそ三秒だと述べている（Wells and Forbes 1911: 8）。

内臓の構造で末梢の活動が始まるまでの時間の遅さと対照的なのは、ウェルズの観察結果である（Wells 1925: 64）。男性や女性の画像に対する感情的な反応が起きるまでの時間は〇・八秒以内であることも珍しくないという。においを刺激物に用いた新しい研究でも、同様の反応時間が得られた（私信）。しかし、ジェームズ＝ランゲ説によると、こうした感情的な反応は内臓からの反響であることになっている。果たして、そんなことはあり得るだろうか？　前述した平滑筋と腺の遅い反応時間に、神経インパルスが脳から末梢に到達して脳に戻ってくるまでの時間も加えなければならない。内臓の変化は感情状態の出現の原因とするほど速く起きないのは明らかであり、ウェルズが研究した感情状態の原因としても確かに遅すぎる。

強い情動に特有の内臓の変化を人為的に引き起こしても、強い情動は生じない

アドレニンが体内で交感神経インパルスと同じような働きをすることは、これまでに繰り返し述べてきた。血流へ直接あるいは皮下にアドレニンを注射すると、細気管支の拡張や血管の収縮、肝臓からの糖の放出、胃腸の機能停止といった、強い情動に伴う現象に特有の変化が見られる。情動が内臓の変化の結果であるならば、ジェームズ＝ランゲ説の仮定に基づいて、どのような場合でも情動が内臓の変化に続いて生じると予想できるはずだ。一般的な身体作用を及ぼすのに十分な量のアドレナリ

ンを注射された学生たちをたまたま観察した結果では、具体的な情動を特に経験しなかったという——そのうちの何人かは運動競技の試合の直前に「いらいら」や「興奮」を経験したことがあった(Peabody, Sturgis, Tompkins and Wearn 1921 : 508 ; J. T. Wearn 私信)。一方、マラニョンは大勢の平均的な人物や並外れた人物でアドレニンの影響を詳しく研究した結果、主観的に経験した感覚として心臓前方または上腹部の動悸、広範囲の動脈の脈動、胸部の圧迫感、喉がつまった感覚、震え、寒気、口の渇き、緊張、不快感、衰弱などがあったという(Marañon 1924 : 301)。こうした感覚に関連して、**一部の事例では**曖昧な感情状態を冷静に認識しただけで、本来の情動がないこともあった。被験者からは「怖いような気分」「大きな喜びが待ち受けているよう」「感動したような感じ」「何だか知らないけれど涙が出そうな気分」「すごい恐怖に襲われたようだけど今は落ち着いている」「自分に対して何かされそうな感じ」といった言葉が聞かれた。言い換えると、マラニョンが述べているように、「自律神経性の情動に伴う末梢の現象(身体変化など)と精神的な情動そのもの」のあいだに明確な相違があるということであり、「精神的な情動は存在せず、被験者は実際の感情を伴うことなく穏やかに自律神経の不調を訴える」。感情が生じた比較的少数の事例では、たいていは実際に悲しみの情動が形成され、涙やむせび泣き、ため息が伴う。しかし、この現象が起きるのは、特に甲状腺機能亢進症など、「患者の情動の素因がきわめて明確である場合だけ」だ。マラニョンはいくつかの事例で、この状態が起きるのは病気の子どもや死んだ親について患者と話した後にアドレニンを注射したときだけであることを発見した。つまり、情動的な気分がすでに存在する場合にのみアドレナリンがそれを支える効果をもつのである。

マラニョンによって提示された証拠から、次のように結論づけることもできよう。人間ではアドレニンが、感覚として報告される典型的な身体変化を引き起こす。場合によっては、こうした感覚がそれ以前の情動体験の追想であるが、その体験をよみがえらせるものではない。事前に情動を鋭敏にした例外的な事例では、身体変化が実際の感情の乱れに影響を与えることがある。とはいえ、最後の事例はあくまでも例外であり、ジェームズとランゲが想定した通常の現象ではない。通常の状況では、身体変化はたとえ明瞭であっても、情動を引き起こすことはない。

これまでの章で説明したような、大きな興奮の結果として内臓で起きる数々の現象は、ジェームズ゠ランゲ説を支持していると解釈されてきた(Humphrey 1923 : 211)。しかし、ここに示した証拠から、その解釈が正しいという保証がないことは明らかであろう。さいわい内臓の働きは感覚を引き起こす主要な原因ではなく、内臓が著しく攪乱されても明確な情動体験が生じないことから、こうした攪乱で恐れや怒りといった明確な情動を区別できない理由や、攪乱に寒さや窒息、高血糖、発熱が伴うにもかかわらず、情動が伴わない理由、情動表出から内臓の要因を完全に除去すると情動性の行動に違いがなくなる理由をさらに深く理解できる。ジェームズの言葉を借りれば、胸部および腹部の「反響板」からの反応はごくかすかであるので、情動の複合現象においては小さな役割しか果たしていない。交感神経の活動の結果として胸部や腹部の内臓で生じる作用はまさに注目すべきもので、変化に富む。しかしながら、生物に対するその重要性は経験に豊かさや味わいを加える点にあるのではなく、外部の環境が変化しても体内の活動が大きく乱れることがないように体内秩序を調整する点にある。

第19章　視床の機能としての情動

ジェームズは情動に伴う大脳の作用に関する議論のなかで、それらの作用を担う特別な中枢があるのか、それとも大脳皮質にある通常の運動中枢や感覚中枢で起きるのかを論じた。彼の主張によれば、通常の中枢で起きるとするると、その作用は感覚に伴う通常の作用と類似しているという。その主張と皮質における身体の各部位の完全な表象があれば、情動の**仕組み**を表わす全体像を提示できるだろう。対象―感覚器官―皮質の興奮―知覚―筋肉や皮膚、内臓への反射作用―それらにおける攪乱―攪乱による皮質の興奮―最初の知覚に加えたそれらの知覚。これが「情動的に感じた対象」となる現象である。しかし、皮質の作用**か**特別な中枢かという厳密な二者択一を受け入れる必要はない。皮質の作用と特別な中枢の**両方**が存在する可能性もある。実際にはどのような仕組みなのかを、これから考えてみたい。

情動は皮質下の中枢の作用によって表出する

ベヒテレフは一八八七年に発表した論文で、情動表出は抑制できないこともあり(くすぐられたときに笑う、痛みを感じて歯をくいしばったり叫んだりするなど)、内臓の変化が制御できないこと、そして皮質の支配が重要になる前の出生直後に情動表出が見られることから、情動表出は皮質と無関係に違いないと主張している(Bechterev 1887: 102, 322)。さらに、さまざまな動物から大脳半球を除去した後、適切な刺激を与えると感情的な特徴をもった対応する反応が生じるとも報告している。大脳半球のないネコは不快な刺激を与えるとうなり、イヌはくんくん鳴き、歯を見せて吠える。穏やかな刺激を与えると(背中をなでると)ネコは喉を鳴らし、イヌは尻尾を振る。視床を切除した後にこうした影響が消えることから、視床は情動表出において主要な役割を果たしていると、彼は結論づけた。

一九〇四年、ウッドワースとシェリントンが、脳幹の中脳の区間のそばにある視床全体を除去したネコで、大きな興奮を示す生理的な現象のいくつかが見られることを証明した(Woodworth and Sherrington 1904: 234)。この「疑似感情」反応を引き起こすには、求心性神経を**強く刺激**する必要があった。こうした観察結果は中枢としての視床の重要性を弱める傾向にあるものの、最近の実験でその優位性が再び浮き彫りになった。前に述べたように、一九二五年、ブリトンと筆者は疑似感情標本——エーテル麻酔のもとで皮質を除去したネコ——が回復後、激しい怒りのあらゆる表現を**自発的に**示したことを報告した(Cannon and Britton 1925: 283)。バードによるさらなる研究で、この見かけの怒りは間脳の前方にある脳をすべて除去した後にも引き続き見られることがわかった(Bard 1928: 490)。実験対象の動物の激しい活動がようやく収まったのは、視床領域の下部の後方(**図39**で網点だけの領域)を切除したときだった。これらの結果は、皮質による支配がない状態でも、極度の「情動的な」活動を筋肉と内臓の両方に引き起こすインパルスが視床から放電されることをはっきりと示している。

前述の証拠は人間での観察結果でも確認されている。ほかの研究で指摘されているように、麻酔によって皮質の活動が停止されたときに、情動表出がきわめて顕著になることがある(Cannon 1928: 257)。たとえば、エーテル麻酔の初期(興奮)段階で、悲しみを示すようなむせび泣きや、喜びを示すような笑い、怒りを示すような活発で攻撃的な行動が見られることがある。患者が何かを押したり引いたり、叫んだりつぶやいたりしている最中でも、外科医は胸部の切開やそれと同等の手術を施すことができる。その数分後、意識を取り戻した患者にそれを尋ねても、麻酔中に起きたことをまったく覚えていないという。「笑気」による麻酔で皮質の機能が停止されたときに、被験者が笑ったり泣いたりすることもある。激しいアルコール中毒に陥って皮質の活動が低下したときにも、情動表出の同様の機構が表われる。これらすべての状況で、薬物がまず、皮質のきわめて敏感な細胞に対して抑制剤として作用し、皮質が下位の中枢を制御する機能が低下したり一時的に停止したりする。その後、薬物の蓄積が進むと下位の中枢も機能が低下する。しかし、この段階に入る前に、皮質を切除された動物と同様、皮質の支配から解放された下位の中枢がその機能を自由に見せるのだ。

以上の実験および薬理学的な研究で得られた証拠は、病例から得られた証拠と一致する。前に述べたように、ある種の半身不随の患者は麻痺した側の顔をふだん動かせなくても、悲しみや喜びの情動を突然抱いたときに、自発的な制御には反応しない筋肉が急に活動して、顔の両側に悲しみや喜びの表情が出る(Roussy 1907: 31)。こうした事例は、運動路が皮質下で阻害され、視床が正常に残っている場合に起きる(**図40**を見よ)。これとは反対の状況が、視床の片側のみが損傷した事例に見られる。キリルゼフが記載した患者の一人は自分の意思で顔の両側を左右対称に動かすことができたが、楽しくて笑ったとき、あるいは痛みで顔をゆがめたときに、顔の右側が動かなくなる(Kirilzew 1891: 310)。死後の検死で左の視床の中央に腫瘍が発見された。同様の事例はウィルソンによっても記載されている(Wilson 1924: 299)。喜びや痛みの表現にかかわる中枢神経の機構の局部化には、いわゆる「偽性球麻痺」によく見られる情動的な現象と興味深い関連がある。このような事例では通常、片側のほうがもう片側よりもやや影響が大きい両側の顔面麻痺がある。口笛を吹くときのように唇を自発的にすぼめたり、おでこにしわを寄せたり、顔をしかめたりすることができない場合があるものの、笑う、泣く、にらみつける、あるいは不快感を示すときには、その動かしにくい顔の筋肉が正常に機能する。こうした正常に機能する表情は発作的に見られ、制御できず、しかも長く続く。記載された患者の一人は朝一〇時に笑い始め、ほとんど中断することなく午後二時まで笑い続けた。ティルニーとモリソンはこの疾患の一七三の症例を集め、その一七パーセントで泣きおよび笑いの発作を、一六パーセントで泣きのみの発作、一五パーセントで笑いのみの発作を見いだした(Tilney and Morrison 1912: 505)。発作は概して日常的な誘因がなく表われ、状況に適さない場合が最も多い。患者は笑いこけているようにしか見えなくても、その顔や身体の動きが示している感情を何も経験していないこともある。ブリッソーはこうした事例の原因として、皮質視床路の特殊な部分に障害があるために、視床の領域が皮質の支配から解き放たれたからだと考えた(Brissaud 1894)。後年の証拠から考えると、求心性の視床皮質路にも障害がある可能性が高そうだ。

実験および臨床で得られたこれらの観察結果はどれも、さまざまな情動表出に関する神経機構が視床に存在することを一様に示している。ジェームズの議論で「情動に関する特別な中枢は脳にない」と題された節は、これらの蓄積された情報を踏まえて修正されなければならない。神経経路の一方の末端に反射面として皮質があり、もう一方の末端に、返ってくるインパルスの源として末梢器官があるという考え方は、機構としてあまりにも単純すぎる。皮質と末梢のあいだに横たわる間脳は、感情のレベルで見ると統合する器官であり、受信や放電を行う拠点であり、適切な刺激を受けてさまざまな感情状態によくある典型的な顔の表情や身体の態度を形成する。皮質に向かう求心性の神経経路がすべて間脳に中継点をもっていることは、情動の性質を説明するうえできわめて重要な事実である。

視床の活動は感情体験の源である

視床の一部であらゆる感覚ニューロンが中継されていることは、ヘッドが自身の重要な臨床研究のなかで強調している(Head 1921: 184)。ヘッドとホームズはある種の意識、つまり「気づき」がこの領域に起因すると考えた(Head and Holmes 1911: 109)。情動表出(視床が起源)を乱さずに意識を無効にする麻酔の効果は、この見解と矛盾しているように見える。意識が皮質のニューロンにおける現象として関連していないとしても、視床の活動が果たしている役割の重要性はほとんど変わらない。視床で感覚経路が中継されていること、そして、視床における乱れが激しい感情の感覚の原因であることがわかっていれば、視床と情動の性質との関係を理解できる。

ヘッドは視床領域における片側の障害の症例を数多く記載しているが(Head 1920: 620)、そこには感情刺激に対して過剰に反応する傾向がはっきりと見られる。ピンで刺す、痛みを伴う圧迫を加える、過度な暑さや寒さにさらすといった行為はすべて、身体の正常な側よりも障害のある側のほうに強い苦痛を与えるのだ。ほどよい刺激もまた、障害のある側では強烈に感じられる。暖かさをもたらす刺激は、楽しげな表情と歓喜の言葉を伴った強い喜びを引き起こすことがある。さらに、音楽の演奏や賛美歌の歌唱といった感情刺激が、障害のある側で耐えられないほど強い情動的感情を引き起こす場合もある。感情的な意識状態は体表の受容体からの刺激と似たような影響を、障害のある側に及ぼす。上下どちらから来るにしろ、この感情刺激の過度な影響の原因は視床が皮質による抑制から解放されたことにあると、ヘッドは考えた。これは障害による乱れがすべて収まった後まで長く続くことから、刺激の作用ではないと、彼は主張している。また、視床が皮質の支配から解放されると感情状態が高まることから、重要な視床中枢は主に感覚の感情面をつかさどっていると、ヘッドは結論づけた。

これで我々は、骨格筋の位置と緊張が情動の差異を生む証拠を考察できるようになった。ここで思い出すことがある。ジェームズは自身の説でこの要素を軽視していたものの、とりわけ内臓の要素が不適切であると判明したことから、彼の支持者たちはそれを強調している点だ（254ページを見よ）。感覚の感情状態は視床の活動で生まれるので、視床の事例は骨格筋の役割を調べる方法を提供してくれる。感覚が感情状態を欠いていれば、その生成の根本にあるインパルスは視床には影響しないということになる。

ヘッドは自身の患者で、さまざまな感覚の感情状態に明確な違いがあることを発見した。音叉の音を聞いたときには反応が何もなくても、愛国的な音楽を聴かせると障害のある側に強い感覚を呼び起こす。熱の刺激は皮質と視床の両方に影響を及ぼす。触覚を無作為に刺激したときにも同様の作用があった。一方で、**姿勢の認識を引き起こす感覚には感情状態がまったくなかった**。ジェームズと彼の支持者たちが感じられる情動に内臓外の部分がある根拠とした筋肉や関節からの求心性インパルスそのものが、その目的の達成に必要な性質を欠いたインパルスなのだ！　この証拠は、人間で顔の筋肉の動きが器質性疾患によって不可能になる事例から裏づけられる。この疾患の患者は顔に表情が出ていなくても、特定の情動をはっきりと認識していることがある。顔の両側の麻痺によって表情をつくる動きがまったくできない事例で、その患者は「喜んだり悲しんだりする際に、自分の感情を仲間にまったく示せないのが最大の不幸」であると証言している。また似たような事例で、患者は「気さくな雰囲気は以前と変わらず、心の底から笑うこともある……まるで仮面をかぶっているかのようで、笑いの情動や声は表に出ても、表情はまったく変わらない」(Wilson 1929 : 277 を見よ)。このように、内臓からの応答にも、神経を支配された筋肉からの応答にも、情動の性質は見当たらないのである。

視床の考えられる機能

これまでの議論で、情動表出に関する神経機構は皮質下の中枢にあり、それらの中枢は皮質による抑制から解き放たれた状態で適切な刺激を受けた場合、即座に活発に放電できる状態にあるという事実が明らかになった。また、これらの中枢が解放されたとき、そこで生じる作用は鮮烈な感情体験の源となる。半身不随の事例でこの体験が片側のみで感じられることは、格別に好都合な状況だ。同じ人物において、通常の状態でも同じ感情刺激の影響を観察することができ、皮質から解き放たれたときの影響と比較できるからである。

前述の観察結果から考えられる情動の神経機構は、次のようなものだ。外界の状況が受容体を刺激し、その結果として生じる興奮が皮質に向かうインパルスを放つ。皮質へのインパルスの到達は条件付けされた処理と結合し、それが応答の方向を決定する。その応答が特定の様式あるいは形で開始された結果、皮質のニューロンが視床の作用を刺激するからか、それとも、インパルスが受容体から皮質へ向かう途中で視床の作用を刺激するからか、いずれにしろ作用が引き起こされ、放電できる状態になる。視床のニューロンが一つの情動表出において特別な組み合わせで活動することは、いくつかの情動状態に典型的な反応様式があることが証明している。こうしたニューロンは上からの神経支配がなくても活動を開始できる。**自由**に活動できることは、身体に対して機能を果たす第一の条件である――そのうえでニューロンは活発に激しく放電する。視床の内部および近くで、一つの情動表出にかかわるニューロンは、末梢から皮質に至る感覚経路の中継点の近くに位置している。これらのニューロンが特定の組み合わせで放電すると、筋肉と内臓を支配するだけでなく、皮質に向かう求心性の経路を直接の接続か放散によって興奮させることも行うと考えることもできるだろう。ここから自然と導かれるのは、**視床の活動が引き起こされると単純な感覚に情動の独特な性質が加わる**という説だ。[1]

この説を既知の事実に応用する

先ほど提示した説は既知のあらゆる事実に合っているように見える。これらの事実をどのように説明できるかを、ここで簡単にまとめておこう。

視床で放電が起きると、身体変化が情動体験とほぼ同時に起きる。筋肉や内臓における乱れと興奮や気分の落ち込みが同時に起きる現象はもともと誤解しやすい。視床の役割を無視して考えれば、情動の独特の性質が末梢での変化によって生じていると推論するのがわかりやすいからだ。実際のところ、このような推論がジェームズ＝ランゲ説の根幹をなしている。しかし、本書でこれまでに提示した証拠から、この推論には根拠が乏しいことがわかる。ジェームズの説に反して、末梢での変化による感覚は「淡く、無色で、情動的な温かさがない」が、視床の乱れは単純な認知状態に輝きと色彩を与えるのである。本書で提唱した説は、ジェームズとランゲがかつて提唱した説がどうすれば理屈に合うかを説明するものである。彼らの説には事実の裏づけがないために、情動の源に関する説明がほかに必要になる。それは、視床の作用が感覚に感情のオーラを加えられるという証拠によって説明できる。

ジェームズ＝ランゲ説を発展させた議論のなかでもとりわけ強い議論の一つに、ある態度を想定することが実は、その態度が表現する情動状態を確立する一助となっているというものがある。「一日中ふさぎ込んだような態度で座り、ため息をついて、どんな問いかけにも暗い声で返事をしていたら、憂鬱な気分はだらだら続く」。一方で、「ひそめた眉を戻し、目を輝かせ、腹を引っ込めるのではなく背筋を伸ばし、明るい声で話し、人に温かい言葉をかけても、心がだんだん温まってこないとしたら、あなたの心は凍りきっているに違いない！」この助言に従ってみた人たちは、ある態度を想定した後にその気分になったという主張の正しさを確認して納得した。しかし、情動の外向きの表現をまねるとその情動そのものが生じるということに、誰もが納得したわけではない。ジェームズはこの不一致の説明として、人為的な表出においては内臓の関与にばらつきがあることを挙げている。しかし、すでに述べたように、内臓の変化はその説の裏づけとしては当てにならない。やはり視床における作用を考慮することで、理にかなった簡潔な説明ができるのだ。ヘッドが報告した事例が示しているように、記憶や想像に起因する情動は、視床の正常な側よりも、運動神経の制御から解放された側の視床に強く影響を及ぼす。これが示しているのは、皮質の作用が視床の作用を引き起こして、脳のその領域から感情的な応答をもたらすということである。それに加えて、典型的な情動の態度を想定した場合、その態度に関して、皮質による視床のニューロンの制御が無効になり、視床は完全に解き放たれる。こうした状況のもとで、演じられた情動が現実味を帯びるのだ。一方で、視床の関与なしに皮質のみで模倣された情動表出は、一部の人たちが証言しているように、感情をまったく伴わない。情動が生じるかどうかにかかわらず、視床が感情の源であるという説は、想定された態度の影響に関してジェームズ゠ランゲ説よりも妥当な説明を提供してくれる。

視床の片側を皮質の支配から解放したときに同じ側で情動状態が強まった事例は、ジェームズ゠ランゲ説が乗り越えられない障害だ。胸部や腹部の内臓は半分では機能せず、血管運動神経の中枢は単一であり、患者は右側あるいは左側だけで笑ったり泣いたりすることはない。したがって、乱された末梢器官から返ってくるインパルスは左右とも同等でなければならない。非対称な感情の説明として、非対称的に機能する器官、つまり視床に目を向けざるを得なくなる。本書で提唱した説で情動の源としたのは、まさにそこである。

ジェームズ゠ランゲ説にとってもう一つ大きな障害となっているのは、表出が阻害されても情動は強さを増すという証拠だ。実際のところ、情動状態は、行動を起こす衝動とその衝動をためらわせる抑制作用との衝突が体内で起きたときにだけ続くと主張する心理学者たちはいる。しかし、抑制作用が勝っている限り、感情の源とされている器官の変化は抑えられる。それならば、感じられる情動はなぜ存在するのか。この疑問に対する二つの答えが、ジェームズの議論に見つかりそうだ。まず彼は反論を否定する。「表出を拒めば激情は消える」と彼は書いている。「怒りをぶちまける前に十数えれば、ぶちまけることがばかばかしく思えてくる」。一方で、抑え込まれた情動がとんでもない働きをする可能性もジェームズは認めているようだ。「涙や怒りが単に抑圧されるだけで、悲嘆や憤怒の対象がそのまま心の前にとどまっていると、通常のチャネルに押しよせたはずの流れが、出口を探して別のチャネルに向かう。これはのちに、いつもとは異なる、より悪い結果をもたらしうる。たとえば、憤懣をぶつけるかわりに執念深く復讐心を燃やす。泣きたい気持ちを乾いた熱で破壊する。あるいはダンテが言うように、自分の中で石になり、そのあと、涙か嵐のような爆発のおかげでようやく解放される、など」。執念深く復讐心を燃やすこと、泣きたい気持ちを渇いた熱で破壊すること、自分の中で石になることが情動体験ではないと暗に示しているわけではない。しかし、ジェームズはそれらが情動体験であると認める代わりに、情動表出を抑える訓練の重要性を強調した。どちらかといえば曖昧で煮えきらないこの見解では、たとえばはっきりした行動が起きる前に悲愴な無力感に伴って強い怒りが感じられることがあるとのよくある証言、そして、適切な行動が始まったとたんに体内の動揺が落ち着き始め、身体の力が対応可能な末梢器官に活発かつ効率的に振り向けられるという証言にまったく触れられていない。ジェームズ゠ランゲ説でこの状況をうまく説明できないのは明らかである。しかし、行動が二重に制御されていると考えれば、強い情動に伴う活動とその後に感情の一部が静まる現象の両方を容易に説明できる。視床の様式化された作用は神経機構にもともと備わっているもので、運動反応を即座に制御できる状態にある反射作用と同じく、制御するときには強大な力で働く。しかし、視床の作用は大脳皮質の作用、つまり過去のあらゆる種類の印象によって条件付けされた作用で制御可能だ。皮質は内臓を除くすべての末梢器官を制御できる。視床で抑制された作用は随意の制御下にない部位を除いて身体を働かせることはできないが、視床の乱れは通常どおりに情動を引き起こすことができるうえ、抑制作用のために情動は通常よりもおそらく激しくなるだろう。また、皮質の制御から解放されると、対立はすぐに解消される。それまで正反対の制御を行っていた両者が連携するようになるのだ。視床のニューロンは活発に活動を続ける限り、ジェームズが主張しているように、表出の**あいだ**情動が持続する状況をつくる。したがって、新しい説はジェームズ゠ランゲ説の問題を回避するだけでなく、行動を起こせないあいだに抱くつらい感情も申し分なく説明している。

反応の二重制御に関連して、もう一つ強調しておきたい点がある。マクドゥーガルは、ジェームズ゠ランゲ説が情動の**感覚的な**側面にのみ当然のように着目している点でこの説に異を唱えている(McDougall 1923: 328)。その体験には**衝動的な**側面が常に存在し、時には抗しがたい存在になるにもかかわらず、彼らの説ではそれにまったくと言っていいほど注意が払われていないからだ。情動表出の反応様式が視床——抑制されていない限り単純な自動性によって直接働く領域——に局部化していることは、「感じられる情動」という感覚的な側面だけでなく、衝動的な側面、つまり視床のニューロンが放電する傾向を生む原因となっている。認知的な意識と関連していない脳の領域から強力なインパルスが放たれた結果、情動の興奮の強い感情が**曖昧**かつ**無関係**に呼び起こされたと考えれば、外力に襲われ、とらわれ、支配されて、意識で考えることなく行動させられる感覚を説明できる。

最後に、視床の作用が感覚に感情状態を加えるとの見解は、ジェームズ゠ランゲ説が「比較的とらえがたい情動」を説明する際に直面した問題に申し分なく答えている。ジェームズは喜びや満足感といった穏やかな感情を説明するために、漠然とした仮想の反響が身体に存在すると想定しなければならなかった。しかし、視床を損傷した事例において、温水の入った試験管による検査で、損傷した側に強い喜びが生じるのなら、視床の作用を引き起こせるほとんどすべての対象や状況が感覚に感情的な性質を与えられることは明らかだ。そして、刺激は特定の運動や腺の反応に条件付けられるように、視床のニューロンの活動様式にも条件付けられる。同じ刺激を再び受けると、その様式が活性化して同じ情動が再び生じる。我々の情動的側面の豊かさと多様性はこのようにして作り上げられていると考えることができる。

注

（1）デイナ(Dana 1921: 634)は、首の骨を折った一人の患者が完全に麻痺し、損傷した部位から下で完全に感覚をなくしたにもかかわらず、典型的な喜びや悲しみ、不満、愛情を示しながら一年近く生き延びた事例を報告し、その他の関連する神経学的な体験を引用したうえで、こう述べている。「総合的に考えて、情動が中枢に位置づけられ、皮質と視床の作用や相互作用によって生じるとの結論に達した」。筆者は最初に前述の議論を考えたときに、このデイナの主張を知らなかった。

第20章　闘争の情動を満たすもう一つの方法

感情が非常に強くなったときの内臓の反応はほぼあらゆる感情において均一であること、そして、そうした状況下での怒りと、それによく似た恐れという好戦的な情動において特徴的に生じる反応の同一性から、変換と代用に関する興味深い可能性が浮かび上がってくる。これがとりわけ当てはまるのは人間の活動だ。また、人間は戦争でそのような感情を表現するためにきわめて独創的かつ破壊的な様式を発達させたため、考えられる代用の根拠を探るのは的外れでもないように思える。

軍国主義者が考えた闘争の情動と本能の強さの根拠

地球の悠久の歴史において、他者を殺害することと、自分の死を回避することは生き物にとって第一の関心事の一つとなってきた。しばしば激しい敵意を抱いた結果、思いがけず身体のあらゆる力が一気に働き出すというのは、ごく自然なことだ――生死を懸けた闘争では、感情の強さと反応の速さが生存の確率を左右するからである。それは強力な情動で、身体に深く刻まれた本能的な反応であり、戦闘の前には必ず生じる。その情動や反応はまた、時に集団の一人ひとりをとらえ、さらに大きな人間の集団へと野火のごとく広がって、ついには集団全体が戦争を求めて怒号を発するようになる。軍事計画で攻撃や防衛の組織をどこまで大規模に作り上げられるにしろ、その組織を動かすエネルギーは人間の身体の中にある。最新の分析によれば、行動を起こすべき時が来ると、人間は押し寄せる根源的な性向に突き動かされ、それに支配されて、戦争へと狂信的に向かうという。

人間がもつ闘争本能の強さは、国際紛争への準備を進めたい軍国主義者が利用してきた主要な論拠の一つである。彼らが引き合いに出すのは、高度な文明をもつ人々でさえも好戦的な情動を抱かずに一〇年過ごすことはめったになく、それが実際に戦争を引き起こしているという歴史的な事実だ。こうした闘争は避けられない「生物学的な法則」であり、人間の性質が変わらない限り、戦闘による決着が求められるというのである。さらに、戦争やその準備段階では、たくましさ、大胆さ、勇敢な行為に望む強さといった重要な身体的特徴が発達する絶好の機会がもたらされ、そうした機会がなければ、頑健な若者たちが虚弱な意気地なしになってしまうと、彼らは主張する。軍国主義者はまた、戦争は道徳的な効果という点でも人類に益すると言う。戦争がなければ国家は衰退し、国家の理想は色あせ、国民は好き放題に振る舞うようになって、意志が弱くなり、贅沢三昧の暮らしを送って堕落してしまう。一方で、戦争は人格を鍛え、人をまじめにさせ、勇敢で忍耐強くなることを教え、価値観の順序を正すうえ、命をささげる最大の犠牲を求めることが幾多の熱心な反応をもたらし、それが人間の精神の輝かしい栄誉となるというのである。このように、身体に深く刻まれた本能の避けられない表出として、そして、身体や道徳の好ましい特徴を発達させる唯一の手段として、戦争は当然必要なものであるというのが、軍国主義者の主張だ(Angell 1913 : 159–164を見よ)。

闘争本能が人間の性質に深く刻まれているとの軍国主義者の主張は、我々の研究の結果はっきりと確認された。命にかかわる闘争では無慈悲な法則によって生死が決まる。これまでの章で明らかになったように、闘争において身体能力を高める機構は完璧なまでに完成されている。しかも、激しい格闘に対する生理的な準備は、生きるために狩りで獲物を殺さなければならない下等動物の身体だけでなく、人間の身体にも見られる。この見事な機構が存在し、生存を懸けた格闘で多大な支えを与えるという根源的に重要な目的を無数の世代で果たしてきたことから、ほかの生理作用と同様、その活動によって身体の調和が促進されるのだと、妥当な主張を展開する軍国主義者もいるかもしれない。実際、このような生来の性質はときどき満たされることを求めると考えて、好戦的な感情が周期的に噴出する原因を説明する者もいる(1)。

闘争の情動と本能を戦争で表わすことに対する反対意見の高まり

戦争は減っていないという歴史的な事実、そして、戦争は人類から浅ましい悪行を一掃して高貴な美徳を取り戻すとする軍国主義者の主張にもかかわらず、近年、武力に頼ることは不可避で望ましいことであるとの結論に強い異議が唱えられている。軍国主義者は全体像の一部しか示していない。根本的な怒りや憎悪、恐れがはびこったとき、文明化された慣例が捨てられ、最も残忍な本能が行為を決定することは、戦争の性質について多くの知識がなくても証明できる。家々が略奪や放火の被害に遭い、女性や子どもは忌まわしい扱いを受け、大勢の無実の人々が即座に殺されたり餓死に追い込まれたりする。男らしい美徳を守るなどという生ぬるい議論は、このような野蛮な行為の言い訳にはならない。たとえ戦う男たちがルールを守っていたとしても、今の殺傷兵器は極悪非道ともいえるほど精巧に完成されていて、引き金を一回引くだけで、数多くの人類の同胞を数秒のうちに掃射して身もだえするほどの苦痛を与え、死の世界へと引きずり込む。戦争はあまりにも残酷になった。殺戮や文出の規模はすさまじく、人類が築き上げた至宝を次々に破壊し、発見や発明によって全人類に恩恵をもたらそうとする神聖な努力をあまりにも大きく妨げ、戦いに直接関係のない人々にまで多大な苦痛を与える。人間と人間とのあいだに確立されてきた公正な扱いの手法は、ばらつきが大きすぎる。人類は結びつきが強くなりすぎたため、一部の人々が自分自身だけでなくほかのすべての人々に貧困や苦痛を与え、激しい憎悪と復讐への決意を脈々と受け継いでいくようなことは許容できない。

戦争に対して反感を抱くどんな理由にも、戦争が人間のもつ強い欲求をくじかせるという点が暗に含まれる――家族の幸せを求める心、美や学問への傾倒、社会正義を求める情熱、貧困や病気の問題を解決したいという欲求である。本書ですでに述べたように、反感にはそれを引き起こす明確な対象はない。反感は我々がどうしても手に入れたいものに対して妨害があったときに生じる。戦争は人々が熱心に追い求めるさまざまな種類の目的を阻む状況をもたらすことから、戦争自体への反感を人間の中に呼び起こすのだ。そして、戦争に反対する戦いがある。戦争が起きるたびに激しさを増すおぞましい大虐殺や破壊と戦う意志である。

軍事的な美徳を守ることの望ましさ

戦争で闘争の情動や本能をむき出しにすることに対して反感が高まっているとはいえ、軍国主義者が戦争独特の産物と主張する道徳的・身体的特質は貴重であり、それが失われるのは惜しい。マクドゥーガルが述べているように、生活のなかで概念や思考が占める割合が大きくなり、みずからの努力を阻む障害を乗り越える方法が洗練されて複雑になると、闘争本能はきわめて激しく興奮したときを除いて、生来の形で表出しなくなり、むしろほかの本能によって設定された目的に向かう行動のエネルギー源としての役割を増してゆく(McDougall 1908 : 61)。その衝動のエネルギーがほかの衝動のエネルギーに加わってそれを高め、困難を乗り越える助けになるのである。ここには、文明化した人間にとって大きな価値がある。好戦的な本能がない男性は怒ることができないだけでなく、行く先に困難が立ちはだかったときに投入される予備のエネルギーの大きな源も欠けている。

戦争に反対する戦いや、文明社会を悩ますほかの悪に立ち向かう格闘の効率性そのものが、好戦的な感情の維持と利用、攻撃する本能に依存している。この観点で考えると、人間の性質はそのまま受け入れなければならない、それを変えようとするのは馬鹿げているとの軍国主義者の主張は、闘争の性質を軽んじ、それを変えるのは比較的容易だと力説する平和主義者の主張よりも妥当な態度であるように思えてくる。我々はその性質を変えたいと願うべきではない。戦争に反対する戦いであっても、国際的な正義を確保する手段は確立すべきであり、協調行動を通じて公正な判決内容が実施され、好戦的な情動や本能を引き起こす状況が大幅に緩和されたとしても、闘争の性質の基本的な特徴や社会に役立つ可能性を認識する必要性は依然として残る。求められるのは、こうした能力の感知や実行を抑えることではなく、それらを申し分なく表出できそうなほかの経路へ移すことだ。

戦争に代わる道徳的行為

「新たな活力と不屈の精神が、軍人たちが頑なにこだわっている男らしさをもち続けるようにしなければならない。軍人の美徳は不朽のセメントでなければならない。大胆さ、軟弱なものへの軽蔑、個人的な関心事の放棄、命令の遵守は引き続き国家を支える礎でなければならない」。ウィリアム・ジェームズはこのように書いて、「戦争に代わる道徳的行為」を提唱している(James 1911b: 287)。ジェームズの考えによれば、それには若者から子どもっぽさや生意気な態度をなくし、穏健な考え方と仲間たちに対する健全な共感をはぐくむような、厳しく困難な職業に従事する経験を含めるべきだという。国民は正しい方向に教育されることによって、国家が戦争に勝利したときと同じように、優れた国家が成し遂げた**あらゆる**理想的な偉業を誇れるようになるはずだというのだ。「軍人のような性格は戦争なしに育てることができる。努力を通じて得る名誉や公平無私の心は、ほかの場所にも満ちている。聖職者や医者は曲がりなりにもその教育を受けているし、我々の仕事を国家への義務的な奉仕として意識すれば、誰でもその一部は不可欠だと感じるはずだ。軍隊に対する兵士の立場のように、我々は**所有される**べきであり、それに伴って誇りも湧き上がってくる。そうなれば、我々は貧しくなりうるが、それを恥じる必要はない。現在の将校と同様である。今後必要なのは、過去の歴史が軍人の気分を燃え上がらせるように、市民の気分を燃え上がらせることだけである」。

似たような考えを表明している人はほかにもいる(Perry 1909: 32; Drake 1914: 317 を見よ)。そこで指摘されているのは、人類にとって大きな戦いの相手は苦痛や病気、貧困、罪であるということ。そして、真の英雄とは互いに戦って力や勇気を浪費する人物ではなく、人類の永遠の敵を相手に戦う人物であるということだ。この見解では、人間対人間の戦争は内輪もめとなり、共通の敵から手痛い一撃を食らうことになる。

しかし、こうした道徳にまつわる考察は我々の議論の主な目的とは異なる。我々のこれまでの研究から、闘争の情動は人間の本能に深く根ざしていること、そして、そのような情動は身体の行使に対する備えと密接にかかわっていることが確認された。これらの研究がとりわけ重要性を帯びるのは、戦争に代わるものをめぐる議論の場面である。

戦争に代わる身体活動

軍人の忠誠心に代わる道徳的行為として提案されてきた国家の理想化と社会福祉への奉仕では、重要な身体的特徴——身体の活力、たくましさ、あらゆる困難に耐える能力——を発達させる格好の機会が戦争やそれへの準備にあるとする軍国主義者の主張に答えられていない。

前述の証拠から、彼らの主張に答える妥当な代替案があるように、筆者には思える。身体がいわゆる「臨戦態勢」に入ったとき、突然起きる生理的な変化はすべて、筋肉と神経が最大限の能力を発揮できるような適応となる。それは、数え切れない世代にわたって繰り広げられてきた原始的な戦い——野獣と野獣、そして人間と人間が激しく争う身体的な戦い——を構成するものだ。予測できない出来事のスリルが伴ったこうした争い、そして戦闘の欲望を完全に満たすかつての戦いとは対照的に、現代の戦争では、準備作業は単調でわずらわしく、命令に従うだけで代わり映えのしない日々が続き、筋肉を行使するあらゆる作業は機械に置き換えられ、まったく目に見えない敵を攻撃することも珍しくない。(2) ウォラスは皮肉たっぷりにこう述べている。「ヴァルハラの神々ならば、永遠の魂の極上の使い道として、現代の軍隊における連絡体制はまず選ばず、剣と槍の勝負を選ぶだろう」〔ヴァルハラでは、戦死した勇者の魂が集められ、彼らに殺し合いをさせる〕。

体力は木をのこぎりで切る、溝を掘るといった重労働で鍛えられるが、そうした労働では身体活動のすばやさや用心深さ、臨機応変の対応ははぐくめない。また、情動の機構を利用して身体を強化する機会もない。この機構が生理的な準備と同じように体内に存在して利用できるならば——これまでの議論ではそれはほぼ確実だ——それを働かせる方法として、そして、体力や身体能力を試す競争を求める強い本能を満たす方法として、単調な体操や命じられた行進よりも躍動的な活動が必要である。多くの点で、現代の兵役よりも激しい運動競技のほうが、軍国主義者の主張する条件、つまり闘争の感情が湧き上がったときに身体が自発的に準備する条件をうまく提示している。これまでの章で説明したように、選手が競い合うスポーツには根源的な要素が残っている——やはり人間と人間とが戦い、身体のあらゆる資源が勝利をめざす激しい戦いに投入される。そして、このような状況では生死を懸けた戦闘に先立って起きる生理的な変化と同じ変化が起きるため、身体的な表出に関する限り、好戦的な情動と本能が完全に満たされる。

国際的な運動競技会の重要性

以上の理由により、オリンピックなどの大規模な国際運動競技会を推進することで軍隊の訓練の価値に特有とされている効果が若者たちにもたらされるという、これまでほかの人々によってなされた提案の重要性を思い切って強調してみたい。戦闘を運動競技会に置き換えた事例はこれまでにもある。ウスターによれば、フィリピン諸島にはアメリカに占領される前に運動競技がなかったという（Worcester 1914: 515, 578）。地元の人々は兵士から競技をすぐに学んだ。町や州のあいだで競技会が開けるほどにスポーツが発展すると、人々はこれ以上ないぐらいスポーツに熱中するようになった。参加者の身体的な発達が大いに促され、以前は見られなかったフェアプレイの精神とスポーツマンシップが諸島の隅々にまで行き渡り、さまざまな州の運動チームが対戦する毎年恒例の大会は、フィリピンの異なる民族のあいだで広く友好的な理解を深める機会として認識されている。イゴロット族の部族であるボントク族は気性が荒々しく、かつては近隣の部族とひっきりなしに戦争していたが、今では首狩りではなく、野球やレスリング、綱引きで抜群の能力を発揮している(3)。

フィリピン諸島で起きたことが、適切な教育と提案によって世界のほかの地域でも起きるかもしれないと期待するのは的外れだろうか？　運動競技会に対する関心は決して小さくなく、一時的なものでもない。第一次世界大戦中も、競技会のニュースは戦争のニュースと同じくらい大きく求められていた。アメリカ合衆国では、特別な働きかけがなくても、運動競技のトレーニングに取り組む若者たちの数は常備軍に所属する兵士の数と同等になっていると推定されている。そしてイングランドでは、過酷な危険に立ち向かう不屈の精神や即応能力を高める手段として運動が効率的だとの考えが、イングランドの戦いの勝利はラグビーとイートンの競技場で得られたといったフレーズに表われている。国際的な競技会の開催をさらに促進していけば、競争を伴うスポーツの影響がますます強まっていくだろう。国内では競争意識がそうしたスポーツを広く促進して、国を代表する最高の選手を生み出すに違いない。気概に満ちたヨーロッパのある国では、最近のオリンピックでお粗末な結果に終わったことから、最高の成績を収めた国から招聘した監督のもとで、何千人もの若者たちが次のオリンピックに向けてトレーニングを開始した。

運動競技会に向けたトレーニングは、従来の仲間意識や気楽な自由のある軍隊生活のようなもので、若者たちが身体的な苦しみや疲労に慣れる機会となるだろうし、体力の増強や、用心深さと能力の獲得、自制心の発揮に大いに役立つ。しかしながら、強調しておきたいのは、この議論に重要な要素が欠けていることだ。戦争では命そのものを捧げなければならないことがあるという、冷酷な可能性の存在である。国のために命を落とすことは確かに栄誉ある行為ではあるが、殺されることが望ましいとの主張は決して褒められたものではない。第一級の強さやたくましさをもった選りすぐりの人々が壊滅目的の戦いに次々に投入されれば、それがどれほどすばらしい光景であったとしても、人類は自己犠牲の光景から得られる価値より大きな価値を失うことだろう。戦争の最も過酷な要求を補うとされる大規模な運動競技会の状態に利点があるのではないだろうか？　軍国主義者が戦争に必要とするたくましい男たちの系譜は、そうした男たちを系統的に選択して若いうちに滅ぼすよりも、活力みなぎる男たちを敬ってそのまま生かし続けたほうがはるかに得られやすい。

国際大会には、軍事教練の追求に代わるものとして強く推奨できる側面がほかにもある。スポーツにおける高い水準の敬意と公平性。階級や富、人種、肌の色の区別なく優秀な能力が必ず表われること。自然な愛国心を表現する手段にしやすいこと。勝利や勇敢な敗北が、対戦した選手にも観客にも同じように敬意をもたらすこと。遠く離れた地域から集まった屈強な選手たちのあいだで友好的かつ寛大な競争が行われ、交友関係や理解が広がること――国と国が対戦する運動競技会の称賛すべき特徴はそれぞれもっと詳しく述べることもできよう。しかし、これまでの議論でおわかりのように、こうした道徳的な考察は本書で取り扱っている生理作用とは関連がないので、ここまでにしておく。

我々が取り組んでいるのは、いかにして闘争本能を行使し、その結果、人類の身体的な健康を確保するかという問題である。この本能が戦争で表現されなければ人類は退化するというのが、軍国主義者の主張だ。我々はこの主張を否定する立場にある。それは、太古の昔から人類の経験を通じて自然かつ自発的に活力や機知を身体に発達させてきた好戦的な本能が、根源的な情動に誘発されること、そしてこうした情動を通じて激しい身体活動に大きく役立つエネルギーが放出されることを示す証拠には、疑問の余地がないからだ。延々と繰り返される訓練をはじめ、活気をそぐような処置は、このような活力をもたらす機構を働かせることはない。現代の戦争やその準備はあまりにも機械的になり、これらの力の維持や鍛錬の最良の手法としては機能しなくなった。手足の大きな筋肉を振り回したり、引っ張ったり、すばやく動かしたりする活気あふれる運動は大部分が戦争から消えてしまった。電気の接点を押したり、指を曲げて引き金を引いたりするような動きはあまりにもつまらない。それなら、生来の自然な感情を表現しなければならないとすれば、そして、闘争にまつわる身体機能を働かせる必要があるならば、人工的な活動よりも自然な活動のほうがどれだけ大きな満足感を得られることか。大きな競技会のように男たちがみずからの肉体と精神だけで対峙し、古来のやり方で勝利をかけて戦うほうがどれだけ妥当であることか。

注

（1）グレアム・ウォラスが興味深い考えを示している（Wallas 1914: 66）。「挫折感」による神経の疲労や落ち着きのなさは、情動反応を活動させる状況がないために生じている可能性があるというのだ。さらにウォラスは、抑えられた感情は表現された悲劇や音楽によって解き放たれることがあるとのアリストテレスの説を引用している。

（2）一八九七年、ウルズリー卿はイギリス軍の総司令官を務めていたときに、戦闘で連隊旗の掲揚を禁止する措置をとった。「戦闘時に色の付いた旗を掲げるよう兵士に命令することは狂気の沙汰であり、今後、犯罪行為となる」と彼は宣言した。「これは兵士に暗殺されてこいと命令しているようなものである。この慣行は、過去の戦闘の状況では我々イギリス軍が連隊の士気を維持するうえで計り知れない価値をもっていた。これまで非常に重要だと考えていた慣行を捨てるのは、きわめて不本意ではあるが」。射程が長く、殺傷能力の高いライフルや自動小銃が発明されると戦争の姿は一変し、顔の見えない敵でさえも殺せるようになった。戦争は決まりきった一斉射撃の応酬と、ライフルやマシンガンによる断続的な銃撃、そして最後に短時間の突撃があるだけになった。そこには、連隊旗のもとで戦う古来の戦闘にあった威厳や高潔さはない（*London Times*, 一八九七年七月三一日、12ページを見よ）。

日露戦争の従軍記者として著名なT・F・ミラードは、現代の戦争の特徴をこのように書いている。「現代の戦争の大部分はあまりにも規模が大きいため、個人が主導権を握る機会があまりない。兵士は自分のすぐ近くで何が起きているかさえも、ほとんどわからないのだ。発砲の標的にしている敵が常に見えるとは限らず、標的が見えたとしても、射程や方向といった重要な事項でさえ彼らには決められない……最近の軍服はどれも似通っていて、五〇〇ヤード（約四六〇メートル）先にいる人物が敵か味方かを区別するのはまず不可能であるうえ、現代の戦争でははっきり見える光がある限り、軍隊の大多数がそこまで互いに近づくことはない……砲兵中隊の将校は火砲が命令どおりに扱われているかを確認するだけだ。砲兵は時間や速度、目標物、射程を言われたとおりに調整する……砲撃の効果は戦場のさまざまな地点に配置された担当の将校が確認する。彼らはそれぞれ何マイルも離れていることも多く、砲兵隊長と電話でひっきりなしにやり取りする」(Millard 1905: 64, 66を見よ)。

一九一四年に英仏との戦いに参加したドイツの砲兵中隊の指揮官の証言が、前述の主張を裏づけている。その発言は以下のとおり。「我々はどこぞの野戦電話で指示された射程と距離の指示に従って、あそこの木のてっぺんを越えるように砲撃したが、標的にしている兵士たちは見えなかった。敵もこちらを見ずに撃ち返してきた。砲弾が届かないこともあれば、通り過ぎることもあったが、たまに我々のところに着弾して数人の死傷者が出た。そうして何日も過ぎたが、私は捕虜を除いて英仏の兵士をこの目で一度も見ていない。このような戦いに喜びはあまりない」(*Saturday Evening Post*, 一九一四年一二月二六日、27ページを見よ)。

(3) こうした戦士たちが初めて競技会に出場したとき、一人ひとりが槍を持参し、それを自分のそばの地面に突き刺して、いつでも使える状態にしていたという。新しい戦いの性質を理解すると、槍を持参することはなくなった。

ソマティック・マーカーと行動指針——理論と予備的検証

アントニオ・R・ダマシオ
ダニエル・トラネル
ハンナ・C・ダマシオ

北川 玲［訳］

本論文は、一九九一年に出版されたアントニオ・ダマシオが第一著者を務める実験論文である（A. R. Damasio, D. Tranel, and H. C. Damasio（1991）Somatic markers and the guidance of behavior: Theory and preliminary testing）。これは、臨床神経心理学の分野における著名な研究者である、レヴィン、アイゼンバーグ、ベントンの三名によって編集された *Frontal Lobe Function and Dysfunction*（Oxford University Press）に掲載された論文であり、この書籍自体、「前頭葉機能と前頭葉機能不全」に関してまとめられた名著として知られている。

ダマシオは、感情に関連する理論である「ソマティック・マーカー仮説」を提唱したことが有名であるが、この仮説を広めたのは、一九九四年に出版された『デカルトの誤り（Descartes' Error: Emotion, Reason, and the Human Brain）』という著書である（＊1）。この書籍は、その後、日本語を含む三〇カ国語以上に翻訳され、ベストセラーになっている。その骨子は、感情を感じるという現象の背景には、内臓における自律神経反応が深く関わっていること、そして、日常場面におけるさまざまな意思決定において、そうした身体からの信号（ソマティック・シグナル）が重要な役割を担っているという主張である。この主張のもととなっているのは、前頭葉底面に位置する眼窩部のダメージに伴って、アイオワ・ギャンブリング課題という意思決定課題におけるパフォーマンスの低下と、リスク時の自律神経活動上昇の欠如が認められるという事実である。この事実を最初に報告したのは、『デカルトの誤り』の出版と同じ一九九四年の *Cognition* 誌に発表されたアントワーヌ・ベシャラ(*Antoine Bechara*)が第一著者で、ダマシオも共著者の論文である(＊2)。しかし、アイオワ・ギャンブリング課題を考案する前に、前頭葉眼窩部のダメージに伴って、感情反応の低下や、不適切な意思決定が表出されることを、ダマシオらは既に把握していた。本論文は、そのことを体系的にまとめて報告した初めての論文という意味で、非常に貴重なデータおよび論考と位置づけられる。

アイオワ・ギャンブリング課題を用いた一連の研究には、ソマティック・マーカー仮説の裏付けとして、自律神経反応を測定した実験結果が多く含まれている。その主な指標となっているのは、皮膚コンダクタンス反応(skin conductance response, SCR)である。これは、自律神経の交感神経活動による精神性発汗の程度を調べる指標として用いられるものであり、例えば、本人に自覚はないレベルであっても、無意識下で恐怖などを感じていると、この測定値が大きくなることが知られている。虚偽検出(うそ発見器)の技術も、これを応用したものである。前述のとおり、アイオワ・ギャンブリング課題は、リスクを含む意思決定をシミュレートした課題であり、無意識下で、どの程度リスクを感じているかを皮膚コンダクタンス反応によって計測しているのである。

本論文は、このアイディアにたどり着く前段階の論文であり、前頭葉眼窩部にダメージをもつ複数の症例では、感情を喚起する刺激を提示する条件において、自律神経の交感神経反応が低下することを示している。しかも、この低下が顕著なのは、受動的に提示した一回目の提示時であり、言語的に評価を求める二回目の提示時には、低下の程度は弱まり、健常者の反応に近づくことも明らかにしている。

前頭葉眼窩部の損傷に伴う人格や意思決定の変容について、最初に報告されたのは一八四八年であり、フィニアス・ゲージという症例に関する臨床報告の論文であった。本論文で繰り返し登場する症例ＥＶＲは、ダマシオらの一連の論文においてしばしば報告された、ゲージに類似する貴重な症例である。その症状が詳述されているという点でも、本論文は注目に値するものであるといえる。

［梅田　聡］

（＊1）Damasio, A. R. (1994). *Descartes' Error: Emotion, Reason, and the Human Brain.* G. P. Putnam.

（＊2）Bechara, A., A. R. Damasio, H. Damasio, and S. W. Anderson (1994). Insensitivity to future consequences following damage to human prefrontal cortex. *Cognition* 50 (1–3): 7–15.

本稿で提唱する理論は、患者ＥＶＲにより提起された難題への回答として考案されたものである。詳細は他稿(Eslinger and Damasio 1985)で論じたが、患者ＥＶＲは髄膜腫の外科的治療に必要な腹内側前頭皮質の両側切除を受けた後、きわめて異常な人格特性を示すようになった。ＥＶＲが髄膜腫を発症して手術を受けたのは三五歳、それまではどこから見ても正常な人物だった。知的で、働き者で、技術を要する定職に就き、好成績により昇進の話が出ているところだった。社交に積極的で、兄弟や地域社会の人々からはリーダーや模範と見なされていた。だが、前頭葉を手術した後はまったくの別人となってしまった。ＥＶＲはその後かつてのように仕事を続けることができなくなった(職に就ける程度の技術は明らかに残っているのだが、定時に出勤することも、彼に求められる仕事の中間段階をすべてこなすことも、もはや期待はできない)。日常的な事柄や将来に関わる事柄について、行動計画を立てる能力が著しく損なわれているのである。計画を立てても、自分の将来に明らかに有利となる要素が抜け落ち、なんの役にも立ちそうにないどうでもよいことが盛り込まれる。たとえば、何を着るか、どこで買い物をするか、どのレストランに行くかといった、重要性の比較的低い事柄について、ＥＶＲはしばしば延々と考え込む。すばやく選択することができず、数ある選択肢をいつまでも比較検討し続けているうちに、違いがますますわからなくなっていく。たとえ最終的に反応選択をしたとしても、ランダムな選択であったりする。意思決定でとくに問題となる領域は社会的行動に関するものであり、また、その一部としての金銭的な支出計画に関するものである。ＥＶＲは明らかに、自分の将来を左右するという意味で人の善し悪しを容易に判断できない。彼が「実生活」で遭遇する物事に対しておこなう選択から判断すると、社会的に妥当とはどういうことかという感覚が欠如しているのは明らかであるが、発病前の生活や実績を考えると、かつては社会的妥当性に鋭い感覚をもっていたことが明白である。この点についてはＥＶＲの親戚から裏付けを得ているが、現在の日常場面での所見に疑いの余地はない。

結局のところ、ＥＶＲの意思決定や計画の立案は（１）術前と質的に異なり、（２）ＥＶＲ自身の基準や彼をよく知る同僚の基準に照らして明らかな欠陥が認められる。この欠陥は長い目で見ると、ＥＶＲにとって数々の厳しい結果を招くことになる。概して、このような行動特性は『精神疾患の分類と診断の手引』（ＤＳＭ-Ⅲ、American Psychiatric Association 1980）が定義する社会病質の診断基準に当てはまる（たとえば「むらのない勤務態度を持続できない」「性的パートナーに対する愛着を長く維持できない」「責任ある親としての機能を果たせない」「計画をうまく立てられない」など）。ただし、ＥＶＲの場合は人格形成期にではなく成人期に、しかも脳が損傷した後に反社会的人格が発現していることが重要な相違点である。したがって、彼の状態を「後天性社会病質」と暫定的に名づけることにした。ＥＶＲや同様の患者が示すタイプの「後天性社会病質」と、ＤＳＭ-Ⅲに詳述される「発達性社会病質」には、他にも重要な相違点があることを強調しておかねばならない。たとえば、後者のタイプの患者は、他人に危害を加えるという意味での反社会性を示す可能性がはるかに高いのに対し、ＥＶＲのようなタイプは自身が苦しむ結果を招きやすい。よって両者の病状の類似点は、分類のための土台作りという目的にある程度は限定される。

こうした人格の荒廃ぶりと対比して、ＥＶＲの知的側面についても述べておく必要がある。多くの点が損なわれていないどころか、きわめて優れているのである。ＥＶＲは知的というだけでは不十分で、卓越した知力をもつ男性である。この評価は、心理検査による証拠でも（ウェクスラー成人知能検査改訂版でＥＶＲのＩＱスコアは上位１～２パーセンタイル［言語性ＩＱ＝１３２、動作性ＩＱ＝

135］）、また、多岐にわたる話題に関しておこなった長時間の構造化面接の所見からも支持される。ＥＶＲはきわめて曖昧な概念をじつに鋭敏に区別でき、演繹と帰納を自在に操り、日常のさまざまな出来事について魅力や皮肉を交えてコメントできる。こうした判断は、多くの神経心理検査により客観性が与えられている（たとえば、シップリー＝ハートフォード語彙力＝40点満点中37点、抽象能力＝40点満点中40点、視覚言語テスト＝84点満点中73点）。当然ながら、ＥＶＲの言語処理能力は、音素、語彙、統語、会話の各レベルにおいて完全に保持されている。

通常の学習や記憶も損なわれていない。これはＥＶＲが日常生活で起きるあらゆる種類の出来事を完璧に把握できること、今までの人生に起きた細かいことを完璧に記憶していること、そして正式な神経心理検査からも証明できる（たとえば、ウェクスラー記憶検査ＭＱ＝145［99パーセンタイル］、レイ聴覚性言語学習検査5試行目＝15点満点中14点［優］、ベントン視覚記銘検査＝10問中9問正解［優］、レイ＝オスターリース複雑図形想起＝36点満点中32点正解［99パーセンタイル］）。これに関する一部の例外が、社会的知識について認められる。ＥＶＲは社会的知識について選択的記憶障害があると論じることも可能かもしれないが、これは正確な論述とは言えないだろう。というのも、ＥＶＲは言葉を使って質問されれば社会的知識を利用できるうえ、社会的な問題が言語的な前提に埋め込まれて提示された場合ですら、そうすることができるからである。おそらく、社会的知識の学習が損なわれていると述べる方がより正確だろう。ＥＶＲは明らかに自分の過ちから学ばず、好ましくない結果を招く反応オプションを繰り返し選択してしまうからである。

ＥＶＲの欠陥は、知能、記憶、言語、知覚の一般的障害に基づいて説明することはできない。さらに、ＥＶＲや他の同様の患者（以下「ＥＶＲのような患者」とする）には、微妙であるが前頭葉機能障害に特徴的と考えられているいくつかの徴候——意思決定や計画立案の欠陥との相関が高い傾向がある——も見られない。たとえば、ＥＶＲはウィスコンシンカード分類検査、カテゴリー検査、言語流暢性検査で完璧なスコアを出し、認知的推論を要するパラダイムにおける成績（Shallice and Evans 1978）や新近性および頻度の判断（Milner and Petrides 1984）にも弱点が見られない。固執的でもなく、衝動的でもない。

では、ＥＶＲの奇妙な状態をどう説明すればよいのか？

ソマティック・マーカー理論

背景

ＥＶＲは社会的状況の意味を認識でき、そうした状況に対する可能な反応を想像することもできるが、自伝的記憶に照らし、自分の置かれた環境で起こる不測の事態を考慮して、最も有利な反応を選ぶことはもはや不可能だと思われる。つまり、ＥＶＲは存在や出来事の**明白な**意味（人の素性や場所の本質）だけではなく、**暗黙の**意味（人や場所の価値の善し悪し、出来事に対する可能な反応オプション、ある反応の直後やその後に生じると想像できる結果）についても知識があり、しかもそれを利用できるのである。

ＥＶＲの問題を理解するためには、明白な意味と暗黙の意味の区別が欠かせず、これをタイムロック・レトロアクティベーション・モデルの枠組として利用することにする(Damasio 1989 a, b)。このモデルでは、いかなるレベルの意味も、数ある別個の認知的構成要素が同時に喚起された結果と見なされ、存在物や事象は、そうした構成要素の総体によって、それら構成要素のもつ特徴に基づき定義されるものとする。また、共喚起とは、連合皮質に多数点在する解剖学的に別個の領域が同時に活性化した結果とする。同時活性化は、構成要素の表象の神経的刻印を含む低次皮質で生じ、複数の皮質領域に存在する収束域(階層的にも並列的にも相互接続している)からのフィードバック投射により導かれる。多感覚に基づく一連の事象の統合された「イメージ」を保持する単一の神経解剖学的領域は存在しないため、意味はタイミングに決定的に依存する。しかも暗黙の意味を定義するには、明白な意味よりはるかに多くの、一連の構成要素が必要となるため、同期およびその後の注意の問題がより大きくなる。つまり、この見解によれば、社会認知や同等の領域において適切な意思決定に必要な反応選択をおこなうには、有効な注意を払うべき非常に不均質な一連の認知的構成要素を長時間(数千ミリ秒ほど)保持している必要があり、これができないと選択はおこなえない。ＥＶＲが抱える問題は、誘発刺激が最初に提示されてからかなり後に――その刺激がもはや知覚できなくなってからという場合も多い――示される**多数の反応オプションの中から一つを選ぶこと**ができない点にあると考えられる。我々が仮定するこの働きの欠陥は前頭皮質の機能障害と関連があること、また、前頭皮質は神経作用に不可欠であり、刺激に対する反応は前頭皮質において遅延を伴い発生するにちがいないと以前から推測されていることに留意されたい(Jacobsen 1935, 1936)。後者の考えは、霊長類の前頭葉機能に関するフュスターやゴールドマン=ラキーシュ（Fuster 1989; Goldman-Rakic 1987）の理論形成に重要な役割を果たした。

欠陥のメカニズムの提案

反応選択障害は、可能な反応オプションの内的かつ自動的な処理を伴うはずの**ソマティック・マーカーの活性化における欠陥**のためであると我々は提案する。反応選択を意識的にも非意識的にも助けるソマティック・マーカーを失ったEVRは、自分に最も有利な形で反応する可能性が健常者よりも低く、不利な結果を招く反応をする可能性はより高い。例を挙げて説明しよう。

あなたには今、知人を連れてある特定の社交行事に出席する、あるいは別の知人と事業提携する可能性があると想像してもらいたい。いずれの場合も、状況の前提（関わる人々の素性、彼らとあなたの今までの関係、彼らの社会的履歴）は以前の交流から、さまざまな言語的、非言語的な断片知識（先に提示したモデルによれば、こうした知識は別個の皮質で同時に喚起されうる）を利用して入手できるものとする。さらに、その可能性を追求または放棄したらどうなるかも詳細にわたり入手でき、かつ、神経的には同程度に分散しているとする。つまり、あなたは状況の前提、いくつかの反応オプション、予想されるいくつかの結果を検討材料として同時に入手できるはずであり、したがって注意によって、それらを意識に上らせることができる。

社交行事への出席は、短期的には有利となるかもしれないが、その行事の性質によっては出席したことを友人や親戚から批判され、長い目で見れば損失となるかもしれない。それでも、あなたはどうするかを決断しなければならない。熟考の末に決めることもあれば、自然の成り行きに任せることも、その中間もあるだろう。我々の提案は、この複雑な意思決定の過程において、健常者であれば**反応オプションの最終結果を示す身体信号が否定的あるいは肯定的な身体状態を伴って**出現し、助けとなるという点である。言い換えれば、反応オプション「A」は、たとえ直近の報酬が予測できるとしても、本人にとって脅威となりうる未来のシナリオを喚起することがありえて、否定的な身体状態によってそのことが示される。これを知覚した者は、罰を受けた感覚がよみがえるのを経験する(別の言い方をすると、負の情動が感じられる)。

このように考えると、ソマティック・マーカーは第一の効果として、ある反応の是非について意識的な「直感」を本人に提供し、予見可能な結果に基づき反応オプションの善し悪しに注意を向けさせる。しかし、さらに第二の効果として、非意識的なものもあると思われる。大脳皮質内のプロセスを変えうるドーパミンやセロトニンに非特異的なシステムなど、欲求行動や回避行動を緩和する神経系の状態を変える効果である。ソマティック・マーカーによりこの効果が活性化し、即座に反応する可能性を増減させる。たとえば、否定的な身体状態は、たとえ身体状態そのものに注意が向かず、したがって意識的には何も経験しなくても欲求行動を抑制するし、その逆もまたしかりである。これにより、ある反応を抑制または促進する可能性が増減されることになる。

メカニズムの妥当性

一見すると、どのような意思決定でも、反応オプションそれぞれの長所と短所を十分に合理的な計算に基づいておこなったほうが効率的だと思われるかもしれない。なぜ原始的と思える「情動」の信号に頼るのだろう？　第一の答えは、このようなメカニズムはおそらく他の生物種で発達し、その生態的ニッチで完全に有効であると証明されてきたこと。第二の答えは、可能な反応オプションの数の多さを考えると、短期的にも長期的にも生物の全体的な目標に関わる度合いの大きな反応を取捨選択するためには、おそらく補助装置が必要であることである。すなわち、数多くの相容れない反応オプションを補助なく合理的に計算するのはおそらく非効率的きわまりないのである。たとえば、生物は逡巡するばかりでどうにもできないかもしれない。実際、ＥＶＲはしばしばそのような状況に陥っている。第三の答えは、社会的行動や個人行動といった範疇を超える広範囲の行動の獲得における身体状態の特殊な価値と関わっている。なぜなら、そのような行動の獲得は罰や報酬と密接なつながりがあり、成長期に親のしつけや学校教育、仲間集団の影響、その他の交流によりもたらされ、社会環境が定める随伴性に応じて、個人やその生物種の主要目的が確実に達成されるためのものだからである。罰や報酬は平常時の身体状態からの変化として知覚され、苦痛や快楽を含む領域に沿った知覚を誘発する。成長期に、ある行為が個人にとって有益または危険であると罰や報酬によって示され、かつそれらと結びつけて学習されていくのと同様に、反応オプションの結果の内的表象が引き金となって苦痛や快楽の状態が再現され、そのオプションの善し悪しが示されると考えるのは妥当である。提案のなかで特筆すべきは、身体状態を伴うことにより、ほとんどの状況において、そしてかなり自動的な形で、個人に好ましくない結果をもたらす反応は慎重に回避されるか、あるいは非意識的に抑圧されることが確実になると思われる点である。

以上の提案がＥＶＲのような患者に当てはまるのであれば、以下の二点が必ず見つかるはずである。（1）ある状況に対して暗黙の意味を利用できるものの、その行動には欠陥があり、（2）そのような暗黙の意味に対し、身体状態を活性化できない。（1）の要件については、これを支持する証拠がすでに相当挙がっているが、（2）を支持する証拠はほとんどない。他所（Damasio et al. 1990）で報告し本稿で要約する研究において、ＥＶＲのような患者は社会的な意味のある複雑な刺激に対し、〔マーカーとなる〕身体状態を付与することがもはやできないという仮説を検証した。

提案の検証

我々は三つの被験者群で検証をおこなった。第一の集団は「前頭葉両側群」とし、前頭葉眼窩部および内側底面部に両側性損傷を有する被験者5名で構成した。第二の集団は「脳損傷対照群」とし、前頭前野腹内側部**以外の**部位に脳損傷を有する被験者６名で構成し、第三の集団は「健常対照群」とし、健常な被験者５名で構成した。

身体状態の活性化を評価するため、皮膚コンダクタンス反応（skin conductance response：以下ＳＣＲ）を用いた。ＳＣＲは生物学的にも心理学的にも自律神経活動に関係する指標であり（Boucsein 1988; Edelberg 1972, 1973; Fowles 1986）、生理的レベルおよび心理的レベルにおいて刺激の「信号値」を確実に示すためである（たとえば Bernstein 1979; Raskin 1973）。

実験では三種類の刺激を用いた。（1）**基本的無条件**（「定位」）刺激：たとえば被験者の耳元でいきなり大きく手を叩くなど、基本的な「定位」刺激であり、健常な被験者から確実にＳＣＲを誘発する(Fowles and Schneider 1978; Raskin 1973; Stern and Anschel 1968)。(2)**ターゲット画像**：社会的災害、人体切断、ヌードなどの画像。このような画像は強烈な「暗黙の」意味をもつ。すなわち、健常な被験者に快楽や苦痛といった情動反応をただちにもたらし、高い強度のＳＣＲを誘発する(Greenwald et al. 1989; Lang and Greenwald 1988)。(3)**非ターゲット画像**：風景画や抽象的な模様など、これといった特徴のないものを描いた画像。このような「非ターゲット」画像は、健常な被験者から強度のＳＣＲを誘発することはなく(Lang and Greenwald 1988)、強烈な「暗黙の」意味をもたない。

40枚一組の画像スライド(ターゲット画像10枚、非ターゲット画像30枚)をランダムな順序で2回、連続して提示した。1回目の提示(「受動」的反応条件)では、被験者は言葉または動作での反応なしにスライドを見た。2回目の提示(「能動」的反応条件)では、被験者はスライドの内容や、それを見て受けた衝撃についてコメントを求められた。

「能動」条件の後、ＳＣＲデータが注意散漫または特異な道徳観や美意識の効果が混入していないことを確認するため、被験者からの報告も求めた。報告会では、刺激の内容や、「受動」条件と「能動」条件それぞれのスライドを見ているときに抱いた感情について被験者に質問した。

皮膚コンダクタンス反応強度は他稿で記述された機器と技術を用い、両手から記録した(Tranel and A. Damasio 1988; Tranel and H. Damasio 1989a)。刺激の開始時点から1～5秒以内に発生した最大ＳＣＲの強度を、いずれの条件においても定位刺激および絵画刺激について測定した。

各被験者について、合計五つのスコアを算出した。すなわち、平均「定位」ＳＣＲ、受動的反応条

表1　皮膚コンダクタンス反応強度*

	定位反応	受動条件		能動条件	
		ターゲット	非ターゲット	ターゲット	非ターゲット
健常対照群	0.688	0.802	0.077	0.999	0.150
($n=5$)	(0.208)	(0.327)	(0.066)	(0.384)	(0.027)
脳損傷対照群	0.520	0.594	0.137	0.949	0.289
($n=6$)	(0.503)	(0.565)	(0.234)	(0.901)	(0.313)
前頭葉両側群	0.950	0.125	0.049	0.323	0.074
($n=5$)	(0.347)	(0.145)	(0.088)	(0.294)	(0.153)

*単位はマイクロジーメンス(μS)，カッコ内は標準偏差

件および能動的反応条件それぞれにおける平均ターゲットSCRと平均非ターゲットSCRである。平均値は利用可能なすべての刺激提示をもとに算出し(強度ゼロのSCRと見なされる無反応を含む)、「強度」と呼ぶ(Venables and Christie 1980)。統計解析にはノンパラメトリック手法を用いた(Siegel and Castellan 1988)。データセットが等分散性および正規分布のパラメトリックな仮定を十分に満たさなかったからである。

対照群(健常および脳損傷)と前頭葉両側群の結果は**表1**に示した通りである。このデータの統計解析により、以下のことが示された。

(1) 定位SCRについては、被験者三群間に差は見られなかった(順位検定によるクラスカル＝ウォリス一元配置分散分析は有意ではなかった[$H=2.08, p>.30$])。

(2) 健常対照群と脳損傷対照群は、「受動」条件および「能動」条件において、ターゲット刺激と非ターゲット刺激に著しい差異を示し、SCRの強度はターゲット刺激の方がはるかに大きかった($p>0.5$, 符号検定)。この作用は、非常に刺激的な視覚刺激が自律神経反応に及ぼす作用に関する以前の知見と一

表 2　被験者 EVR の皮膚コンダクタンス反応強度*

条件	SCR の大きさ（μS）（標準偏差）	
定位反応	0.650	
	ターゲット	非ターゲット
初回実験		
受動	0.003	0.006
	（0.008）	（0.023）
能動	0.598	0.012
	（0.564）	（0.031）
ABA 反転法による実験		
受動	0.000	0.004
	（—）	（0.013）
能動	0.718	0.007
	（0.818）	（0.027）
受動	0.008	0.031
	（0.018）	（0.092）
2 年後追跡実験		
受動	0.002	0.004
	（0.005）	（0.012）
能動	0.576	0.020
	（0.356）	（0.042）

＊単位はマイクロジーメンス（μS），カッコ内は標準偏差

致する（たとえば Greenwald et al. 1989; Hare et al. 1970; Klorman et al. 1975）。

（3）前頭葉両側群では、「受動」条件におけるターゲット画像に対し、異なる大きさのＳＣＲは発生しなかったが（$p = .50$, 符号検定）、「能動」条件においては、ターゲット刺激と非ターゲット刺激でＳＣＲの大きさが有意に異なっていた（$p = 0.031$, 符号検定）。この結果は、前頭葉両側群は「能動」条件においては、実質的に健常者により近いことを示す。

一例として、被験者ＥＶＲの詳細結果を、補助的実験の結果とともに**表2**に示した。補助的実験は、ＥＶＲの反応パターンを追跡実験して確実に記録するために実施した。

ＥＶＲの定位ＳＣＲは正常であり、定位反応の大きさは対照群が示した範囲内に十分に収まるものであった。しかしながら、ＥＶＲは最初の実験で、「受動」条件におけるターゲット刺激に対し、正常なＳＣＲが発生しないという顕著な特徴を示した。彼のＳＣＲの大きさは、ターゲット刺激と非ターゲット刺激とで差異が認められなかった($p>.33$, マン＝ホイットニーのＵ検定)。一方、「能動」条件では、ターゲット刺激に対し正常な弁別ＳＣＲを示し、ターゲット刺激と非ターゲット刺激との差は有意であり、実質的には対照群と同一であった($z=-3.87, p<.001$, マン・ホイットニーのＵ検定)。

初回の実験から数カ月後、新たな刺激セットを用い、ＡＢＡ反転法でＥＶＲのＳＣＲを調べた。この実験は、まず「受動」条件で、その直後に「能動」条件で、さらにもう一度「受動」条件でおこなわれた。刺激セットはこの三部構成の追跡実験すべてで同じものだった。すなわち、ＥＶＲは同じ刺激セットを三回連続で見たのだった。このときもＥＶＲは「能動」条件でのみターゲット画像に正常なＳＣＲを示し($z=-6.28, p<.001$)、「受動」条件ではいずれの場合も反応が著しく損なわれていた(二度の「受動」条件におけるターゲット、非ターゲット比較はいずれも$p>.50$)。

初回の実験から2年あまり(27カ月)経ってから、ＥＶＲに追跡実験をおこなった。このときの刺激セットは新たなものを用いたが、手順は初回と同じであった。結果は以前の知見と同じであり、ＥＶＲは「能動」条件ではターゲット画像にみごとなＳＣＲの差異を示したが($z=-5.76, p<.001$)、「受動」条件ではそのような違いは見られなかった($p>.50$)。

所感

前頭葉に損傷のある被験者が、複雑で社会的な意味のある刺激を受動的に見たときの自律神経反応は異常であり、まったく反応を示さないこともしばしばあった。この注目すべき、再現性の高い知見から、そうした刺激を見ることに伴う暗黙の意味に対し、いかなる身体状態も発生しなかったことが示唆される。この知見は原発性自律神経障害として説明できるものではない。なぜなら同一被験者は、より単純で無条件的な刺激に対しては正常な自律神経反応を示すうえ、条件を修正し、各刺激内容について能動的な、口頭でのコメントを含めると、ふさわしい反応ができるからである。したがって、自律神経反応を示す能力が損なわれているわけではなく、反応の引き金となるメカニズムが変わったことが、ここから明らかに再確認できる。

前頭葉に損傷のある患者が自律神経の定位反応に欠陥を有することはすでに証明されており(Luria 1973; Luria and Homskaya 1970)、前頭葉を切除したヒト以外の霊長類でも同様の結果が報告されている(Kimble et al. 1965)。しかしながら、こうした研究は全体的な覚醒の測定を目的としていた。本稿で紹介した知見は、ある特定の刺激タイプ、反応条件、そして損傷部位に特異的な自律神経異常を証明したことで、こうした先行研究をはるかに越えるものである。

神経基盤――ネットワークについて

ＥＶＲのような患者が有している損傷の中核は、前頭葉の腹内側部にある。内側眼窩皮質と内側底面眼窩皮質には、下部白質と共に、両側に損傷が見られる。ヒト以外の霊長類の神経解剖学的知見から判断すると、これらの皮質はあらゆる感覚モダリティから直接的、間接的な投射を受ける(Chavis and Pandya 1976; Jones and Powell 1970; Pandya and Kuypers 1969; Potter and Nauta 1979)。反対に、前頭部から中枢自律神経の制御構造に投射すると判明しているのはこの両皮質しかなく(Nauta 1971)、こうした投射が内臓制御に生理的影響を与えることも実証されている(Hall et al. 1977)。腹内側皮質は海馬や扁桃体と広範な双方向関係を有している(Amaral and Price 1984; Goldman-Rakic et al. 1984; Porrino et al. 1981; Van Hoesen et al. 1972, 1975)。

この解剖学的デザインは、本稿で提唱する腹内側皮質の役割と確かに一致する。この皮質には、感覚皮質や辺縁構造などさまざまな神経ユニットにおける活性の一時的な結合の記録を保持する収束域が含まれていると考えられる。これは、同時に活性化し、ひとまとまりとなってある状況を定義する諸領域からの信号の記録であろう。腹内側領域に一連のインプットが得られたら、続いて扁桃体に適切なアウトプットがなされるよう、腹内側収束域からの不可欠なアウトプット先は、扁桃体などの自律神経効果器であるはずである。こうして扁桃体が活性化した結果、身体状態が再現される。その信号、強さ、身体上の分布は、感覚セットに関連している。そして最後に、新たに出現した身体状態は、感覚セットと連動する体性感覚皮質によって知覚される。感覚セットはこのサイクル全体の出発地点であり、最後まで活性状態を保っている。

したがって、この一連の過程に必要なネットワークシステムには、以下の構造が含まれる。（１）収束域を含む前頭腹内側皮質。収束域が記録するのは（a）ある特定の刺激の分散表象と、それらが生成する再生表象、（b）上記と広範に関連している身体状況。（2）中枢自律神経効果器、とくに扁桃体。これらは内臓、血管床、内分泌系、非特異的な神経伝達物質系において身体反応を活性化する。（3）体性感覚投射系や体性感覚皮質、とくに非優位頭頂部に存在するもの（予備的証拠についてはTranel and H. Damasio 1989bを参照のこと）。

注意すべきは、たとえば驚くような音や閃光など、はるかに基本的な無条件刺激に対するソマティック・マーカーを喚起するには、上述とは異なる単純なネットワークが必要とされる点である。こうした刺激に関する信号が実際に大脳皮質に届くはるか以前に、視床から扁桃体または他の自律神経効果器に直接投射がおこなわれ、自律神経が活性化する可能性がある。先に概観した複雑なネットワークが関わるのは、構成と暗黙の意味の点で複雑な刺激だけである。このような刺激には複数の感覚皮質での処理が必要であり、遅延も長くなる。

非社会的な意思決定プロセスへの理論の拡大

社会的状況における反応の善し悪しを選択する手段が脳にあるとすると、そのメカニズムは社会的認知の領域外にある行動指針に取り込まれているのではないかと思われる。対処法によっては生き延びる確率を最大化したり危険を招いたりしかねない問題に対処するために、自然は非常に巧妙な誘導メカニズムを進化させてきたのではないだろうか。このような問題は社会的領域に直接関わっている場合が多いが、非社会的な領域であっても、生存か危険か、最大に有利となるか不利となるか、最終的に利益やバランスが得られるか否かという、まさに同じ枠組に間接的に関わっているのは明らかである。したがって、「社会的」反応を導くマーカーや道標の発生に適したシステムは、「知的な」意思決定の補助装置として適応してきたと考えるのが妥当だろう。当然ながら、ソマティック・マーカーは「感情(feeling)」という形では知覚されないが、注意メカニズムの形で非意識的に構成要素のうちのあるものを目立たせ、たとえ非常に抽象的なトピックについての意思決定や立案であっても、その多くに必要な「進め」「止まれ」「曲がれ」の信号を事実上指示しているのだろう。

最後に、先に論じた理論と知見の精神障害患者への適用について一言述べておく。まず、「発達性」社会病質は神経系機能の発達上の欠陥が原因と考えられるかもしれない。欠陥は神経系の同じユニットである必要はなく、さして深刻な欠陥である必要もない。たとえば、身体状態の活性化のための閾値が高く、関連のあるほとんどの刺激が弱い反応しか生み出さない場合だけでも十分であろう。興味深いことに、これについては証拠がすでにいくつか挙がっている。一例として、社会病質者は無条件嫌悪刺激(ショックなど)に対して自律神経の条件づけをあまり示さず、嫌悪刺激の予想に対する自律神経反応に欠陥があり、欲求刺激に対する自律神経の条件づけにすら障害が見られることが証明された(たとえば Hare and Quinn 1971; Lykken 1957, 論評では Hare 1978)。それでも、メカニズムは概して同じだと考えられる。発達性社会病質と後天性社会病質は、後者のほうが良性という違いはあるものの、この提案を否定するものではない点に留意されたい。後天性社会病質者は、重度の欠陥を有しているとはいえ、発病するまでは正常な生活を送り、社会的状況に普通に対処するすべを学んでいた。一方、発達性社会病質者にはそのような時期が一度もない。後天性社会病質者にとって、かつてはシステムが正常に働いていたことが、さまざまな状況において欠陥の埋め合わせとなるだろう。

こうした知見により解釈できる可能性のある精神医学的状態として、強迫症も挙げられよう。手短に言うと、強迫症は社会病質のまさに対極にあると考えられる。すなわち、数多くの些細な刺激が、知覚者の注意を引いて反応するよう求めるソマティック・マーカーを活性化させる状況にあるのが強迫症だということである。この機能障害は同じネットワーク、とりわけ前頭葉腹内側皮質と関連があると思われる。たとえば、腹内側皮質は後天性社会病質者では損傷が見られるのに対し、発達性社会病質者では不活発であり、強迫症患者ではおそらく過活動であるという発見は妥当であろう(「活性」は代謝速度や脳血流速度などで測定する)。この見方によれば、高度な身体症状を伴う鬱や神経症の患者でも、前頭葉腹内側皮質に過活動が見られるはずである。

索 引

英数字

あ行

か行

さ行

た行

な行

は行

索引

ま行

や行

ら行

わ行

参考文献

日本語版における補足情報を〔 〕内に記す．ジェームズとキャノンの原著にある書誌情報は不十分であり，原著者が参照した版や論文タイトル，頁が特定できないものもあった．

イントロダクション

Arnold, M. B.(1960). *Emotion and personality: Vol. 1. Psychological aspects*. New York: Columbia University Press.

Bard, P.(1928). A diencephalic mechanism for the expression of rage with special reference to the sympathetic nervous system. *American Journal of Physiology* 84(3): 490–515.

Benarroch, E. E.(1993). The central autonomic network: Functional organization, dysfunction, and perspective. *Mayo Clinic Proceedings* 68(10): 988–1001.

Cannon, W. B.(1932). *The Wisdom of the Body*. New York: W. W. Norton & Co.〔W. B. キャノン『からだの知恵——この不思議なはたらき』舘鄰，舘澄江 訳，講談社学術文庫，1981 年〕

Critchley, H. D., S. Wiens, P. Rotshtein, A. Öhman, and R. J. Dolan(2004). Neural systems supporting interoceptive awareness. *Nature Neuroscience* 7: 189–195.

Damasio, A. R.(1994). *Descartes' Error: Emotion, Reason, and the Human Brain*. New York: G. P. Putnam.〔アントニオ・R. ダマシオ『生存する脳——心と脳と身体の神秘』田中三彦 訳，講談社，2000 年；『デカルトの誤り——情動，理性，人間の脳』田中三彦 訳，ちくま学芸文庫，2010 年〕

Damasio, A. R.(1999). *The Feeling of What Happens: Body and Emotion in the Making of Consciousness*. London: Harcourt Brace.〔アントニオ・R. ダマシオ『無意識の脳 自己意識の脳——身体と情動と感情の神秘』田中三彦 訳，講談社，2003 年；『意識と自己』田中三彦 訳，講談社学術文庫，2018 年〕

Damasio, A. R.(2003). *Looking for Spinoza: Joy, Sorrow, and the Feeling Brain*. Orland, Florida: Harcourt.〔アントニオ・R. ダマシオ『感じる脳——情動と感情の脳科学 よみがえるスピノザ』田中三彦 訳，ダイヤモンド社，2005 年〕

Damasio, A. R.(2010). *Self Comes to Mind: Constructing the Conscious Brain*. New York: Pantheon.〔アントニオ・R. ダマシオ『自己が心にやってくる——意識ある脳の構築』山形浩生 訳，早川書房，2013 年〕

Damasio, A. R.(2018). *The Strange Order of Things: Life, Feeling, and the Making of Cultures*. New York: Pantheon.〔アントニオ・ダマシオ『進化の意外な順序——感情，意識，創造性と文化の起源』高橋洋 訳，白揚社，2019 年〕

Damasio, A. R., T. J. Grabowski, A. Bechara, H. Damasio, L. L. B. Ponto, J. Parvizi,

and R. D. Hichwa (2000). Subcortical and cortical brain activity during the feeling of self-generated emotions. *Nature Neuroscience* 3 (10): 1049–1056.

Damasio, H., T. Grabowski, R. Frank, A. M. Galaburda, and A. R. Damasio (1994). The return of Phineas Gage: Clues about the brain from the skull of a famous patient. *Science* 264 (5162): 1102–1105.

Dror, O. E. (2014). The Cannon–Bard thalamic theory of emotions: A brief genealogy and reappraisal. *Emotion Review* 6 (1): 13–20.

Eccles, J. C., and W. C. Gibson (1979). *Sherrington: His Life and Thought*. Berlin: Springer-Verlag. 〔J. C. エックルス，W. C. ギブソン『シェリントンの生涯と思想——現代脳研究のパイオニア』大野忠雄 訳，産業図書，1987 年〕

Harlow, J. M. (1848). Passage of an iron rod through the head. *Boston Medical and Surgical Journal* 39: 389–393.

Jackson, J. H./J. Taylor, G. Holmes, and F. M. R. Walshe (eds.). (1931). *Selected Writings of John Hughlings Jackson. Volume 2: Evolution and Dissolution of the Nervous System*. London: Hodder and Stoughton.

James, W. (1884). What is an emotion? *Mind* 9 (34): 188–205.

Lange, C. G. (1887). Ueber Gemütsbewegungen. Leipzig: Thomas. In C. G. Lange and W. James/K. Dunlap (ed.). (1922). *The Emotions*. Baltimore: Williams & Wilkins, pp. 33–99.

Langley, J. N. (1898). On the union of cranial autonomic (visceral) fibres with the nerve cells of the superior cervical ganglion. *Journal of Physiology* 23 (3): 240–270.

Lazarus, R. S. (1966). *Psychological stress and the coping process*. New York: McGraw-Hill.

Russell, J. A., and L. Feldman Barrett (1999). Core affect, prototypical emotional episodes, and other things called emotion: Dissecting the elephant. *Journal of Personality and Social Psychology*, 76 (5): 805–819.

Schacter, S., and W. B. Singer (1962). Cognitive, social, and psychological determinants of emotional state. *Psychological Review* 69 (5): 379–399.

Seth, A. K., K. Suzuki, and H. D. Critchley. (2012). An interoceptive predictive coding model of conscious presence. *Frontiers in Psychology* 2: 395.

Sherrington, C. S. (1906). *The Integrative Action of the Nervous System*. New Haven: Yale University Press.

田村直俊，山元敏正，中里良彦，糸川かおり，島津邦男 (2007). 自律神経失調症の歴史的展望.『自律神経』44: 171–179.

田村直俊，光藤尚(2018)．体位性頻脈症候群と情動異常——James-Lange 学説の再評価．『自律神経』55: 206–211.

Terasawa, Y., H. Fukushima, and S. Umeda (2013). How does interoceptive awareness interact with the subjective experience of emotion? An fMRI study. *Human Brain Mapping* 34 (3): 598–612.

Umeda, S., N. A. Harrison, M. A. Gray, C. J. Mathias, and H. D. Critchley. (2015). Structural brain abnormalities in postural tachycardia syndrome: A VBM-DARTEL study. *Frontiers in Neuroscience* 9: 34.

ヴィゴツキー，L. S.(2006)．『ヴィゴツキー著《最後の手稿》情動の理論——心身をめぐるデカルト，スピノザとの対話』神谷栄司，土井捷三，伊藤美和子，竹内伸宜，西本有逸 訳，三学出版.

山鳥重(2014)．『ジャクソンの神経心理学』医学書院.

ジェームズ「情動」

Archer, W. (1888). The Anatomy of Acting〔演技の解剖学〕. In *Longman's Magazine* 11: 266, 375, 498. Later republished in book form: *Masks or faces?: a study in the psychology of acting*. London: Longmans, Green, 1888.

Bain, A. (1875). *The emotions and the will*〔情動と意志〕. Third edition. London: Longman, Green and Co.

Bell, C. (1877). *The anatomy and philosophy of expression: as connected with fine arts*〔表情の解剖学と哲学——美術との関連で〕. Seventh edition with appendix by Alexander Shaw. London: George Bell and Sons.

Bucke, R. M. (1879). *Man's moral nature: an essay*〔人の道徳的本性——試論〕. New York: G. P. Putnam's Sons.

Curtis, T. B. (1878). A case of hydrophobia: with remarks on the pathological physiology of the disease〔狂犬病の一事例——疾患の病理生理学に関する所見とともに〕. *Boston Medical and Surgical Journal* 99: 581–590; 619–627.

Darwin, C. (1872). *The expression of the emotions in man and animals*. London: John Murray.〔ダーウィン『人及び動物の表情について』浜中浜太郎 訳，岩波文庫，1931 年〕

Duchenne, G.-B. (1862). *Mécanisme de la physionomie humaine, ou, Analyse électro-physiologique de l'expression des passions*〔人の顔つきのメカニズム，あるいは激情の電気生理学的表現〕. Paris: J.-B. Baillière et Fils.

Fechner, G. T. (1876). *Vorschule der Aesthetik*〔美学序論〕. Leipzig: Breitkopf & Här-

tel.

Gurney, E.(1884). What is an emotion?〔情動とは何か〕*Mind* 9: 421–426.

Guyau, J.-M.(1884). *Les problèmes de l'esthétique contemporaine*〔現代美学の諸問題〕. Paris: Félix Alcan.

Hecker, E.(1873). *Die Physiologie und Psychologie des Lachens und des Komischen: ein Beitrag zur experimentellen Psychologie für Naturforscher, Philosophen und gebildete Laien*〔笑いと喜劇の生理学と心理学——自然科学者, 哲学者および教養ある素人のための実験心理学論集〕. Berlin: Dümmler.

Henle, J.(1876). *Anthropologische Vorträge*〔人類学講義〕. Braunschweig: Friedrich Vieweg.

Höffding, H.(1887). *Psychologie in Umrissen auf Grundlage der Erfahrung*〔経験に基づいた心理学概説〕. Leipzig: Fues's Verlag.

Janet, P.(1889). *Automatisme Psychologique: essai de psychologie expérimentale sur les formes inférieures de l'activité humaine*. Paris: Félix Alcan.〔ピエール・ジャネ『心理学的自動症——人間行動の低次の諸形式に関する実験心理学試論』松本雅彦 訳, みすず書房, 2013 年〕

Lange, C. G.(1887). *Ueber Gemüthsbewegungen: eine psycho-physiologische Studie*〔情動について——心理生理学的研究〕. Übersetzt von H. Kurella, Leipzig: Theodor Thomas.

Mantegazza, P.(1885). *La physionomie et l'expression des sentiments*〔感情の顔つきと表出〕. Paris: Félix Alcan.

Mercier, C.(1884–85). A classification of feeling〔感情の分類〕. *Mind* 9: 325–348; 10: 1–26.

Mosso, A.(1884). *La Paura*〔恐れ〕. Milano: F. Treves.

Piderit, T.(1867). *Wissenschaftliches System der Mimik und Physiognomik*〔身振りと顔つきの学問体系〕. Detmold: Klingenberg'sche Buchhandlung.

Putnam, J. J.(1878). The physiological pathology of the hydrophobic paroxysm〔狂犬病発作の生理学的病理学〕. *Boston Medical and Surgical Journal* 99: 650–653.

Read, C.(1886). Mr. Mercier's classification of feelings〔メルシエ氏による感情の分類〕. *Mind* 11: 76–82.

Schwartzer, O.(1880). *Die transitorische Tobsucht: eine klinisch-forensische Studie*〔一過性の狂気——ある臨床法医学研究〕. Wien: Toeplitz & Deuticke.

Sikorsky.(1887). Die Bedeutung der Mimik für die Diagnose des Irreseins. *Neurologisches Centralblatt* 6(21): 492–496. Leipzig: Veit & Comp.

Spencer, H.(1873). *The principles of psychology*〔心理学原理〕. Second edition, volumes 1 & 2. New York: D. Appleton.

Stanley, H. M.(1886). Feeling and Emotion〔感情と情動〕. *Mind* 11: 66–76.

Stewart, D.(1854). *Elements of the Philosophy of the Human Mind*〔人間の心の哲学原理〕. Volume 3. Edited by Sir William Hamilton. Edinburgh: T. Constable.

Strümpell, A.(1878). XII. Beobachtungen über ausgebreitete Anästhesien und deren Folgen für die willkürliche Bewegung und das Bewusstsein〔全身麻酔および随意運動と意識に対するその効果の観察〕. Redigirt von H. v. Ziemssen und F. A. Zenker, *Deutsches Archiv für klinische Medicin*, Band XXII, Leipzig: F. C. W. Vogel. pp. 321–361.

Sully, J.(1874). *Sensation and intuition: studies in psychology and æsthetics*〔感覚と直観——心理学・美学研究〕. London: H. S. King.

Winter, G.(1882). *Ein Fall von allgemeiner Anaesthesie*〔全身麻酔の一症例〕. Inauguraldissertation. Heidelberg.

Wundt, W. M.(1880). *Grundzüge der physiologischen Psychologie*〔生理学的心理学綱要〕. Zweite völlig umgearbeitete Auflage, Band 2. Leipzig: Engelmann.

キャノン「痛み，空腹，恐れ，怒りに伴う身体変化」

Abderhalden, E.(1910). *Handbuch der biochemischen Arbeitsmethoden*, 2. Berlin: Urban & Schwarzenberg.

Angell, J. R.(1916). A reconsideration of James's theory of emotion in the light of recent criticisms. *The Psychological Review* 23(4): 251–261.

Angell, N.(1913). *The Great Illusion*. New York: G. P. Putnam's Sons and London: William Heinemann.

Anrep, G. v.(1912). On the part played by the suprarenals in the normal vascular reactions of the body. *Journal of Physiology* 45(5): 307–317.

Anrep, G. v., and I. d. B. Daly(1925). The output of adrenaline in cerebral anæmia as studied by means of crossed circulation. *Proceedings of the Royal Society of London* B97: 450–463.

Arndt, M.(1897). Ueber alimentäre und transitorische Glykosurie bei Gehirnkrankheiten. *Zeitschrift für Nervenheilkunde* 10(5–6): 419–452.

Asher, L.(1912). *Zeitschrift für Biologie* 58: 274.

Auer, John.(1907). Gastric peristalsis in rabbits under normal and some experimental conditions. *American Journal of Physiology* 18(4): 347–361.

Bang, I. (1913). *Der Blutzucker*. Wiesbaden: Bergmann.

Barcroft, J. (1926). Some recent work on the functions of the spleen: A lecture given to the Leeds University Medical Society on March 9th, 1926. *The Lancet* 210(5350): 544–547.

Barcroft, J., and H. Barcroft (1923). Observations on the taking up of carbon monoxide by the hæmoglobin in the spleen. *Journal of Physiology* 58(2–3): 138–144.

Barcroft, J., H. A. Harris, D. Orahovats, and R. Weiss (1925). A contribution to the physiology of the spleen. *Journal of Physiology* 60(5–6): 443–456.

Barcroft, J., C. D. Murray, D. Orahovats, J. Sands, and R. Weiss (1925). The influence of the spleen in carbon monoxide poisoning. *Journal of Physiology* 60(12): 79–84.

Barcroft, J., and L. T. Poole (1927). The blood in the spleen pulp. *American Journal of Physiology* 64(1): 23–29.

Barcroft, J., and S. J. G. Stephens (1927). Observations upon the size of spleen. *Journal of Physiology* 64: 1–22.

Bard, P. (1928). A diencephalic mechanism for the expression of rage with special reference to the sympathetic nervous system. *American Journal of Physiology* 84(3): 490–515.

Baschmakoff, W. J. (1923). Die reflektorische Absonderung des Speichels aus einer Drüse mit durchschnittenen sekretorischen Nerven. *Archiv für die gesammte Physiologie* 200: 379–380.

Bechterev, W. (1887). Die Bedeutung der Sehhügel auf Grund von experimentellen und pathologischen Daten. *Virchow's Archiv für pathologische Anatomie und Physiologie und für klinische Medicin* 110(1): 102–154; 110(2): 322–365.

Bethe, M. (1891). Beiträge zur Kenntniss der Zahl- und Maassverhältnisse der rothen Blutkörperchen. *Schwalbe's Morphologische Arbeiten* 1(2): 207–240.

Bickel, Adolf. (1906). Experimentelle Untersuchungen über die Magensaftsekretion beim Menschen. *Berliner klinische Wochenschrift* 43: 845.

Bickel, Adolf, and K. Sasaki. (1905). Experimentelle Untersuchungen über den Einfluß von Affekten auf die Magensaftsekretion. *Deutsche medizinische Wochenschrift* 31: 1829–1831.

Bidder, Friedrich Heinrich, and Carl Schmidt. (1852). *Die Verdauungssäfte und der Stoffwechsel*, Leipzig: G. A. Reyher's Verlagsbuchhandlung.

Biedl, A. (1897). Beiträge zur Physiologie der Nebenniere. Erste Mitteilung: Die Innervation der Nebenniere. *Archiv für die gesammte Physiologie* 67(9–10): 443–483.

Biedl, A.(1913). *Die Innere Sekretion*, 1. Berlin; Wien: Urban & Schwarzenberg.

Bogen, H.(1907). Experimentelle Untersuchungen über psychische und assoziative Magensaftsekretion beim Menschen. *Archiv für die gesammte Physiologie* 117: 150–160.

Böhm, R., and F. A. Hoffmann(1878). Beiträge zur Kenntniss des Kohlenhydratstoffwechsels. *Archiv für experimentelle Pathologie und Pharmakologie* 8(4–5): 271–308.

Brissaud, E.(1894). *Leçons cliniques*. Paris.

Britton, S. W.(1928). Neural and hormonal factors in bodily activity: The prepotency of medulliadrenal influence in emotional hyperglycemia. *American Journal of Physiology* 86(2): 340–352.

Brown, J. P.(1868). *The Dervishes*. London: Trübner.

Bulatao, E., and W. E. Cannon.(1925). Studies on the conditions of activity in endocrine glands: XVI. The Rôle of the adrenal medulla in pseudaffective hyperglycemia. *American Journal of Physiology* 72(2): 295–313.

Burton, R.(1886). *The Anatomy of Melancholy*. first published in 1621; new edition, London: Chatto & Windus, Piccadilly.

Burton-Opitz, R.(1921). The venous supply of the heart. *American Journal of Physiology* 58(2): 226–270.

Cabot(1925). *Harvard Alumni Bulletin* 28: 384.

Cade, A., and A. Latarjet(1905). Réalisation pathologique du petit estomac de Pavlov: Etude physiologique et histologique. *Journal de Physiologie et Pathologie Génerale* 7: 221–233.

Campos, F. A. de D., W. B. Cannon, H. Lundin, and T. T. Walker(1929). Some conditions affecting the capacity for prolonged muscular work. *American Journal of Physiology* 87(3): 680–701.

Cannon, W. B.(1898). The movements of the stomach studied by means of the Röntgen rays. *American Journal of Physiology* 1(3): 359–382.

Cannon, W. B.(1902). The movements of the intestines studied by means of the Röntgen rays. *American Journal of Physiology* 6(5): xxvii.

Cannon, W. B.(1905). Observations on the alimentary canal after splanchnic and vagus section. *American Journal of Physiology* 13(1): xxii.

Cannon, W. B.(1911). *The Mechanical Factors of Digestion*. London: Edward Arnold, and New York: Longmans, Green & Company.

Cannon, W. B. (1914). The interrelations of emotions as suggested by recent physiological researches. *American Journal of Psychology* 25(2): 256–282.

Cannon, W. B. (1919). Studies on the conditions of activity in endocrine glands: V. The isolated heart as an indicator of adrenal secretion induced by pain, asphyxia and excitement. *American Journal of Physiology* 50(3): 399–432.

Cannon, W. B. (1928). Neural organization for emotional expression. In *Feelings and Emotions: The Wittenberg Symposium*. Worcester, Mass.: Clark University Press, pp. 257–269.

Cannon, W. B., and S. W. Britton. (1925). Studies on the conditions of activity in endocrine glands: XV. Pseudaffective medulliadrenal secretion. *American Journal of Physiology* 72(2): 283–294.

Cannon, W. B., and S. W. Britton (1927). Studies on the conditions of activity in endocrine glands: XX. The influence of motion and emotion on medulliadrenal secretion. *American Journal of Physiology* 79: 433–465.

Cannon, W. B., and R. Carrasco-Formiguera (1922). Studies on the conditions of activity in endocrine glands: XI. Further evidence for reflex and asphyxial secretion of adrenin. *American Journal of Physiology* 61(2): 215–227.

Cannon, W. B., and D. de la Paz (1911). The stimulation of adrenal secretion by emotional excitement. *Journal of the American Medical Association* 56(10): 742.

Cannon, W. B., and R. G. Hoskins (1911). The effects of asphyxia, hyperpnœa, and sensory stimulation on adrenal secretion. *American Journal of Physiology* 29(2): 274–279.

Cannon, W. B., J. T. Lewis, and S. W. Britton (1926). Studies on the conditions of activity in endocrine glands: XVII. A lasting preparation of the denervated heart for detecting internal secretion, with evidence for accessory accelerator fibers from the thoracic sympathetic chain. *American Journal of Physiology* 77(2): 326–352.

Cannon, W. B., J. T. Lewis, and S. W. Britton (1927). The dispensability of the sympathetic division of the autonomic nervous system. *Boston Medical and Surgical Journal* 197: 514–515.

Cannon, W. B., and H. Lyman (1913). The depressor effect of adrenalin on arterial pressure. *American Journal of Physiology* 31(6): 376–398.

Cannon, W. B., M. A. McIver, and S. W. Bliss (1924). Studies on the conditions of activity in endocrine glands: XIII. A sympathetic and adrenal mechanism for mobilizing sugar in hypoglycemia. *American Journal of Physiology* 69(1): 46–66.

Cannon, W. B. and J. R. Pereira (1924). Increase of adrenal secretion in fever. *Proceedings of the National Academy of Sciences of USA* 10 (6): 247–248.

Cannon, W. B., A. Querido, S. W. Britton, and E. M. Bright (1927). Studies on the conditions of activity in endocrine glands: XXI. The rôle of adrenal secretion in the chemical control of body temperature. *American Journal of Physiology* 79 (2): 466–507.

Cannon, W. B., and D. Rapport (1921). Studies on the conditions of activity in endocrine glands: VI. Further observations on the denervated heart in relation to adrenal secretion. *American Journal of Physiology* 58 (2): 308–337.

Cannon, W. B., A. T. Shohl, and W. S. Wright (1911). Emotional Glycosuria. *American Journal of Physiology* 29: 280–287.

Cannon, W. B., and A. L. Washburn (1912). An explanation of hunger. *American Journal of Physiology* 29 (5): 441–454.

Chauveau, M. A., and M. Kaufmann (1886). Physiologie animale. La glycose, le glycogène, la glycogénie, en rapport avec la production de la chaleur et du travail mécanique dans l'économie animale. Deuxième étude Calorification dans les organes en travail. *Comptes Rendus, Académic des Sciences* 103: 1057–1071.

Cohn, A. E. (1919). The cardiac phase of the war neuroses. *American Journal of the Medical Sciences* 158: 453–470.

Cohnheim, O., and G. Dreyfus (1908). Zur Physiologie und Pathologie der Magenverdauung. *Zeitschrift für physiologische Chemie* 58: 50–83.

Cori, C. F., and G. T. Cori (1928). The mechanism of epinephrine action. I–III. *Journal of Biological Chemistry* 79: 309–319; 321–341; 343–355.

Crile, G.W. (1910). Phylogenetic association in relation to certain medical problems. *Boston Medical and Surgical Journal* 163: 893–904.

Dana, C. L. (1921). The anatomic seat of the emotions: A discussion of the James–Lange theory. *Archives of Neurology and Psychiatry* 6 (6): 634–639.

Darwin, C. (1905). *The Expression of Emotions in Man and Animals*, New York: D. Appleton and Co.〔ダーウィン『人及び動物の表情について』浜中浜太郎 訳, 岩波文庫, 1931 年〕

Douglas, C. G., and J. S. Haldane (1909). The regulation of normal breathing. *Journal of Physiology* 38 (5): 420–440.

Drake, D. (1914). *Problems of Conduct: An Introductory Survey of Ethics*. Boston: Houghton Mifflin Co.

Dreyer, G. P. (1898–99). On secretory nerves to the suprarenal capsules. *American Journal of Physiology* 2 (2): 203–219.

Dumas, G. (1922). L'expression des émotions. *Revue Philosophique* 93: 32–72.

Dumas, G. (1923). *Traité de Psychologie*, 1. Paris: Librairie F. Alcan.

Eckhard, C. (1903). Zur Deutung der Entstehung der vom vierten Ventrikel aus erzeugbaren Hydrurien. *Zeitschrift für Biologie* 44: 407–440.

Elliott, T. R. (1905). The action of adrenalin. *Journal of Physiology* 32: 401–467.

Elliott, T. R. (1912). The control of the suprarenal glands by the splanchnic nerves. *Journal of Physiology* 44: 374–409.

Elliott, T. R. (1913). The innervation of the adrenal glands. *Journal of Physiology* 46: 287–290.

Embden, G., and O. von Furth (1904). Über die Zerstörung des Suprarenins (Adrenalins) im Organismus. *Hofmeister's Beiträge zur chemischen Physiologie und Pathologie* 4: 421–429.

Emerson, C. P. (1927). The emotional element in the production of organic diseases. *Transactions of the Association of American Physicians* 42: 346–355.

Ferrari, G. C. (1897). Recerche globulimetriche negli stati emozionali. *Rivista di Patologia Nervosa e Mentale* 2: 306–311.

Florovsky, G. (1917). On the mechanism of reflex salivary secretion. *Bulletin de l'Académie Impériale des Sciences* 11, Petrograd, 119–137.

Folin, O., W. B. Cannon, and W. Denis (1913). A new colorimetric method for the determination of epinephrine. *Journal of Biological Chemistry* 13: 477–483.

Folin, O., W. Denis, and W. G. Smillie (1914). Some observations on "emotional glycosuria" in man. *Journal of Biological Chemistry* 17: 519–520.

Foster, N. B. (1927). Psychic factors in the course of cardiac disease. *Journal of the American Medical Association* 89 (13): 1017–1018.

Fraenkel, A. (1909). Über den Gehalt des Blutes an Adrenalin bei chronischer Nephritis und Morbus Basedowii. *Archiv für experimentelle Pathologie und Pharmakologie* 60 (6): 395–407.

Frentzel, J. (1894). Ueber Glycogenbildung im Thierkörper nach Fütterung mit Holzzucker. *Archiv für die gesammte Physiologie* 56 (7–8): 273–288.

Frentzel, J. (1899). Ergographische Versuche über die Nährstoffe als Kraftspender für ermüdete Muskeln. *Archiv für Physiologie*, Supplement. Leipzig: Veit & Comp., 145–158.

Furusawa, K. (1925). Muscular exercise, lactic acid, and the supply and utilisation of oxygen. Part IX: Muscular activity and carbohydrate metabolism in the normal individual. *Proceedings of the Royal Society of London* B98: 65–76.

Gasser, H. S., and W. J. Meek (1914). A study of the mechanisms by which muscular exercise produces acceleration of the heart. *American Journal of Physiology* 34 (1): 48–71.

Gautrelet, J. and L. Thomas (1909). Chez le chien décapsulé, l'excitation du splanchnique ne produit pas de glycosurie. *Comptes rendus de la Société de Biologie* 67: 233–234.

Gley, E. (1925). *Bulletin de la Société de Pathologie Comparée* 25: 102.

Greving, R. (1924). Die Nervenversorgung der Brustdrüse. In L. R. Müller, *Die Lebensnerven: Ihr Aufbau ihre Leistungen, ihre Erkrankungen*. Berlin: Julius Springer. pp. 226–230.

Griffith, F. R. (1923). Reflex hyperglycemia: A study of the carbohydrate mobilization effected by afferent crural, sciatic and vagus stimulation. *American Journal of Physiology* 66 (3): 618–658.

Gruber, C. M. (1913a). Fatigue as affected by changes of arterial pressure. *American Journal of Physiology* 32: 222–229.

Gruber, C. M. (1913b). The threshold stimulus as affected by fatigue and subsequent rest. *American Journal of Physiology* 32: 438–449.

Gruber, C. M. (1914a). The fatigue threshold as affected by adrenalin and by increased arterial pressure. *American Journal of Physiology* 33: 335–355.

Gruber, C. M. (1914b). The relation of adrenalin to curare and fatigue in normal and denervated muscles. *American Journal of Physiology* 34: 89–96.

Grützner, P. (1904). Die glatten Muskeln. *Ergebnisse der Physiologie* 3 (2): 12–88.

Haldane, J. S., and J. G. Priestley (1905). The regulation of the lung-ventilation. *Journal of Physiology* 32 (3–4): 255–266.

Hall, G. S. (1914). A synthetic genetic study of fear: Chapter I. *American Journal of Psychology* 25: 149–200.

Hargis, E. H., and F. C. Mann (1925). A plethysmographic study of the changes in the volume of the spleen in the intact animal. *American Journal of Physiology* 75 (1): 180–200.

Hartman, F. A., H. A. McCordock, and M. M. Loder (1923). Conditions determining adrenal secretion. *American Journal of Physiology* 64 (1): 1–34.

Hayem, G. (1889). *Du Sang et de ses Alterations Anatomiques*. Paris: G. Masson.

Head, H. (1920). *Studies in Neurology*, 2. London: H. Frowde; Hodder & Stoughton, Ltd.

Head, H. (1921). Croonian lecture: Release of function in the nervous system. *Proceedings of the Royal Society of London* B92: 184–209.

Head, H., and G. Holmes (1911). Sensory disturbances from cerebral lesions. *Brain* 34 (2–3): 102–254.

Henderson, Y., and F. P. Underhill (1911). Acapnia and glycosuria. *American Journal of Physiology* 28 (5): 276–289.

Hertz, A. F. (1909). *Constipation and Allied Intestinal Disorders*. London: Frowde.

Hirsch, E., and H. Reinbach (1913). Die Fesselungshyperglykämie und die Fesselungsglykosurie des Kaninchens. *Zeitschrift für physiologische Chemie* 87: 122–141.

Hirsch, E., and H. Reinbach (1914). Über "psychische Hyperglykämie" und Narkosehyperglykämie beim Hund. *Zeitschrift für physiologische Chemie* 91: 292–307.

Hirschfeld, F. (1902). *Die Zuckerkrankheit*. Leipzig: G. Thieme.

Hornborg, A. F. (1904). Beiträge zur Kenntniss der Absonderungsbedingungen des Magensaftes beim Menschen. *Skandinavisches Archiv für Physiologie* 15 (1): 209–258.

Hoskins, R. G. (1911). A Consideration of some biologic tests for epinephrin. *Journal of Pharmacology and Experimental Therapeutics* 3 (1): 93–99.

Hoskins, R. G., and R. E. L. Gunning (1917). The Effects of adrenin on the distribution of the blood: II. Volume changes and venous discharge in the spleen. *American Journal of Physiology* 43 (2): 298–303.

Hoskins, R. G., and C. R. Lovellette (1914). The adrenals and the pulse-rate. *Journal of the American Medical Association* 63: 316–318.

Hoskins, R. G., and C. W. McClure (1912). The adrenal glands and blood-pressure. *Archives of Internal Medicine* 10 (4): 343–356.

Houssay, B. A., and E. A. Molinelli (1924). *Revista de la Asociación Médica, Argentina* 37: 327.

Houssay, B. A., and E. A. Molinelli (1925a). Descarga de adrenalina provocada por la actividad muscular. *Revista de la Sociedad Argentina de Biologia* 1: 125.

Houssay, B. A. and E. A. Molinelli (1925b). Descarga de adrenalina provocada por la asfixia. *Revista de la Sociedad Argentina de Biologia* 1: 402.

Humphrey, G. (1923). *The Story of Man's Mind*. Boston: Small, Maynard and Co.

Izquierdo, J. J., and W. B. Cannon (1928). Studies on the conditions of activity in endocrine glands: XXIII. Emotional polycythemia in relation to sympathetic and medulliadrenal action on the spleen. *American Journal of Physiology* 84 (3): 545–562.

Jackson, D. E. (1912). The pulmonary action of the adrenal glands. *Journal of Pharmacology and Experimental Therapeutics* 4 (1): 59–74.

Jacobi, C. (1891). Beiträge zur physiologischen und pharmakologischen Kenntniss der Darmbewegungen mit besonderer Berücksichtigung der Beziehung der Nebenniere zu denselben. *Archiv für experimentalle Pathologie und Pharmakologie* 29 (3–4): 171–211.

Jacobsen, A. T. B. (1913). Untersuchungen über den Einfluss des Chloralhydrats auf experimentelle Hyperglykaemieformen. *Biochemische Zeitschrift* 51: 442–462.

James, T. (1926). Three Years among the Indians and Mexicans. In S. Vinton, *John Colter, discoverer of Yellowstone park: an account of his exploration in 1807 and of his further adventures as hunter, trapper, Indian fighter, pathfinder and member of the Lewis and Clark expedition: with a map*. New York: Edward Eberstadt.

James, W. (1905). *The Principles of Psychology*, 2 vols. New York: H. Holt and Co.

James, W. (1911a). The Energies of Men. In *Memories and Studies*. New York: Longmans, Green.

James, W. (1911b). *Memories and Studies*. New York: Longmans, Green.

James, W., and C. G. Lange (1922). *The Emotions*. Baltimore: Williams & Wilkins.

Januschke, H., and L. Pollak (1911). Zur Pharmakologie der Bronchialmuskulatur. *Archiv für experimentelle Pathologie und Pharmakologie* 66 (3): 205–220.

Joseph, D. R., and S. J. Meltzer (1912). The effect of stimulation of the peripheral end of the splanchnic nerves upon the pupil. *American Journal of Physiology* 29 (4): xxxiv.

Katsch, G. (1913). Beiträge zum Studium der Darmbewegungen: IV. Mittheilung: Psychische Beeinflussung der Darmmotilität. *Zeitschrift für experimentelle Pathologie und Therapie* 12 (2): 290–294.

Kellaway, C. H. (1919). The hyperglycæmia of asphyxia and the part played therein by the suprarenals. *Journal of Physiology* 53 (3–4): 211–235.

Kirilzew, S. (1891). Cases of affections of the optic thalamus (Russian). Review in *Neurologisches Centralblatt* 10: 310.

Kleen, E. (1900). *On Diabetes Mellitus and Glycosuria*, Philadelphia: P. Blakiston's Son & Co.

Kodama, S. (1923). Effect of Stimulation of the Sensory Nerves upon the Rate of Liberation of Epinephrine from the Suprarenal Glands. *Tohoku Journal of Experimental Medicine* 4(2): 166–242.

Kodama, S. (1924). Effect of asphyxia upon the rate of liberation of epinephrine from the suprarenal glands. *Tohoku Journal of Experimental Medicine* 5(1): 47–70.

Krogh, A., and J. Lindhard (1920). The relative value of fat and carbohydrate as sources of muscular energy. *Biochemical Journal* 14(3–4): 290–363.

Krumbhaar, E. B. (1926). Functions of the spleen: (Mysterii Plenum Organon) Galen. *Physiological Reviews* 6(1): 160–200.

Lamson, P. D. (1915). The role of the liver in acute polycythaemia: A mechanism for the regulation of the red corpusclecontent of the blood. *Journal of Pharmacology and Experimental Therapeutics* 7: 169–224.

Langley, J. N. (1889). On the physiology of the salivary secretion: Part V. The effect of stimulating the cerebral secretory nerves upon the amount of saliva obtained by stimulating the sympathetic nerve. *Journal of Physiology* 10(4): 291–328.

Langley, J. N. (1903). Das sympathische und verwandte nervöse Systeme der Wirbeltiere (autonomes nervöses System). *Ergebnisse der Physiologie* 2(2): 818–872.

Langley, J. N., and H. K. Anderson (1894). The constituents of the hypogastric nerves. *Journal of Physiology* 17(3–4): 177–191.

Langley, J. N., and H. K. Anderson (1895). The innervation of the pelvic and adjoining viscera: Part VI. Histological and physiological observations upon the effects of section of the sacral nerves. *Journal of Physiology* 19(4): 71–139.

Lavenson, R. S. (1909). Observations on a child with a gastric fistula in relation to recent advances in the physiology of gastric digestion. *Archives of Internal Medicine* 4: 271–290.

Lea, H. C. (1892). *Superstition and Force: essays on the wager of law, the wager of battle, the ordeal, torture.* 4th ed. Philadelphia: Lea Brothers.

Leconte, P. (1900). Fonctions gastro-intestinales: étude physiologique. *La Cellule* 17: 283–322.

Lee, F. and C. C. Harrold (1900). The action of phlorhizin on muscle. Proceedings of the American Physiological Society, 5th Special, Meeting. *American Journal of Physiology* 4: ix–x.

Lennander, K. G. et al. (1907). Abdominal pain, especially pain in connection with ileus. *Journal of the American Medical Association* 49(10): 836–840.

Levy, A. G.(1913). The exciting causes of ventricular fibrillation in animals under chloroform anesthesia. *Heart* 4: 319–378.

Locke, F. S.(1900). Die Wirkung der Metalle des Blutplasmas und verschiedener Zucker auf das isolierte Siiugetierherz. *Centralblatt für Physiologie* 14: 670.

Locke, F. S., and O. Rosenheim(1907). Contributions to the physiology of the isolated heart. *Journal of Physiology* 36(4–5): 205–220.

Loewy, A., and S. Rosenberg(1913). Über die normale Hühe des Blutzuckergehalts bei Kaninchen und Hunden. *Biochemische Zeitschrift* 56: 114–116.

Lommel, F.(1903). Die Magen- und Darmbewegungen im Röntgenbild und ihre Veränderung durch verschiedene Einflüsse. *Münchener medizinische Wochenschrift* 1: 1633–1634.

Lusk, G., and J. A. Riche(1914). Animal Calorimetry: Paper VIII. The alleged influence of the adrenals on diabetic metabolism. *The Archives of Internal Medicine* 13(5): 673–681.

Macleod, J. J. R.(1907). Studies in experimental glycosuria: I. On the existence of afferent and efferent nerve fibres, controlling the amount of sugar in the blood. *American Journal of Physiology* 19(3): 388–407.

Macleod, J. J. R.(1909). Studies in experimental glycosuria: IV. The cause of the hyperglycæmia produced by asphyxia. *American Journal of Physiology* 23(4): 278–302.

Macleod J. J. R., C. D. Christie and R. G. Pearce(1911). The relationship of the left suprarenal capsule to the sugar production of the liver in dogs. *Proceedings of the Society for Experimental Biology and Medicine* 8: 110–111.

Macleod, J. J. R., and R. G. Pearce(1913). The sugar consumption in normal and diabetic(depancreated)dogs after evisceration. *American Journal of Physiology* 32(3): 184–199.

Magnus, R.(1904). *Ergebnisse der Physiologie* 3(2): 69.

Magnus-Levy, A.(1906). Physiologie des Stoffwechsels. In Carl von Noorden(hrsg.), *Handbuch der Pathologie des Stoffwechsels,* Band 1. Berlin: A. Hirschwald, pp. 1–478.

Majer, F.(1796). *Geschichte der Ordalien, insbesondere der gerichtlichen Zweikampfe in Deutschland: ein Bruchstuck aus der Geschichte und den Alterthumer der deutschen Gerichtsverfassung*. Jena: Akademischen Buchhandlung.

Mann, F. C., and T. B. Magath(1923). Studies on the physiology of the liver: VII. The

effect of insulin on the blood sugar following total and partial removal of the liver. *American Journal of Physiology* 65(2): 403–417.

Mantegazza, M.(1880). *Fisiologia del Dolore*. Firenze: Felice Paggi.

Marañon, G.(1921). Le facteur émotionnel dans la pathogénie des états hyperthyroidiens. *Annales de Médicine* 9: 81–93.

Marañon, G.(1924). Contribution à I'étude de I'action émotive de I'adrenalin. *Revue Française d'Endocrinologie* 2: 301–325.

Martin, E. G., and W. H. Lacey(1914). Vasomotor reflexes from threshold stimulation. *American Journal of Physiology* 33: 212–228.

Martin, F.(1907). Postoperative ileus. *Journal of the American Medical Association* 49 (12): 1006–1017.

Mayer, A.(1925). *Schwarz's Psychogenese und Psychotherapie körperlicher Symptome*. Wien: Julius Springer.

McDougall, W.(1908). *Introduction to Social Psychology*. London: Methuen & Co.〔ウィリアム・マクドーガル『社会心理学概論』宮崎市八 訳, アテネ書院, 1925年〕

McDougall, W.(1923). *Outline of Psychology*. New York: Chicago C. Scribner's Sons.

McLester, J. S.(1927). Psychic and emotional factors in their relation to disorders of the digestive tract. *Journal of the American Medical Association* 89(13): 1019–1020.

Menkin, V.(1928). Emotional relative mononucleosis. *American Journal of Physiology* 85(3): 489–497.

Meyer, M. A.(1906). Sur le mode d'action de la piqûre diabétique: Rôle des capsules surhénales. *Comptes rendus de la Société de Biologie* 58: 1123–1124.

Millard, T. F.(1905). New features of war: As illustrated in the East. *Scribner's Magazine* 37: 60–69.

Mita, S.(1912). Beitrag zur Kenntnis der Glykosurie bei Geisteskranken. *Monatshefte für Psychiatrie und Neurologie* 32: 159–182.

Mooney, J.(1892–93). *The Ghost-Dance Religion and the Sioux outbreak of 1890*. United States Bureau of Ethnology.

Morat, J. P., and E. Dufourt(1892). XI Consommation du sucre par les muscles. Origine probable du glycogène musculaire. *Archives de Physiologie* 24: 327–336.

Müller, F.(1907). Klinische Beiträge zur Physiologie des sympathetischen Nervensystems. *Deutsches Archiv für klinische Medicin* 89: 432–456.

Narodny, I.(1914). *Musical America* 20, No. 14.

Nasse, O.(1869). Beiträge zur Physiologie der contractilen Substanz. *Archiv für die gesammte Physiologie* 2(1): 97–121.

Nasse, O.(1877). Bemerkungen zur Physiologie der Kohlehydrate. *Archiv für die gesammte Physiologie* 14(1): 473–484.

Naunyn, B.(1898). *Der Diabetes Mellitus*. Wien: Alfred Hölder.

Nishi, M.(1909). Über den Mechanismus der Diuretinglykosurie. *Archiv für experimentelle Pathologie und Pharmakologie* 61(4–6): 401–417.

O'Connor, J. M.(1912). Über den Adrenalingehalt des Blutes. *Archiv für experimentelle Pathologie und Pharmakologie* 67(3): 195–232.

Oechsler, R.(1914). *Internationale Beiträge zur Pathologie und Therapie der Ernährungsstörungen* 5: 1.

Olmsted, J. M. D.(1926). The blood sugar after asphyxia in "decapitate cats" and its relation to the adrenal glands. *American Journal of Physiology* 75(2): 487–496.

Patterson, S. W., and E. H. Starling(1913). The carbohydrate metabolism of the isolated heart lung preparation. *Journal of Physiology* 47(1–2): 137–148.

Pavlov, I. P.(1902). *The Work of the Digestive Glands*. Translated into English by W. H. Thompson, London: Charles Griffin.

Pavlov, I. P.(1927). *Conditioned Reflexes: an investigation of the physiological activity of the cerebral cortex*. London: Oxford University Press.

Pavlov, I. P., and E. O. Schumowa-Simanowskaja(1895). Beiträge zur Physiologie der Absonderungen. Vierte Mittheilung. *Archiv für Physiologie* 53–69.

Pavy, F. W.(1894). *The Physiology of the Carbohydrates*. London: J. & A. Churchill.

Pavy, F. W. and R. L. Siau(1903). The influence of ablation of the liver on the sugar contents of the blood. *Journal of Physiology* 24(4–5): 375–381.

Peabody, F. W., C. C. Sturgis, E. M. Tompkins, and J. T. Wearn(1921). Epinephrine hypertensiveness and its relation to hyperthyroidism. *The American Journal of the Medical Sciences* 161: 508–517.

Pearlman, I., and S. Vincent(1919). The function of the chromaphil tissues. *Endocrinology* 3: 121–136.

Perry, R. B.(1909). *The Moral Economy*. New York: Charles Scribner's Sons.

Perry, R. B.(1926). *General Theory of Value: Its meaning and basic principles construed in terms of interest*. New York: Longmans, Green.

Piéron, H.(1928). Emotions in animals and man. In *Feelings and Emotions: The Wit-*

tenberg Symposium. Worcester, Mass.: Clark University Press, pp. 284–294.

Prince, M.(1914). *The Unconscious: the fundamentals of human personality, normal and abnormal*. New York: Macmillan.

Querido, Arie(1924). The function of the peripheral neurones in the conduction of impulses in the sympathetic nervous system. *American Journal of Physiology* 70(1): 29–57.

Quinquaud, C. E.(1886). Expériences sur la contraction musculaire et la chaleur animale. *Comptes Rendus de la Société de Biologie* 38: 410–411.

Raimann, E.(1902). Ueber Glykosurie und alimentäre Glykosurie bei Geisteskranken. *Zeitschrift für Heilkunde* 23(3): 1–78, 145–208.

Richet, Charles Robert.(1878). Des propriétés chimiques et physiologiques du suc gastrique chez l'homme et les animaux. *Journal de l'natomie et de la Physiologie* 14: 170–333.

Rolly, F. and F. Oppermann(1913). Das Verhalten des Blutzuckers bei Gesunden und Kranken. *Biochemische Zeitschrift* 49: 201.

Rosenbach, O.(1897). Dis Emotionsdyspepsie. *Berliner klinische Wochenschrift* 34: 70–75.

Roussy, G.(1907). *La Couche Optique:(étude anatomique, physiologique et clinique): le syndrome thalamique*. Paris: G. Steinheil.

Russell, F.(1908). *The Pima Indians*. United States Bureau of Ethnology.

Sandiford, I.(1920). The Effect of the subcutaneous injection of adrenalin chlorid on the heat production, blood pressure and pulse rate in man. *American Journal of Physiology* 51(3): 407–422.

Sataké, Y., M. Watanabé, and T. Sugawara(1927). Effect of fastening and of sensory stimulation upon the rate of epinephrine output from the suprarenal gland in dogs. *Tohoku Journal of Experimental Medicine* 9(1): 1–40.

Schaff, P.(1909). *The New Schaff-Herzog Encyclopedia of Religious Knowledge*, vol. 3. New York: Funk and Wagnalls Company.

Schneider, E. C., and L. C. Havens(1915). The changes in the content of haemoglobin and red corpuscles in the blood of man at high altitudes. *American Journal of Physiology* 36(4): 239, 380–397.

Schultze(1908). *Verhandlungen der Gesellschaft deutscher Naturforscher und Ärzte, 80. Versammlung zu Cöln, September 1908*. 2: 358.

Schumberg, H.(1896). Einfluss des Zuckergenusses auf die Leistungsfähigkeit der

Musculatur. *Archiv für Physiologie*. Leipzig: Veit & Comp., p. 537.

Schwarz, O.(1925). *Schwarz's Psychogenese und Psychotherapie körperlicher Symptome*. Vienna: Julius Springer.

Scott, E. L.(1914). The content of sugar in the blood under common laboratory conditions. *American Journal of Physiology* 34: 283–311.

Sertoli, E.(1883). Contribution à la physiologie générale des muscle lisses. *Archives Italiennes de Biologie* 3: 78–94.

Sherrington, C. S.(1900). Experiments on the value of vascular and visceral factors for the genesis of emotion. *Proceedings of the Royal Society of London* 66: 390–403.

Sherrington, C. S.(1906). *The Integrative Action of the Nervous System*, New York: C Scribner's sons.

Southey, R.(1820). *The Life of Wesley: and the rise and progress of Methodism*, vol. 2. New York: Evert Duyckinck and George Long; Clayton & Kingsland, printers.

Spencer, H.(1855). *Principles of Psychology*. London: Longman, Brown, Green, and Longmans.

Starkenstein, E.(1911). Der Mechanismus der Adrenalinwirkung: Studien über den Reizzustand des Sympathicus. *Zeitschrift für experimentelle Pathologie und Therapie* 10(1): 78–119.

Stewart, C. C.(1900). Mammalian smooth muscle: The cat's bladder. *American Journal of Physiology* 4(4): 185–208.

Stewart, G. N., and J. M. Rogoff(1916). The influence of certain factors, especially emotional disturbances, on the epinephrin content of the adrenals. *Journal of Experimental Medicine* 24(6): 709–738.

Stewart, G. N., and J. M. Rogoff(1917a). The influence of asphyxia upon the rate of liberation of epinephrin from the adrenals. *Journal of Pharmacology and Experimental Therapeutics* 10(1): 49–72.

Stewart, G. N., and J. M. Rogoff(1917b). The alleged relation of the epinephrin secretion of the adrenals to certain experimental hyperglycemias. *American Journal of Physiology* 44(4): 543–580.

Stewart, G. N., and J. M. Rogoff(1917c). Effect of stimulation of sensory nerves upon the rate of liberation of epinephrin from the adrenals. *Journal of Experimental Medicine* 26(6): 637–656.

Stratton, G. M.(1928). The function of emotion as shown particularly in excitement. *Psychological Review* 35(5): 351–366.

Sugawara, T., M. Watanabé, and S. Saito (1926). Effect of stimulation of the sensory nerves upon the rate of liberation of epinephrine from the suprarenal glands. The third report. *Tohoku Journal of Experimental Medicine* 7(1): 1–79.

Tilney, F., and J. F. Morrison (1912). Pseudo-bulbar palsy, clinically and pathologically considered, with the clinical report of five cases. *The Journal of Nervous and Mental Diseases* 39(8): 505–535.

Tompkins, E. H., C. C. Sturgis, and J. T. Wearn (1919). Studies on epinephrin. II: The Effects of eninephrin on the basal metabolism in soldiers with "irritable heart," in hyperthyroidism and in normal men. *Archives of Internal Medicine* 24(3): 269–283.

Tournade, A., and M. Chabrol (1923). Intervention simultanée des mécanismes nerveux et adrénalinique dans la production des phénoménes cardio-vasculaires de l'asphyxie. *Comptes Rendus de la Société de Biologie* 88: 1180–1181.

Tournade, A., and M. Chabrol (1924). La contraction de la rate par excitation du splanchmque relève d'un double mécanisme nerveux et adrénalimque. *Comptes Rendus de la Société de Biologie* 90: 835–838.

Tournade, A., and M. Chabrol (1925). Sécrétion, réflexe d' adrénaline. *Comptes Rendus de la Société de Biologie* 92: 418–420.

Trendelenburg, P. (1912). Versuche an der isolierten Bronchialmuskulatur. *Zentralblatt für Physiologie* 26(1): 1–4.

Tscheboksaroff, M. (1910). Über sekretorische Nerven der Nebennieren. *Archiv für die gesammte Physiologie* 137: 59–122.

v. Trenck, F. (1787). *Merkwürdige Lebensgeschichte*, Berlin: bey Friedrich Vieweg dem älteren.

Wallas, G. (1914). *The Great Society: A psychological analysis*. New York: Macmillan.

Waterman, N., and H. J. Smit (1908). Nebenniere und Sympathicus. *Archiv für die gesammte Physiologie* 134: 198–214.

Watson, J. B. (1925). *Behaviorism*. New York: W. W. Norton.〔ジョン・B. ワトソン『行動主義の心理学』安田一郎 訳，河出書房，1968 年〕

Wells, F. L. (1925). Reactions to visual stimuli in affective settings. *Journal of Experimental Psychology* 8(1): 64–76.

Wells, F. L., and A. Forbes (1911). On certain electrical processes in the human body and their relation to emotional reactions. *Archives of Psychology*, 2: 1–39.

Wertheimer, E. (1892). Inhibition réflexe: Du tonus et des mouvements de l'estomac.

Archives de Physiologie 24 : 379–385.

Wertheimer, E., and G. Battez (1910). Sur la glycosurie par piqûre du quatrième ventricule. *Archives Internationales de Physiologie* 9 : 363–392.

Wilenko, G. G. (1912). Über den Einfluss des Adrenalins auf den respiratorischen Quotienten und die Wirkungsweise des Adrenalins. *Biochemische Zeitschrift* 42 : 44–58.

Wilson, S. A. K. (1924). Some problems in neurology. *Journal of Neurology and Psychopathology* 4 (16) : 299–333.

Wilson, S. A. K. (1929). *Modern Problems in Neurology*. New York : W. Wood & Co.

Woodworth, R. S. and C. S. Sherrington (1904). A pseudaffective reflex and its spinal path. *Journal of Physiology* 31 (3–4) : 234–243.

Worcester, D. C. (1914). *The Philippines, Past and Present*, 2. New York : Macmillan.

Zuntz, von N. (1911). 11. Betrachtungen über die Beziehungen zwischen Nährstoffen und Leistungen des Körpers. In Karl Oppenheimer (hrsg.), *Handbuch der Biochemie des Menschen und der Tiere*, Band 4. Jena : Gustav Fischer, pp. 826–881.

Zwemer, R. L., and H. F. Newton (1928). Studies on the conditions of activity in endocrine glands : XXIV. Stimulation of the denervated adrenal gland. *American Journal of Physiology* 85 (3) : 507–511.

ダマシオほか「ソマティック・マーカーと行動指針」

Amaral, D. C., and J. L. Price (1984). Amygdalo-cortical projections in the monkey (*Macaca fascicularis*). *Journal of Comparative Neurology* 230 : 465–496.

American Psychiatric Association (1980). *Diagnostic and Statistical Manual of Mental Disorders*, 3rd Edition. Washington, DC.

Bernstein, A. S. (1979). The orienting response as novelty and significance detector : Reply to O'Gorman. *Psychophysiology* 16 : 263–273.

Boucsein, W. (1988). *Elektrodermale Aktivitat : Grundlagen, Methoden und Anwendungen*. New York : Springer-Verlag.

Chavis, D. A., and D. N. Pandya (1976). Further observations on corticofrontal connections in the rhesus monkey. *Brain Research* 117 : 369–386.

Damasio, A. R. (1989a). The brain binds entities and events by multiregional activation from convergence zones. *Neural Computation* 1 : 123–132.

Damasio, A. R. (1989b). Time-locked multiregional retroactivation : A systems-level proposal for the neural substrates of recall and recognition. *Cognition* 33 : 25–62.

Damasio, A. R., D. Tranel, and H. Damasio (1990). Individuals with sociopathic behavior caused by frontal damage fail to respond autonomically to social stimuli. *Behavioral Brain Research* 41 : 81–94.

Damasio, H., and A. R. Damasio (1989). *Lesion Analysis in Neuropsychology*. New York : Oxford University Press.

Edelberg, R. (1972). The electrodermal system. In N. S. Greenfield, and R. A. Sternbach (eds.), *Handbook of Psychophysiology*. New York : Holt, Rinehart & Winston, pp. 367–418.

Edelberg, R. (1973). Mechanisms of electrodermal adaptations for locomotion, manipulation, or defense. *Progress in Physiological Psychology* 5 : 155–209.

Eslinger, P. I., and A. R. Damasio (1985). Severe disturbance of higher cognition after bilateral frontal lobe ablation : Patient EVR. *Neurology* 35 : 1731–1741.

Fowles, D. C. (1986). The eccrine system and electrodermal activity. In M. G. H. Coles, E. Donchin, and S. W. Porges (eds.), *Psychophysiology : Systems, Processes, and Applications*. New York : Guilford Press, pp. 51–96.

Fowles, D. C., and R. E. Schneider (1978). Electrolyte effects on measurements of palmar skin potential. *Psychophysiology* 15 : 474–482.

Fuster, J. M. (1989). *The Prefrontal Cortex*, 2nd Edition. New York : Raven Press.

Goldman-Rakic, P. S. (1987). Circuitry of primate prefrontal cortex and regulation of behavior by representational memory. In F. Plum (ed.), *Handbook of Physiology : The Nervous System*, Vol 5. Bethesda, MD : American Physiological Society, pp. 373–417.

Goldman-Rakic, P. S., L. D. Selemon, and M. L. Schwartz (1984). Dual pathways connecting the dorsolateral prefrontal cortex with the hippocampal formation and parahippocampal cortex in the rhesus monkey. *Neuroscience* 12 : 719–743.

Greenwald, M. K., E. W. Cook, and P. J. Lang (in press). Affective judgment and psychophysiological response : Dimensional covariation in the evaluation of pictorial stimuli. *Journal of Psychophysiology*. 〔Published 1989. 3 (1), 51–64〕

Hall, R. E., R. B. Livingston, and C. M. Bloor (1977). Orbital cortical influences on cardiovascular dynamics and myocardial structure in conscious monkeys. *Journal of Neurosurgery* 46 : 638–647.

Hare, R. D. (1978). Electrodermal and cardiovascular correlates of psychopathy. In R. D. Hare, and D. Schalling (eds.), *Psychopathic Behavior : Approaches to Research*. New York : Wiley & Sons, pp. 107–143.

Hare, R. D., K. Wood, S. Britain, and J. Shadman (1970). Autonomic responses to affective visual stimuli. *Psychophysiology* 7 : 408–417.

Hare, R. D., and M. J. Quinn (1971). Psychopathy and autonomic conditioning. *Journal of Abnormal Psychology* 77 : 223–235.

Jacobsen, C. F. (1935). Functions of the frontal association area in primates. *Archives of Neurology and Psychiatry* 33 : 558–569.

Jacobsen, C. F. (1936). Studies of cerebral functions in primates : I. The functions of the frontal association areas in monkeys. *Comparative Psychology Monographs* 13 : 3–60.

Jones, E. G., and T. P. S. Powell (1970). An anatomical study of converging sensory pathways within the cerebral cortex of the monkey. *Brain* 93 : 793–820.

Kimble, D. P. , M. H. Bagshaw, and K. H. Pribram (1965). The GSR of monkeys during orienting and habituation after selective partial ablations of the cingulate and frontal cortex. *Neuropsychologia* 3 : 121–128.

Klorman, R., A. Wiesenfeld, and M. L. Austin (1975). Autonomic responses to affective visual stimuli. *Psychophysiology* 12 : 553–560.

Lang, P. J., and M. K. Greenwald (1988). *The international affective picture system standardization procedure and initial group results for affective judgments : Technical report IA*. Gainesville, FL : Center for Research in Psychophysiology, University of Florida.

Luria, A. R. (1973). The frontal lobes and the regulation of behavior. In K. H. Pribram, and A. R. Luria (eds.), *Psychophysiology of the Frontal Lobes*. New York : Academic Press, pp. 3–26.

Luria, A. R., and E. D. Homskaya (1970). Frontal lobes and the regulation of arousal processes. In D. I. Mostofsky (ed.), *Attention : Contemporary Theory and Analysis*. New York : Appleton Century Crofts, pp. 303–330.

Lykken, D. T. (1957). A study of anxiety in the sociopathic personality. *Journal of Abnormal and Social Psychology* 55 : 6–10.

Milner, B., and M. Petrides (1984). Behavioural effects of frontal-lobe lesions in man. *Trends in Neurosciences* 7 : 403–407.

Nauta, W. J. H. (1971). The problem of the frontal lobe : A reinterpretation. *Journal of Psychiatric Research* 8 : 167–187.

Pandya, D. N., and H. G. J. M. Kuypers (1969). Cortico-cortical connections in the rhesus monkey. *Brain Research* 13 : 13–36.

Porrino, U., A. M. Crane, and P. S. Goldman-Rakic (1981). Direct and indirect pathways from the amygdala to the frontal lobe in rhesus monkeys. *Journal of Comparative Neurology* 198: 121–136.

Potter, H., and W. J. H. Nauta (1979). A note on the problem of olfactory associations of the orbitofrontal cortex in the monkey. *Neuroscience* 4: 316–367.

Raskin, D. C. (1973). Attention and arousal. In W. F. Prokasy, and D. C. Raskin (eds.), *Electrodermal Activity in Psychological Research*. New York: Academic Press, pp. 125–155.

Shallice T., and M. E. Evans (1978). The involvement of the frontal lobes in cognitive estimation. *Cortex* 14: 294–303.

Siegel, S., and N. J. Castellan (1988). *Non-parametric Statistics for the Behavioral Sciences*, 2nd Edition. New York: McGraw-Hill.

Stern, R. M., and C. Anschel (1968). Deep inspirations as stimuli for responses of the autonomic nervous system. *Psychophysiology* 6: 132–141.

Tranel, D., and A. R. Damasio (1988). Nonconscious face recognition in patients with face agnosia. *Behavioural Brain Research* 30: 235–249.

Tranel, D., and H. Damasio (1989a). Intact electrodermal skin conductance responses in a patient after bilateral amygdala damage. *Neuropsychologia* 27: 381–390.

Tranel, D., and H. Damasio (1989b). Neuroanatomical correlates of skin conductance responses to "signal" stimuli. *Psychophysiology* 26: S61.

Van Hoesen, G. W., G. N. Pandya, and N. Butters (1972). Cortical afferents to the entorhinal cortex of the rhesus monkey. *Science* 175: 1471–1473.

Van Hoesen, G. W., G. N. Pandya, and N. Butters (1975). Some connections of the entorhinal (area 28) and perirhinal (area 35) cortices of the rhesus monkey: II. Frontal lobe afferents. *Brain Research* 95: 25–38.

Venables, P. H., and M. J. Christie (1980). Electrodermal activity. In I. Martin, and P. H. Venables (eds.), *Techniques in Psychophysiology*. New York: Wiley & Sons, pp. 3–67.

梅田 聡(うめだ さとし) 監修, イントロダクション, 各論文導入
慶應義塾大学文学部心理学専攻教授. 専門は認知神経科学.

小嶋祥三(こじま しょうぞう) 監修
京都大学名誉教授, 前慶應義塾大学教授. 専門は認知神経科学.

南條郁子(なんじょう いくこ) ジェームズ翻訳
翻訳者. 訳書にフランクリン『「蓋然性」の探求』(みすず書房)ほか.

藤原多伽夫(ふじわら たかお) キャノン翻訳
翻訳者. 訳書にコケル『生命進化の物理法則』(河出書房新社)ほか.

北川 玲(きたがわ れい) ダマシオ翻訳
翻訳者. 訳書にウィルソン『若き科学者への手紙』(創元社)ほか.

〈名著精選〉心の謎から心の科学へ
感 情 ジェームズ/キャノン/ダマシオ

2020年8月19日 第1刷発行

監修者 梅《うめ》田《だ》 聡《さとし》 小《こ》嶋《じま》祥《しょう》三《ぞう》

発行者 岡 本 厚

発行所 株式会社 岩波書店
〒101-8002 東京都千代田区一ツ橋 2-5-5
電話案内 03-5210-4000
https://www.iwanami.co.jp/

印刷・精興社 製本・松岳社

ISBN 978-4-00-007798-9 Printed in Japan